陈 波 主编

大夏世界史研究

东南亚工作站文集

WORLD HISTORY and INTERNATIONAL RELATIONS STUDIES

東方出版中心

图书在版编目（CIP）数据

大夏世界史研究：东南亚工作站文集 / 陈波主编
. 一上海：东方出版中心，2022.3
ISBN 978-7-5473-1951-2

Ⅰ. ①大… Ⅱ. ①陈… Ⅲ. ①世界史－文集 Ⅳ.
①K107-53

中国版本图书馆CIP数据核字（2022）第009413号

大夏世界史研究：东南亚工作站文集

主　　编　陈　波
责任编辑　张爱民　黄　驰
装帧设计　钟　颖

出版发行　东方出版中心
地　　址　上海市仙霞路345号
邮政编码　200336
电　　话　021-62417400
印 刷 者　上海颛辉印刷厂有限公司

开　　本　710mm × 1000mm 1/16
印　　张　12.5
字　　数　179千字
版　　次　2022年4月第1版
印　　次　2022年4月第1次印刷
定　　价　99.00元

目 录

贰　城市历史研究

叁　史料研究与介绍

肆　中国与周边其他国家研究

前言

开展中国和周边国家关系的历史研究是华东师范大学世界史学科在十年前的长远规划之一。东南亚国家众多，大多又与我国接壤或毗邻。即便是就目前来说，新中国与东南亚国家关系历史研究也是学术界比较薄弱的领域，特别是已有成果很少利用当地的档案。随着国际上利用多国多边档案进行国际关系史研究蔚成风气，以双边乃至多边史料为基础、从更多元的甚至“地方性”视角重新审视一些问题，不仅是这个学科本身方法论更新的内在动力，也是我们更加全面、理性看待中国与东南亚国家关系历史的需要。特别是中国综合实力的提升，日益成长为一个世界性的大国，认真汲取经验、总结教训，通过“多维”而非“单向”的历史研究培养看待具体问题时的“共情”能力，对我们处理同周边国家关系显得尤其重要。

而上述学科方法意识的涵养和转变，前提是档案文献来源的多元化。这也是华东师范大学周边国家研究院设立并于2015年承接国家特别委托课题“中国周边国家对华关系档案收集及历史研究”的缘由。实际上，在委托课题立项之前的两年时间里，按照学科发展的部署和要求，世界史学科的同事们，以及历史学系的博士生先后赴越南、缅甸、老挝、马来西亚、泰国和菲律宾等东南亚国家进行档案调研，走访当地的国家档案馆，了解档案开放、利用和馆藏情况，“脚踏实地”领略了东南亚地区的风土人情的同时，也观察到一些在书本上无法呈现的现象，引发了对中国同东南亚国家关系的一些思考。

东南亚各国档案馆因为经济发展水平和管理理念的不同，对外开放的程度也有所不一。相较而言，越南、马来西亚、泰国和缅甸国家档案馆无论是在设施还是服务上都比其他档案馆更为先进，档案的数位化程度也更高。这些档案馆给人的感觉是，他们非常欢迎读者前来利用。比如在马来西亚国家档案馆，我们在提前预约的情况下，馆方不仅安排了一顿马来西亚风味的“早餐”，还特地将有关中马历史的档案原件拿出来给我们看。越南第一和第三国家档案馆两位馆长曾受邀到华东师范大学访问，在作讲座时他们介绍说，为了吸引年轻人和国外学者利用档案，馆方甚至在推特上设立账户，不断更新档案开放和各种活动信息。

在我们的东南亚邻国当中，越南无疑是比较重要的一个。无论是历史还是现状，中越关系都有很多值得研究和“再研究”的课题。对于战后中越关系史研究者的一大福音是，越南档案的开放程度是比较高的，这其中包括主要收藏现当代历史文献的越南第三国家档案馆。该档案馆目前利用价值最高的就是总理府公开文献，涉及越南民主共和国时期（下限至1985年）中央及地方政府的政治、经济、文化和社会等方面的档案。虽然最为重要的越南党中央档案馆尚不对公众开放，但已公开发行的越南语版《越共中央全集》《胡志明全集》等文献也是研究越南民主共和国史的不可忽视的史料。这些档案集中有不少已经制成电子化的光盘，对于外国读者利用也比较方便。将公开历史文献与档案馆档案结合起来利用，是目前外国学者研究越南当代史不能绕过的一条路径。

了解到这一系列情况后，我们感觉到越南共和国史研究大有可为。不过要更好地利用当地的档案馆，同越南学术机构和相关学者建立起合作关系势在必行。其中的缘由，一方面在于他们对本国或当地的档案开放状况和利用途径更为熟悉，甚至知晓一些外国学者不大容易甚至不可能注意到的资料渠道（比如当地的旧书市场就是值得挖掘的“宝藏”）；另一方面在于他们是利用这些档案的“先行先试者”，对档案的收集、解读方法乃至学术价值或缺憾有着一定的心得体会，值得外国学者讨教和学习。对于前者，也许经历一两次的档案调研或学术访问可以获取些许“信息”，而对于后者，一定是以建立长期的合作机制为依托，通过经常性的交流互动如学术讲座、国际会议甚至短期授课来汲取。

有鉴于此，经过几次的访问和协商，华东师范大学世界史学科决定同越南国家大学—人文社科大学正式建立合作关系，双方合作议题包括但不限于定期召集国际学术会议、互派研究生和青年教师访问学习、合作出版学术论文集和工作简报，其中一个最重要的项目就是协助对方收集当地档案、开放各自已有的档案数据库。2017—2019年期间，华东师范大学历史学系共发起了三次访问越南的学术活动

（新冠疫情暴发后被迫中断），其中第一次以调研越南国家档案馆为主要任务，第二次则重点同越南国家大学—人文社科大学洽商合作事宜。在第三次交流活动中，双方组织了正式的学术工作坊，两校历史学系的青年才俊们拿出最新的研究成果，畅谈古今中越关系以及东南亚历史。这次工作坊，不仅是两校青年学者的一次学术对话，更是寻找到双方未来开展合作研究的方向。

本论文集就是华东师范大学世界史学科摸索与越南同行开展合作研究的过程中，以及同越南国家大学—人文社科大学建立正式关系之后的一系列成果的集成。除了要感谢本系的邬国义教授、李磊教授、梁志教授对双方合作交流事务的大力支持外，我们还要特别感谢越南国家大学—人文社科大学的黄英俊教授。黄教授有着越南学者特有的温文尔雅，但行事却是雷厉风行。正是在他的积极推动和努力之下，华东师范大学同越南国家大学—人文社科大学的合作才能如此顺利，双方的交流高效而务实。当然，还要感谢华东师范大学和河内师范大学联合培养的王淑会博士，每次组团访问越南都是她从中联络、协助翻译。她自己也经常穿梭于上海与河内之间，攻读博士学位的过程是名副其实的"双城记"。本系青年才俊积极奉献最新的研究成果，终使这本论文集有了它应该具备的学术底色。

应该说明的是，本论文集选择的大部分是已发表的学术论文或档案介绍，各篇付梓前的审稿专家和录用期刊也算是对这些论文作了一次把关。或者说，这些论文或多或少得到了学术界的关注和肯定，当然文责还是要由各位作者自负的。希望这样一本小集子能够成为见证中越两国学者开展学术交流活动的成果，并不断推动华东师范大学世界史学科与越南国家大学人文社科大学的合作，为我国的周边国家历史研究开辟出一条新路。

陈 波

2021 年秋于上海

壹　东南亚史研究

走向和平共处：中缅关系的改善及其影响（1953—1955）

梁　志*

【摘要】虽然缅甸是第一个承认新中国的非共产党国家，但总体来说，1949 年至 1952 年的中缅关系是冷淡而疏离的。1953 年，中国与缅甸的外交政策均出现转向，两国开始实现经贸往来。次年，由于缅甸政府努力加强同中国之间的信息沟通与政策协调、中国希望发展同亚洲国家关系以及中印关系取得明显进展，周恩来与吴努实现了互访，两国关系迅速转暖。从国际史的视野观察，中缅关系的改善带来了多重影响：引导中缅双方继续调整对外政策，导致中国因素在更大程度上主导美缅关系的走势，促使吴努成为中国与美国跨越太平洋的独特沟通渠道，推动亚洲在国际社会获得更大发言权。1953—1955 年中缅关系演进的历史过程清晰地显示出地缘政治对两国关系的影响是复杂而多变的，而双方的意识形态差异也并非完全不可超越。

【关键词】中缅关系；周恩来；吴努；美缅关系；中印关系

20 世纪 50 年代中期前后，与印度、缅甸和印度尼西亚的关系成为中国与周边国家和平共处的三大典范。就中缅关系而言，学术界一般认为 1954 年是两国关系

---

*　梁志，华东师范大学历史学系、社会主义历史与文献研究院教授。原文刊于《中共党史研究》2018 年第 11 期。

改善的起点，标志性事件为周恩来与吴努互访。[1]但仔细爬梳各相关方的档案资料便可发现，过去的讨论没有将中缅关系的改善作为一个长时段的历史进程来观察。实际上，两国关系由冷淡疏离走向和平共处并非一蹴而就，1953 年双方已在经济贸易等方面迈出关键性一步。既有研究对 1954 年 6 月底周恩来仰光之行的前因后果的分析尚不全面，一些重要的历史事实长期处于被遮蔽的状态。至于中缅关系的缓和与发展究竟产生了怎样的后续影响，同样为以往研究所忽视。事实证明，中缅关系取得明显进展推动两国自身进一步调整外交政策，促使中国因素在更大程度上主导着美缅关系的走向，并为防止中美关系继续恶化以及维护亚洲和平提供了一个新的沟通渠道与平台。基于以上历史认识，本文将依据缅甸、中国、印度和美国等有关国家的官方文献，在多国多边关系的场景下，采用国际史的研究方法，将 1953—1955 年视为一个整体时段，解读中缅关系改善的背景、过程及其影响。

一、建立实质性联系：外交转向与经济驱动

新中国成立初期的中缅关系总体上处于冷淡和疏离之中。1949 年 12 月 16 日，由于对新中国心存疑惧，在确认了英国和印度等国家即将承认新中国后，缅甸外交部部长伊蒙（E. Maung）致电周恩来，告知缅甸决定承认中华人民共和国，希望两国建立外交关系并互派使节。1950 年 6 月 8 日，双方正式建交。然而，为防止国际社会对缅甸承认新中国的误解，伊蒙随后在广播演说中澄清指出，此举并不意味着缅甸认同中共的政策。同样，愿意考虑建交问题也不说明新中国信任缅甸。1950 年 1 月 16 日英文半月刊《人民中国》（*People's China*）发表题为《外交与友谊》

1　相关研究成果包括刘少华：《论中缅关系》，《武汉大学学报》2001 年第 3 期；范宏伟：《中缅关系的转折（1954 年）：以外交部解密档案为视角》，《东南亚研究》2008 年第 5 期；贺圣达：《中缅关系 60 年：发展过程和历史经验》，《东南亚纵横》2011 年第 11 期；李潜虞：《试论 1954 年中印总理、中缅总理的互访》，《南洋问题研究》2013 年第 4 期；Ralph Pettman, *China in Burma's Foreign Policy*, Canberra: Australian National University Press, 1973, pp.16–19; Maung Aung Myoe, Dealing with the Dragon: "China Factor in Myanmar's Foreign Policy," in Anthony Reid and Zheng Yangwen (ed.), *Negotiating Asymmetry: China's Place in Asia*, Singapore: NUS Press, 2008, p. 100; *In the Name of Pauk-Phaw: Myanmar's China Policy Since 1948*, Singapore: Institute of Southeast Asian Studies, 2011, pp.22–27。

（*Diplomacy and Friendship*）的社论，委婉地指出，在承认问题上必须将缅甸与社会主义国家区分开来，缅甸承认新中国是被迫的，要警惕这样的政府。[1] 从 1950 年至 1952 年，中缅两国彼此心存芥蒂，少有往来。但不管怎样，双方还是就边界、国民党残部和文化交往等相关事宜进行了沟通。也正是这些交流在一定程度上增进了中国与缅甸之间的相互了解，甚至或多或少地减少了对对方的猜忌。[2]

及至 1953 年，诸多迹象已表明中缅关系即将或者已经开始改善，其背后的动因既有必然性，也有偶然性：前者主要表现为双方外交政策的调整与两国在诸多国际问题上的一致态度或利益，后者主要表现为缅甸因国民党残部问题与美国交恶以及中缅两国彼此间的贸易需求。有趣的是，无论是前者还是后者，均与朝鲜战争存在着或直接或间接的联系。

早在 1946 年至 1947 年，毛泽东就多次强调美苏之间存在着广大的“中间地带”，即亚欧非三洲诸多的资本主义国家和殖民地、半殖民地国家，当前世界的主要矛盾是“中间地带”的国家和人民联合起来反对美国扩张。[3] 此后不久，随着美苏冷战态势的形成与加剧，“中间地带”的概念渐渐淡出了中共领导人对外政策的话语体系，取而代之的是两大阵营对抗和“一边倒”。不过，随着 1952 年朝鲜战争进入僵局，毛泽东等人将注意力转向国内事务，并因此重新思考对亚洲新兴国家的政策。[4] 相应地，“中间地带”理论又一次回到新中国领导人的视野中。

1952 年 4 月 30 日，周恩来在一次内部讲话中详细论述了新中国的外交方针和任务。他在“另起炉灶”“一边倒”“打扫干净屋子再请客”三大外交方针之外加上了“礼尚往来”“互通有无”“团结世界人民”三项新的基本原则，强调国家间而非

1　Richard Butwell, *U Nu of Burma,* Stanford: Stanford University Press, 1963, p.172; Maung Aung Myoe, *In the Name of Pauk-Phaw: Myanmar's China Policy Since 1948,* p.14;《〈人民中国〉销售迅速　第二期昨日出版》,《人民日报》1950 年 1 月 17 日。

2　参见梁志:《1949—1953 年的中缅关系再探讨》,《中共党史研究》2016 年第 5 期。

3　毛泽东:“关于目前国际形势的几点估计”，1946 年 4 月,《毛泽东选集》(一卷本)，人民出版社 1964 年版，第 1080—1081 页；毛泽东:“和美国记者安娜·路易斯·斯特朗的谈话”，1946 年 8 月，《毛泽东选集》(一卷本)，第 1087—1092 页；毛泽东:“目前形势和我们的任务”，1947 年 12 月 25 日，《毛泽东选集》(一卷本)，第 1155—1157 页。

4　牛军:《重建“中间地带”：中国亚洲政策的缘起（1949—1955）》,《国际政治研究》2012 年第 2 期。

党际关系，表明了要同原殖民地、半殖民地国家和某些资本主义国家建立交往的意愿。具体到东南亚国家，周恩来特别指出："东南亚国家同帝国主义有矛盾（关键是在战争与和平问题），我们要尽量利用这个矛盾。它们刚建立政权，要维持它们的统治，它们怕战争打起来。在战争时我可争取东南亚国家中立，在和平时我使它们与帝国主义有距离。"[1] 1953 年 3 月，斯大林去世，苏联新一代领导人转而着手缓和国际紧张局势，第一个步骤便是推动中国重新与美国进行朝鲜停战谈判。[2] 相应地，中国也开始主动寻求缓和同周边国家的关系。6 月，周恩来在一次讲话中概括性地指出，当前国际社会的矛盾主要表现在战争与和平、民主与反民主、帝国主义与殖民地以及帝国主义国家之间四个方面，"我们政策的基本点是敢于在制度不同的国家间实行和平共处和和平竞赛"，在此过程中，中国要努力争取包括某些资本主义国家在内的和平力量。[3] 就这样，在中国外交政策调整的过程中，缅甸逐渐由防范与争取并重的一个国家转变为和平共处的一个对象。

朝鲜战争爆发后，缅甸领导人进一步看到了与大国结盟给小国安全带来的负面影响，开始更加频繁地强调中立外交。[4] 在缅甸领导人看来，同韩国一样，缅甸也是一个不具备自我防卫能力的小国。韩国因为加入资本主义阵营而陷入战争，缅甸务必要防止这样的命运降临到自己头上。为此，吴努等人屡次表示，缅甸不会加入任何大国集团，决心按照自身价值观而非大国意愿推行独立的外交政策，具体地说，至少包括以下四个方面：同一切国家保持友好关系；接受外部援助的前提是不损害缅甸国家主权；依据自己的价值判断处理所有问题；帮助其他需要援助的国家。[5] 恰恰是在朝鲜战争期间，缅甸对西方国家的疑虑逐步加深，并相应地软化了

---

1 中国外交部编：《周恩来同志论外交》，1981 年，第 13—29 页。

2 沈志华：《苏共二十大、非斯大林化及其对中苏关系的影响——根据俄国最近披露的档案文献》，《冷战国际史研究》（第一辑），华东师范大学出版社 2004 年版，第 36 页。

3 《周恩来外交文选》，中央文献出版社 1990 年版，第 58—62 页。

4 缅甸的中立外交缘起于朝鲜战争期间，成型于 20 世纪 50 年代中期。参见梁志：《缅甸中立外交的缘起（1948—1955）》，《世界历史》2018 年第 2 期。

5 "Thakin Nu's Speech in Parliament On 8th March," March 9, 1951, in *British Documents of Foreign Affairs*, Part V, From 1951 through 1956, Series E, Asia, 1951, Vol.2, Siam, Burma, South-East Asia and the Far East, Indo-China, Indonesia, Nepal and the Philippines, 1951, Washington: University Publications of America, 2005, pp.52–53; Chi-shad Liang, *Burma's Foreign Relations: Neutralism in Theory and Practice,* New York: Praeger Publishers, 1990, pp.62–63; Richard Butwell, *U Nu of Burma,* pp.173–174.

对社会主义国家特别是中国的态度，尝试走中立道路。

朝鲜战争开始后不久，杜鲁门政府开始暗中支援李弥部队进攻云南，以减轻美军在朝鲜战场承受的军事压力。[1] 缅甸政府通过各种迹象和证据断定华盛顿秘密支持这支国民党残余部队，但美国拒不承认，并屡次阻止缅甸通过联合国途径解决该问题。[2] 1953 年 3 月，失去耐心的缅甸政府最终将国民党残部问题提交联合国，并正式通知艾森豪威尔政府将于 6 月 30 日终止美国经济援助计划。美国国务卿约翰·杜勒斯（John F. Dulles）评价道："绝不能让（美国的）援助像水龙头一样，说开就开，说关就关。"作为回应，美国将已经分配给缅甸的 3 100 万美元援助削减到约 2 100 万美元。美缅关系一度濒临恶化的边缘，缅甸亦由此失去最大宗的经济援助来源。[3] 更为值得注意的是，2 月 26 日，也就是在准备将国民党残部问题提交联合国之前，吴努致函印度总理尼赫鲁，表示担心联合国组织国际调查团赴当地调查将引起中国的明显疑虑，中国可能因此反对调查团靠近中国边界，从而令缅中关系更加困难，希望印度帮助缅甸防止联合国的后续行动冒犯中国。[4] 次日，缅甸外长甚至明确告诉美国驻缅甸大使，因为国民党残部问题关涉中国利益，缅方会就

1　覃怡辉：《李弥部队退入缅甸期间（1950—1954）所引发的几项国际事件》，《人文及社会科学集刊》第 14 卷第 4 期，2002 年 12 月；Kenton Clymer, "The United States and the Guomindang (KMT) Forces in Burma, 1949-1954: A Diplomatic Disaster," *The Chinese Historical Review,* Vol.21, No.1 (May 2014), pp.25-27。

2　Robert H. Taylor, *General Ne Win: A Political Biography,* Singapore: Institute of Southeast Asian Studies, 2015, pp.166-167; Kenton Clymer, "The United States and the Guomindang (KMT) Forces in Burma, 1949-1954: A Diplomatic Disaster," pp.27-37.

3　"Telegram From the Secretary of State to American Embassy in Rangoon," March 28, 1953, RG 84, Records of the Foreign Service Posts of the Department of State, U.S. Embassy in Burma, Top Secret Telegrams, 1951-1954, Box1, National Archive II, College Park, MD; Maung Aung Myoe, *In the Name of Pauk-Phaw: Myanmar's China Policy Since 1948*, pp.36-37; Richard Butwell, *U Nu of Burma*, pp.182-183; Matthew Foley, *The Cold War and National Assertion in Southeast Asia: Britain, the United States and Burma, 1948-1962*, New York: Routledge, 2010, pp.105 -106, 109 -110; Kenton Clymer, "The United States and the Guomindang(KMT) Forces in Burma, 1949-1954: A Diplomatic Disaster," p.39. 实际上，此时缅甸同英国的关系也出现了较大的波折。1953 年 1 月 3 日，缅甸外长交给英国驻缅甸大使一封信，提前 12 个月告知英方要终止英缅防务条约。参见 "Anglo-Burmese Defence Agreement," January3-4, 1953, in *British Documents of Foreign Affairs*, Part V, From 1951 through 1956, Series E, Asia, 1953, Vol.5, Siam, Burma, South East Asia, Indochina, Indonesia, Nepal and the Philippines, 1953, Washington: University Publications of America, 2007, p.73。

4　"KMT Aggression in Burma," 1950-1953, National Archives of Myanmar, 12/6-499.

吴努3月2日国会相关演讲一事提前与中方沟通。[1]总之，在处理国民党残部问题时，缅甸十分注意照顾中国的感受，竭力防止开罪中国。

与美缅关系形成鲜明对比的是，缅甸政府劳动考察团于1953年4月至5月访华。在与周恩来的会谈过程中，缅方代表团团长波木昂（Boh Hum Aung）声称，仰光已经拒绝再进一步接受美援，恳请中国向缅甸提供援助，并表示希望亚洲国家能够团结一致，抵制西方对世界的统治。相应地，周恩来也表达了在平等互利的基础上发展两国经贸关系的愿望，并着重强调了中缅双方共同的历史遭遇和发展国家经济、保障民族独立的相同任务。为消除缅甸对中国亚洲政策目标的疑虑，周恩来还进一步指出，亚洲国家需要和平环境，以恢复和建设自己的国家。我们不愿意遭到任何侵略，也可保证不侵犯任何人。中缅两国如果能够在平等、相互尊重主权以及不干涉内政的基础上友好往来，这对整个亚洲国家都将是有利的。[2]

在独立后的很长一段时间里，缅甸经济依旧像殖民地时代那样严重依赖大米出口。朝鲜战争爆发后，国际市场大米需求量上升，当年缅甸大米出口量达到118.4万吨。但好景不长，可能是由于朝鲜战争结束等原因，1953年缅甸大米出口量再次跌至100万吨以下。更为严重的是，由于国际市场大米价格下跌，且逐渐由卖方市场转为买方市场，缅甸大米出口收入锐减。于是，刚刚拒绝了美援的缅甸再次敦促华盛顿购买缅甸大米，用于东南亚国家粮食援助。但那时的美国正在试图通过第480号公法解决自身面对的农产品过剩问题，一时间并没有对缅甸的要求作出积极回应。在此种情况下，缅甸转而向包括中国在内的社会主义国家求助。1954年4月，中缅两国达成易货贸易协定，缅甸以大米换取中国的商品与技术援助。根据该协定，中国进口15万吨缅甸大米，大约相当于缅甸大米出口量的10%。对此，缅甸表示十分感激。[3]

---

1 "Telegram From American Embassy in Rangoon to the Secretary of State," February 27, 1953, RG 84, Records of the Foreign Service Posts of the Department of State, U.S. Embassy in Burma, Top Secret Telegrams, 1951-1954, Box1, National Archive II, College Park, MD.

2 《周恩来总理接见缅甸政府劳动考察团谈话记录》（1953年5月20日），中国外交部档案馆藏，档案号105-00110-01；《周恩来年谱（1949—1976）》（上卷），中央文献出版社1997年版，第302页。

3 Richard Butwell, *U Nu of Burma*, p.173; Chi-shad Liang, *Burma's Foreign Relations: Neutralism in Theory and Practice*, p.78; Matthew Foley, *The Cold War and National Assertion in Southeast Asia: Britain, the United States and Burma, 1948-1962*, pp.132-133; *New York Times*, July 5, 1953, p.3; *The Washington Post*, September 29, 1953, p.29.

在中国介入朝鲜战争的大背景下，1950 年 12 月，美国宣布对中国实施全面的许可证制度，将石油、废橡胶和纺织品等战略物资和非战略物资统统纳入禁运范围。[1] 此后，美国极力阻止马来亚、泰国和印度尼西亚等国家向中国出口橡胶。于是，中国将锡兰（今斯里兰卡）作为橡胶主要来源地，从 1951 年到 1952 年间通过易货贸易的方式每年从锡兰进口数万吨橡胶。[2] 但显而易见的是，战争和国内经济建设的需要迫使中国不得不寻求从更多的国家进口橡胶。1952 年底 1953 年初，中国询问缅甸是否能够与之进行橡胶贸易。缅甸一边对中国作出积极回应，一边向美国解释说奉行中立外交政策的缅甸没有理由拒绝中国的橡胶贸易请求。[3] 很快，缅甸不顾美国反对，与中国达成橡胶贸易协议。据美国驻缅甸使馆统计，1953 年 3 月和 6 月缅甸两次向中国出口橡胶，数量占当年橡胶出口总量的 1/3 强。[4]

二、政治互信的提升：两国总理互访及其成效

中缅关系改善的外在动力大致来自彼此相关的三个方面，即中印关系取得明显进展、缅甸政府对中国心存疑惧以及中国希望发展同亚洲国家关系。

1951 年 5 月 23 日，《中央人民政府和西藏地方政府关于和平解放西藏办法的协议》签订。随着西藏局势的逐步稳定，中印双方不断就印度在西藏驻军、印度外交人员的特权等展开交涉。1953 年下半年，印度多次向中国提出，希望就两国在西藏地方的关系问题进行全面谈判。12 月 31 日，周恩来在会见印度谈判代表团时指出："新中国成立后就确立了处理中印两国关系的原则，那就是互相尊重领土主权、互不侵犯、互不干涉内政、平等互惠和和平共处的原则。"1954 年 4 月 29 日，

---

1 陶文钊：《禁运与反禁运：五十年代中美关系中的一场严重斗争》，《中国社会科学》1997 年第 3 期。

2 蔡成喜：《大米换橡胶：20 世纪 50 年代的中锡贸易》，《当代中国史研究》2008 年第 3 期。

3 "KMT Aggression in Burma," 1950-1953, National Archives of Myanmar, 12/6-499.

4 "The Ambassodar in Burma (Sebald) to the Department of State," March 24, 1953, in *Foreign Relations of the United States*, 1952-1954, Vol.12, East Asia and the Pacific, Part 2, Washington: United States Government Printing Office, 1987, p.83; "Telegram From American Embassy in Rangoon to the Department of State," December 30, 1953, RG 59, General Records of Department of State, Central Decimal File, 1950-1954, Box5538, National Archive II, College Park, MD; *New York Times*, March 28, 1953, p.2.

中印两国签署《关于中国西藏地方和印度之间的通商和交通协定》，协定的序言包含了周恩来提出的“和平共处五项原则”，这是该原则首次被完整地载入外交文本。此后，客观来讲，“中国领导人必须将革命意识形态同国家的对外政策和外交行为进行某种程度的切割，才能使‘和平共处五项原则’不至于成为不能取信于人的华丽空谈”。[1] 20 世纪 50 年代中期中缅关系的发展表明，中国领导人做到了这一点。

1948 年独立后，在很长一段时间内，缅甸始终与印度保持着某种程度的特殊关系，这不仅仅是因为两国曾经同属英国的殖民地，缅甸还在特定的时间被划归英属印度的一部分，更重要的是吴努和尼赫鲁均信奉中立外交，前者对后者十分信任和欣赏。反过来，印度又给予缅甸相当可观的军事和经济援助。用吴努本人的话说，印度几乎给予了缅甸所要求的一切。正因如此，在何时承认新中国以及如何与中国领导人打交道等问题上，吴努经常征求尼赫鲁的意见，并按照对方的建议行事。从这一角度讲，中印关系的发展是影响中缅关系进程的一个重要变量。[2]

虽然 1953 年中缅两国的经贸关系明显加强，甚至出现了实现战略合作的可能性和必要性，但缅甸对中国这个北方“强邻”依旧存在深深的疑虑乃至惧怕。1954 年 4 月底 5 月初，锡兰、印度、巴基斯坦、印度尼西亚和缅甸五国在科伦坡举行会议，讨论共同关心的国际问题。在此期间，吴努请求尼赫鲁致函周恩来，代为反映“中方对缅方态度傲慢”“中国非政府组织支持缅甸反政府活动”“中国支持越南入侵老挝和柬埔寨”等相关情况，并暗示缅甸可能因此放弃中立主义。尼赫鲁要求吴努提供一些具体信息，但缅方迟迟没有给予答复。尽管如此，尼赫鲁于 5 月 8 日还是致函印度驻华大使赖嘉文（N. Raghavan），让其非正式地向中国官员解释缅甸对中国政策的反应。紧接着，尼赫鲁又通过印度驻缅甸大使向缅方提出如下建议：缅甸不宜放弃中立主义，印度与中国最近就西藏问题达成协议，其中包含处理双边关

1 牛军：《重建“中间地带”：中国亚洲政策的缘起（1949—1955 年）》，《国际政治研究》2012 年第 2 期；梁志：《1949—1953 年的中缅关系再探讨》，《中共党史研究》2016 年第 5 期。

2 梁志：《1949—1953 年的中缅关系再探讨》，《中共党史研究》2016 年第 5 期；U Nu, *U Nu: Saturday's Son*, New Haven: Yale University Press, 1975, pp.225–227, 231; Marie Lal, “Indo-Myanmar Relations in the Era of Pipeline Diplomacy,” *Contemporary Southeast Asia*, Vol.28, No.3 (December 2006), pp.430–431; Nabarun Roy, “Assuaging Cold War Anxieties India and the Failure of SEATO,” *Diplomacy & Statecraft*, Vol.26 Issue 2 (June 2015), pp.327–331。

系的几项基本原则，如果这些原则同样适用于中缅关系，将有助于消除某些缅甸高级官员对中国的担心，而且像印度、缅甸和印尼这样的国家应该在印支战争中发挥调停的作用。[1]

1954 年 5 月，赖嘉文与中国外交部副部长章汉夫举行非正式会谈，向其介绍了缅甸对中缅关系的看法。根据印方的说法，章汉夫在了解缅方的相关感受后似乎非常吃惊，并表示据他所知，情况并非如此。中国与缅甸的关系绝不仅仅止于友好，最近签署的双边贸易协定便说明了这一点。他重申中国外交政策所秉持的基本原则，其他国家没有怀疑和抱怨的理由，中国并未干预缅甸的内部事务，“帝国主义”或“亲帝国主义”分子正在挑拨中国同其他亚洲国家之间的关系，亚洲国家团结起来共同努力实现和平是非常重要的。赖嘉文则强调指出，在事态进一步恶化之前，中方有必要努力缓解缅方的担心，让缅甸反政府组织清楚地看到中国不会支持他们，让缅甸政府不再担心边民具有亲华倾向。章汉夫承诺立即转告周恩来。从尼赫鲁与吴努事后的通信来看，吴努并不相信中方的保证。相反，尼赫鲁则认为目前中国与印度、缅甸和印尼友好相处对双方都有利，因此中方的保证并非毫无意义。接下来，双方继续讨论应对“中国干涉缅甸内政”作何反应的问题。[2]

1954 年 4 月 28 日，讨论朝鲜与印度支那问题的日内瓦会议召开。不久，中国外交部着手讨论亚洲五国科伦坡会议一事，认为在许多亚洲问题上，五国总理的主张与中国相同或接近。6 月中旬，中共中央决定接受尼赫鲁提出的邀请周恩来访问印度的提议，决心发展同印度等非社会主义国家的关系。[3] 21 日，毛泽东进一步提出周恩来是否在访问印度结束后顺访缅甸一事。周恩来答复说，如果尼赫鲁谈及中

1　“Chou’s Visit to India and Burma, June 1954,” 1954, National Archives of Myanmar, 12-9-54; “To K.K. Chettur,” May 9, 1954, *Selected Works of Jawaharlal Nehru*, Second Series, Vol.25, New Delhi: Oxford University Press, 2000, pp.478-479; “To N. Raghavan,” May 9, 1954, *Selected Works of Jawaharlal Nehru*, Second Series, Vol.25, pp.476-478.

2　“Chou’s Visit to India and Burma, June 1954,” 1954, National Archives of Myanmar, 12-9-54; “To U Nu,” May 29, 1954, *Selected Works of Jawaharlal Nehru*, Second Series, Vol.25, pp.480-482.

3　牛军：《重建“中间地带”：中国亚洲政策的缘起（1949—1955 年）》，《国际政治研究》2012 年第 2 期；《关于与东南亚各国订立互不侵犯条约》（1954 年 6 月 13 日），中国外交部档案馆藏，档案号 203-00005-06；《关于与东南亚国家签订互不侵犯条约之意见》（1954 年 6 月 17 日），中国外交部档案馆藏，档案号 203-00005-06。

缅关系并建议中方顺访仰光，可表示同意。[1]

6 月 25 日，周恩来访问印度，与尼赫鲁先后举行了五次会谈。在第一次会谈时，尼赫鲁便谈及缅甸对战争的恐惧以及仰光坚持中立主义对维护亚洲和平的意义，并提出希望周恩来前往缅甸会见吴努。在第二次会谈期间，周恩来主动表示希望处理中印关系的五项原则能够成为亚洲国家之间处理彼此关系的普遍准则。尼赫鲁回应说，缅甸一定愿意接受，并建议中缅两国发表一个共同声明，对和平共处五项原则予以肯定。周恩来当即表示愿意在返回北京途中访问缅甸。在第三次会谈时，尼赫鲁给周恩来读了一封来自仰光的电报。电报表明，吴努非常欢迎周恩来访问缅甸，并请求他在仰光逗留一晚。[2] 次日，尼赫鲁在致吴努的信函中提出如下看法：很明显，周恩来希望和平解决东南亚问题，愿意尽快消除东南亚国家的恐惧和担心；中国希望看到亚洲国家自由独立，自己解决内部问题，愿意按照和平共处五项原则处理同其他亚洲国家之间的关系；缅甸与中国应该发表一项共同声明，肯定和平共处五项原则；周恩来认为缅甸对中国的不满和指控一定是因为双方之间存在误解，希望全力推动两国建立互信关系。[3]

6 月 28 日，周恩来到访缅甸。[4] 在第一次会谈期间，吴努开门见山地提出，虽然缅甸政府知道中国并未帮助缅共，但缅共说中国商人支持他们，一些缅共人员也确实越过边境前往中国。至于缅甸对华政策，仰光既不允许美国建立军事基地，又主动停止接受美援。虽然面对内乱，缅甸仍积极与缅北国民党残部作战。况且缅甸还是第一个承认新中国的非共产党国家，并积极支持中国加入联合国。周恩来表示，和平共处五项原则适用于中缅关系，中国不会对缅甸进行革命输出，可以考虑

---

1 《毛泽东年谱（1949—1976）》（第二卷），中央文献出版社 2013 年版，第 253—254 页；《周恩来总理访问印度目的和计划》（1954 年 6 月 22 日），中国外交部档案馆藏，档案号 203-00005-01。

2 "Conversation with Chou En-lai I," June 25, 1954, *Selected Works of Jawaharlal Nehru*, Second Series, Vol.26, New Delhi: Oxford University Press, 2002, p.372; "Conversation with Chou En-lai II," June 25, 1954, *Selected Works of Jawaharlal Nehru*, Second Series, Vol.26, pp.380-381; "Conversation with Chou En-lai III," June 26, 1954, *Selected Works of Jawaharlal Nehru*, Second Series, Vol.26, p.386.

3 "Chou's Visit to India and Burma, June 1954," 1954, National Archives of Myanmar, 12-9-54; "To U Nu," June 27, 1954, *Selected Works of Jawaharlal Nehru*, Second Series, Vol.26, pp.407-410.

4 有趣的是，为防止中缅双方发生误会，印度外交部秘书长（外交部首席官员，相当于外交部部长）陪同周恩来一道访问仰光。参见 Nabarun Roy, "Assuaging Cold War Anxieties India and the Failure of SEATO," p.330。

通过发表一份共同声明肯定中方提出的上述原则和立场。关于吴努所说的具体问题，有的只是传言，有的则是因为双方之间存在误解。中国充分尊重仰光处理国民党残部问题的态度和做法，愿意继续保持耐心。[1]

6 月 29 日，双方继续举行会谈，重点讨论中缅联合声明的主要内容。一开始，吴努提出六点建议：接受和平共处五项基本原则并把它们包括在中缅联合声明中；不参加推翻彼此合法政权的阴谋；呼吁缅共和蒋介石分子这样的反政府力量放弃不正确的想法，用和平的方法解决争端；中缅将全力推动世界特别是东南亚地区的和平；中缅边界尚未划定，表明要采取相应的步骤；海外华侨如已取得驻在国的公民身份，则中国就不再将他们看作中国公民，倘若他们继续保持中国公民身份，则应继续遵守驻在国法律，不得参加驻在国政治活动。周恩来接受了第一点和第四点。关于第二点，周恩来认为，假如按照缅方的意见行事，会让人误以为两国间真的存在这样的问题，倒不如写明互不侵犯和互不干涉内政适用于中缅关系中的一切问题，吴努表示同意。关于第三点，在周恩来看来，同样容易引起误解，恰当的做法是充分强调中缅两国间互不干涉内政，互相尊重对方人民选择的社会制度和生活方式。吴努建议加入某种其他表述，如不输出革命、不违背人民共同意志等。周恩来表示接受。关于第五点，周恩来表示，他本人无权作出这样的声明，边界划定是一个历史问题，太具体了，过去从未解决。吴努表示同意。关于第六点，周恩来解释说，中国政府即将与印尼代表商谈华侨华人问题。同印尼解决了该问题后，中国可以用同样的方式同缅甸等其他国家处理华侨华人相关事宜。目前既然还没有这样的先例，若像吴努建议的那样对华侨华人问题予以详细表述，必然牵涉到两国国内法律和国际法。吴努表示不在联合声明中谈及此事。最后，双方又就中国和平外交、缅甸中立政策以及缅共和国民党残部等具体问题深入交换了意见。[2] 当天，中缅两国总理按照事先约定的内容发表了联合声明。[3]

应该说，从总体上来看，周恩来此次缅甸之行达到了预期目标，在很大程度上

1 《周恩来与吴努总理第一次会议记录（未经审阅）》（1954 年 6 月 28 日），中国外交部档案馆藏，档案号 203-00007-03。

2 《周恩来与吴努总理第二次会议记录（未经审阅）》（1954 年 6 月 29 日），中国外交部档案馆藏，档案号 203-00007-03。

3 《中缅两国总理联合声明，一九五四年六月二十九日于仰光》，《人民日报》1954 年 6 月 30 日。

消除了缅甸对中国的疑惧。在与周恩来的会谈过程中，吴努明确表示他已经开始逐渐信任中国。在7月1日致尼赫鲁的信中，吴努表示周恩来给所有见到他的人都留下了“深刻而美好”的印象，他的来访将大大便利未来两国关系的发展。19日，吴努在演讲中指出，毛泽东领导下的中国已经发生了很大变化，赢得了许多外国人的尊重。9月23日，缅甸驻华使馆官员甚至告知英国驻华代办，缅中双方均无意签署互不侵犯条约，两国总理联合公报中的和平共处五项原则已经足以使缅甸共产党颠覆者气馁。不仅如此，在访问缅甸期间，周恩来还邀请吴努回访中国，并答应同他一起去云南看看，以增进对方之间的了解。所有这一切为两国关系的进一步改善打下了基础。[1]

同样，此次访问缅甸也让周恩来看到了吴努坚持中立外交的意愿和决心。或者说，访问缅甸与印度以及参加日内瓦会议一起成为推动中国进一步发展同周边国家乃至于资本主义国家关系、建立国际和平统一战线的原动力。[2]7月7日至8日，周恩来相继出席中共中央政治局扩大会议和一届全国政协常委会第57次会议，并作关于日内瓦会议、访问印度和缅甸等相关问题的报告。一系列外事活动让他亲身观察到国际关系格局的变化，“原想再关一年的门，现在看来是关不了的。新中国的声誉是很高的，苏联也很希望我国能参加国际事务，有欲关不能之势”。毛泽东同意周恩来的看法，并对中国外交及有关工作提出了11条意见：“一、争取恢复印度支那和平；二、开始建立东南亚和平区域，建立和平并发展它，订立互不侵犯条约或集体和平公约；三、与英国改善关系，争取建立正式外交关系；四、争取与法国改善关系，建立邦交；五、争取与美国政府改善某些关系——孤立与分化；六、团结一切愿意和平的力量（包括政府在内），孤立和分化美国；七、国内要团结，支持代表团，争取外交胜利；八、国内统一战线的发展和巩固。有人怀疑圈子

---

1 “Chou’s Visit to India and Burma, June 1954,” 1954, National Archives of Myanmar, 12-9-54; “Chinese Dual Nationality,” 1954-1955, National Archives of Myanmar, 12-9-70; “To U Nu,” July 9, 1954, *Selected Works of Jawaharlal Nehru,* Second Series, Vol.26, pp.412-414; *Chicago Daily Tribune,* July 20, 1954, p.8.

2 中国政府对周恩来访问缅甸予以高度评价和广泛宣传。《人民日报》撰文指出：“中印两国总理和中缅两国总理的会谈，是具有历史性意义的重大事件。它充分反映了亚洲人民的和平愿望，标志着亚洲各国之间友好关系的新发展。”与此同时，为了让普通大众了解这一重大外交成果，政府组织在全国各地放映《周恩来总理应邀访问印度和缅甸》的新闻纪录影片。参见《中印、中缅会谈的深远影响》《新闻片“周恩来总理应邀访问印度和缅甸”即将在各地放映》，《人民日报》1954年7月10日、9月8日。

越搞越小，并非如此；九、国际和平统一战线；十、增强警惕。敌人要破坏和分裂我们的国内联盟与苏新国家（苏联与东欧新民主国家）的和平联盟。门打开了，要团结、警惕；十一、增强外交工作阵营。为保卫建设和工业化，没有外交阵营的发展是不可能的。”[1] 此后，中国领导人在北京陆续接待来自世界不同地区的一批批代表团。在所有这些外交活动中，毛泽东、周恩来等人开始越来越频繁地使用“和平”“和平共处”等概念，“中间地带”上升为与“两大阵营”并列的表述。与之相联系的是，在中国领导人的外交话语体系中，过去被认为是帝国主义“仆从国”的某些亚洲国家，如今被重新命名为“新兴民族国家”或称之为“和平中立派”，以同美国的“主战派”和英法等“维持现状派”相区别。[2]

吴努访华事宜确定后，中方建议缅方暂不对外公布该消息，何时宣布吴努访华则由两国政府共同决定。缅方接受了中方的建议。但没过多久，中国便改变了想法。9 月 8 日，章汉夫约见缅甸驻华使馆官员，并表达了如下意见：中方于 7 日公布了尼赫鲁即将于 10 月中旬访问中国的消息，如果也能够很快宣布吴努访华，那将带来更好的效果。在征得缅方同意后，《人民日报》于 14 日在头版发布关于吴努将于 12 月应邀访问中国的消息。[3] 至于中方转变态度的原因，表面来看很可能与第一次台海危机的爆发有关，中国希望借此打击美国，并向亚洲国家进一步表明贯彻和平共处五项原则的决心。从更深层次上观察，此事也从侧面反映出这一时期中缅关系在中国对外战略中的重要性。

11 月 30 日，吴努开启访华之旅，逗留时间达半月有余。[4] 12 月 1 日，毛泽东与吴努举行会谈。会谈从两国关系历史开始，毛泽东还特意为元朝和清朝发生的两次中缅战争而向吴努致歉，为会谈营造了平等而友好的气氛。吴努回应道：“很坦率地说，我们对于大国是恐惧的。但是周恩来总理访问了缅甸以后，大大地消除了

1　《周恩来传》（第三册），中央文献出版社 1998 年版，第 1131—1132、1147—1149 页；《毛泽东传（1949—1976）》（上），中央文献出版社 2003 年版，第 562—564 页。

2　牛军：《重建“中间地带”：中国亚洲政策的缘起（1949—1955 年）》，《国际政治研究》2012 年第 2 期；《周恩来传》（第三册），第 1155—1156 页；《周恩来年谱（1949—1976）》（上卷），第 419—420 页。

3　“Prime Minister’s Visit to China,” 1954, National Archives of Myanmar, 12-1-3558；《应我中央人民政府的邀请，缅甸总理吴努将来我国访问》，《人民日报》1954 年 9 月 14 日。

4　《应我国政府邀请来我国访问，缅甸总理吴努到我国广州》，《人民日报》1954 年 12 月 1 日。

缅甸人的这种恐惧。”在谈话过程中，毛泽东注意强调中缅两国在经济发展水平和目标等方面的共同点，并在此基础上就双边关系中的若干敏感问题尽可能打消吴努的疑虑和担心，如指出中国相信缅甸不是故意容留国民党残部，且已命令中国边防军仅采取防御措施，不得越边境一步；承诺绝不利用逃往中国的缅甸反政府力量；欢迎缅甸在昆明设立领事馆，以便让缅方相信云南省不会做对缅甸不利之事；反对华侨拥有双重国籍，主张华侨应遵守居留国法律，与当地政府和人民友好相处；边界划定目前解决不了，将来一定解决。不仅如此，毛泽东还表示自己的知识很少，希望能够到缅甸增长知识，各民族要相互学习。[1]

12 月 11 日，毛泽东再次与吴努举行会谈，提出要真正落实和平共处五项原则，承诺不会利用缅甸共产党或华侨干涉缅甸内政，强调大小国平等。在谈到某些具体问题时，毛泽东十分小心，极力避免引起对方的误解。比如，谨慎地提出西藏方案对于缅甸解决内乱问题的适用性。再比如，当吴努表示要邀请中共派代表团到缅甸了解缅甸政府的立场和缅甸人民对叛乱分子的态度时，毛泽东认为不宜这样做。虽然吴努表态说此举不属于干涉内政，毛泽东依旧坚持自己的看法。会谈结束前，吴努颇有感触地说道：“曾经有过一个时候，我不知道在中国会遇到怎样的人，害怕会遇到像希特勒那样的人，讲话的时候拍桌高喊。但是我现在发现，我的恐惧都是毫无根据的。对于这几次恳切的谈话，我感到十分高兴。”[2]

12 月 2 日、3 日、5 日和 10 日，周恩来先后五次同吴努会谈，双方就中缅关系、亚非会议、美台条约、中缅锡三边贸易等共同关心的问题交换意见。其中尤为需要注意的是，周恩来指出，中国对缅甸提供经济援助，不附加任何条件，属于单纯的经济活动，绝不牵涉政治。中国和印度尼西亚正在谈判解决华侨双重国籍问题，并已达成原则协议：根据自愿原则，侨民必须决定究竟是保留原来的国籍，还是取得侨居国国籍；根据父亲的血统来确定 18 岁以下侨民的身份，侨民满 18 岁就有自己决定的权力。中方的言外之意是，未来缅甸华侨问题也可以参照中—印尼华

1 《毛泽东外交文选》，中央文献出版社、世界知识出版社 1994 年版，第 177—186 页；《毛泽东传（1949—1976）》（上），第 575—578 页；《毛泽东年谱（1949—1976）》（第二卷），第 317—318 页。

2 《毛泽东年谱（1949—1976）》（第二卷），第 321—323 页；《毛泽东传（1949—1976）》（上），第 578—579 页；《毛泽东外交文选》，第 186—196 页。

侨协议予以解决。[1]虽说双方在边界等重要问题上仍存在一些分歧，但在处理两国关系的大原则方面并无明显不同意见。[2]

12月12日，中缅两国总理发表会谈公报，实质性内容如下：重申和平共处五项原则是指导两国关系坚定不移的方针；同意在两国适当城市互设总领事馆；准备开辟两国航空线，恢复彼此之间的公路交通并缔结双边邮电协定；从1955年起至1957年，中国每年将由缅甸进口15万吨至20万吨大米，缅甸也将由中国进口工业设备、工业器材和日用必需品；两国侨民均应尊重侨居国法律和社会习惯，不参加侨居国的政治活动，两国政府也愿意保护对方侨民的正当权力和利益，尽早借助外交手段解决侨民的国籍问题；有必要根据友好精神，在适当时机，通过外交途径解决两国边界问题。[3]

可以毫不夸张地说，中缅两国总理互访明显促进了1954年至1955年双方关系的改善。中国领导人对中缅关系的发展态势感到很满意，并明确将缅甸划归"和平中立国家"。[4]吴努等缅甸高级官员也公开称赞中国的对外政策，感谢中国的帮助，积极支持中国在台湾问题上的立场，并及时就双边关系问题与中国进行解释和沟通。[5]相应地，两国关系迅速发展。第一，1955年6月8日，中国在腊戍设立总

1 《周恩来年谱（1949—1976）》（上卷），第428—429页；《建国以来周恩来文稿》（第11册），中央文献出版社2018年版，第479—481页。

2 张宏喜：《周恩来：新中国外交创始人、奠基者》，世界知识出版社2018年版，第261—262页。

3 《中缅两国总理会谈公报》，《人民日报》1954年12月13日。

4 《在亚非会议中存在的问题和意见》（1955年4月），中国外交部档案馆藏，档案号207-00004-06；《参加亚非会议的方案（草案）》（1955年4月5日），中国外交部档案馆藏，档案号207-00004-01；"From the Journal of Ambassador Pavel Yudin: Memorandum of Conversation with Mao Zedong on 30 May 1955," May 30, 1955, History and Public Policy Program Digital Archive, Archive of Foreign Policy of the Russian Federation (AVPRF), f.0100 opis 48, papka 393, delo 9, Obtained by Paul Wingrove and translated by Gary Goldberg, No.111373。

5 《周恩来与吴拉茂谈话纪要》（1955年4月3日），中国外交部档案馆编：《中国代表团出席1955年亚非会议》，世界知识出版社2007年版，第34—35页；《缅总理吴努赞扬我国处理国际事务的态度》《吴努在仰光强调我国真诚希望和平共处》《缅甸驻我国大使吴拉茂在香港发表谈话说，台湾毫无疑义应属于中华人民共和国政府》《缅甸总理吴努谈中国人民解放台湾的决心》《缅甸总理吴努在纽约举行记者招待会》，《人民日报》1954年11月28日、12月22日，1955年3月14日、4月8日、7月8日；"Cable from the Chinese Foreign Ministry, Zhou Enlai's Conversations with the Ambassadors of India, Indonesia, and Burma," July 10, 1954, History and Public Policy Program Digital Archive, PRC FMA 105-00042-03, 78-79, Translated by Jeffrey Wang, No.112439; *Wall Street Journal*, November 23, 1954, p.6。

领事馆。同样，当年8月26日缅甸在昆明设立总领事馆。[1]第二，经贸往来日益长期化、制度化，中国时常给予缅甸额外的关照。[2]第三，1955年11月8日，双方签订航空运输协定。[3]第四，农业、经贸、宗教、文化、体育和军事等各种代表团频繁互访，且经常受到两国总理或其他政府要员的亲自接见。[4]第五，1955年11月20日，中缅两国军队在位于边界附近的黄果园遭遇，爆发军事冲突，此即"黄果园事件"，边界局势骤然紧张，但由于两国政府密切沟通且均能够保持克制，1956年初边界冲突没有继续发展下去。

三、溢出效应：中缅关系改善的多重回响

从更为广阔的历史视阈观察，中缅关系改善的结果不仅表现为两国相互信任度的不断提高和交往的日益密切，而且体现在深刻地改变了双方对外政策的格局，乃

1 《我国在缅甸腊戌设总领事馆》《缅甸在昆明设立总领事馆》，《人民日报》1955年6月16日、7月5日。

2 《周恩来总理接见缅甸代表团谈话记录》（1954年10月10日），中国外交部档案馆藏，档案号105-00130-01（1）；《兹报我与缅方商谈增购缅米、对缅提供经济、技术协助问题的情况》（1955年12月1日），中国外交部档案馆藏，档案号105-00165-02（1）；中共中央对外联络部编印：《缅甸问题参考资料》（1956年第1期至第22期），1957年2月28日，第3页；《叶季壮部长在第一届全国人民代表大会第一次会议上关于对外贸易情况的发言》（1955年7月29日），《中华人民共和国经济档案资料选编（1953—1957）》（商业卷），中国物价出版社2000年版，第1110—1111页；《对外贸易部：全国对外贸易统计年报说明》（1956年12月），《中华人民共和国经济档案资料选编（1953—1957）》（商业卷），第1123—1125页；《中华人民共和国史编年（1955年卷）》，当代中国出版社2009年版，第908、910页；《中缅两国贸易谈判公报》《缅总理吴努赞扬我国处理国际事务的态度》《关于缅甸购买中国出口商品谈判的联合公报》《我国售给缅甸的货物已有两批运到仰光》，《人民日报》1954年11月4日、11月28日，1955年4月1日、9月13日。

3 《中华人民共和国史编年（1955年卷）》，第773页。

4 《周总理接见去苏联参观的缅甸农业代表团》《周总理接见缅甸政府贸易代表团》《缅甸总理吴努接见我国文化代表团》《缅甸政府采购代表团到京》《缅甸总统接见我工会代表团》《我国农业访问团去缅甸访问》《巴宇接见我国农业访问团》《缅甸总理吴努招待我国佛教访缅代表团》《缅甸和日本的工会代表到京》《缅甸文化和军事代表团分别到昆明和广州》《周恩来总理接见缅甸佛教代表团，我国佛教协会等单位宴请缅甸佛教代表团》《周恩来总理等接见印度电影代表团，并且接见缅甸国家足球代表团人员》《缅甸总统巴宇等招待中国佛牙护送团》，《人民日报》1954年9月7日、10月2日，1955年1月23日、2月3日、2月24日、2月28日、3月28日、4月10日、5月26日、9月23日、10月2日、10月19日、10月25日；U Nu, *U Nu: Saturday's Son*, p.242。

至于对亚洲局势的演变产生了一定程度的影响。

20 世纪 50 年代中期前后，随着两国总理顺利实现互访，中国将中缅关系视为实践和平共处五项原则的典范之一，[1] 并充分发挥这一示范作用，用以彰显中国推行和平外交的真诚意愿，进而打开更多东南亚国家的大门。例如，早在 1954 年 7 月，毛泽东就希望通过中国驻缅甸或印度大使与泰国建立非正式联系。12 月，毛泽东在与吴努举行会谈的过程中，两次提出要吴努帮忙推动中泰建立并发展关系，吴努答应将中方的这一诚挚愿望转达给泰方。在准备参加万隆会议的过程中，中国政府依旧认为应争取与泰国建立接触。经过中国领导人不懈的努力，1955 年底和 1956 年初，泰国代表团先后秘密和公开访华。与此同时，中泰两国政府代表还在中国驻缅甸大使馆进行了秘密会谈。在双方沟通与交流时，中方表示，最近几年中缅两国关系的友好发展，可以证明中华人民共和国愿意以和平共处五项原则为基础同邻国建立正常关系。中国愿意像对待缅甸那样对待泰国，特别是北京处理缅共和缅甸华侨问题的立场，应足以让泰国看到中方的言行一致。最终，泰国对中国建立起了最初的信任感。[2]

在与中国密切接触的过程中，吴努政府看到不同社会制度的国家完全可以和平共处，从而更加坚定了其走向中立外交的决心，这一切成为缅甸改善同其他社会主义国家间关系的基础与前提。朝鲜战争期间，缅甸已开始尝试在联合国讨论朝鲜问题时推行中立外交，在两大阵营之间维持相对的平衡。[3] 但总体来说，1953 年以前缅甸的外交政策仍保持着一定的亲英美倾向。1954 年底，随着中缅关系转暖，吴努表示将向苏联派出贸易代表团，主要目的是销售大米。次年初，苏联接待了缅甸

---

1 《建国以来周恩来文稿》（第 12 册），中央文献出版社 2018 年版，第 328 页；《中缅友好合作关系的发展》，《人民日报》1954 年 12 月 14 日。

2 《在亚非会议中存在的问题和意见》（1955 年 4 月），中国外交部档案馆藏，档案号 207-00004-06；《参加亚非会议的方案（草案）》（1955 年 4 月 5 日），中国外交部档案馆藏，档案号 207-00004-01；《同泰方代表谈话要点》（1955 年 12 月 11 日），中国外交部档案馆藏，档案号 105-00315-03；《毛泽东年谱（1949—1976）》（第二卷），第 259—260、500—501、524—525 页；《毛泽东外交文选》，第 180—181、190—191 页；《毛泽东传（1949—1976）》（上），第 598—599 页；〔泰〕黄瑞真：《20 世纪 50 年代中期泰中关系从紧张走向缓和的原因》，《东南亚研究》2008 年第 6 期；刘磊：《万隆会议与中国同亚非国家的经贸关系》，《中共党史研究》2010 年第 7 期。

3 Isabelle Crocker, “Burma’s Foreign Policy and the Korean War: A Case Study,” P-1576-RC, December 12, 1958, The Rand Corporation, pp.52-59.

贸易代表团，并与之签订易货贸易协定。1955 年 10 月，吴努对苏联进行了为期两周的访问。在此期间，他盛赞苏联同意以工业设备和技术援助交换缅甸大米的做法，认为此举加强了两国经济关系，并请求莫斯科帮助缅甸建设大型体育场馆和国际会议大厦。此外，吴努还提议与苏联互派文化代表团。在两国签署的联合公报中，缅甸对苏联的诸多外交政策目标表示支持，包括无条件禁止核武器、支持中国收复台湾、推动中国恢复联合国席位以及实施普遍裁军与军备控制。反过来，苏联也对缅甸的不结盟外交表示赞许，称赞缅甸为世界和平所作出的努力，并表示愿意加强同缅甸之间的联系。12 月初，苏联领导人赫鲁晓夫和布尔加宁回访缅甸。两国签署了贸易协定，缅甸以大米换取苏联的工农业援助。四个月后，米高扬访问仰光，又将该协定的有效期从一年延长为五年。按照新协定的规定，缅甸每年向苏联运送 40 万长吨[1]大米。几乎与此同时，缅甸与东欧各国之间也建立起了经贸关系。[2]从中可以看出，中缅关系的改善是缅甸推行中立外交的重要标志之一，也是吴努政府加强同社会主义国家间关系的起点。

中国因素还对缅美关系产生了重要影响，在个别时候甚至主导着缅美关系的走向。周恩来访问缅甸后，美国国家安全委员会仍旧认为，如今缅甸人比以往更为了解中共的“威胁”。[3]及至吴努访华结束，艾森豪威尔政府的态度开始发生改变，主要体现在对缅甸提供军事和经济援助问题上。[4]起初，美国驻缅甸大使馆向国务院提出如下建议：在最近访华期间，吴努公开向中国保证，缅甸无意因为接受美援或采取其他行动引起对方的担心，虽然美国已经提出了为了向缅甸提供有偿军事援助

1 长吨是缅甸采用的重量计算单位，1 长吨 =1.016 05 吨。

2 《吴努总理在北京举行记者招待会》,《人民日报》1954 年 12 月 12 日；“A Tour in Soviet Russia with Prime Minister U Nu of Burma,” 1955, National Archives of Myanmar, 12/3–216; Wolfgang Mueller, “The USSR and Permanent Neutrality in the Cold War,” *Journal of Cold War Studies*, Vol.18, No.4 (Fall 2016), p.158; John Seabury Thomson, “Burmese Neutralism,” *Political Science Quarterly*, Vol.72, No.2 (June 1957), p.279; *Wall Street Journal*, November 23, 1954, p.6; Richard Butwell, *U Nu of Burma*, pp.185–186; Matthew Foley, *The Cold War and National Assertion in Southeast Asia: Britain, the United States and Burma, 1948–1962*, pp.120–121。

3 “Progress Report on NSC5405,” August 6, 1954, in *U.S. Declassified Documents Online*, CK2349399850.

4 该说法并非意味着美缅关系的其他很多层面没有明显受到中国因素的影响。例如，1954 年 10 月吴努告诉《纽约时报》记者他希望访问美国。美国国务院对此反应极其冷淡，排除了 1955 年邀请吴努访美的可能性。然而，吴努访华结束后，华盛顿的态度发生了逆转，美国国务卿杜勒斯决定访问仰光，亲自邀请吴努回访。参见 Kenton Clymer, *A Dedicate Relationship: The United States and Burma/Myanmar since 1945*, Ithaca: Cornell University Press, 2015, pp.141–142。

而要求仰光作出相关保证的清单，但考虑到上述情况，应暂时搁置讨论该问题，此刻无论同美国签订包含何种条件的军事援助协定，都会让吴努更为怀疑作出相关保证的后果。[1] 从 1955 年 2 月开始，美缅继续讨论军援问题。在此期间，缅甸官员拒绝公开接受美国赠予军援。美国驻缅甸大使馆判断说，缅甸政府之所以要求秘密接受美国赠予军援，是因为担心中国了解到相关情况。[2] 与此同时，吴努政府在敦促美国帮助缅甸解决大米积压问题时，也时常将中缅经贸往来作为向华盛顿施压的手段。相应地，美国驻仰光官员反过来建议华盛顿暂时放弃对缅甸来说重要的大米市场，不再向这些地区提供大米援助或销售大米。不仅如此，一旦时机成熟，还应以合适的方式向缅甸提供对方急需的某些经济援助。这样便能够提高美国在缅甸的地位，逆转缅中关系继续发展的趋势，从而防止缅甸沦为中共的“卫星国”。[3] 大约半年后，缅甸政府非正式地要求美国提供 5 000 万美元贷款。美国国务院认为这是华盛顿采取积极行动阻止缅甸被拉入共产党集团的最后机会，并因此决定与仰光非正式讨论此事。[4] 但在接下来的协商过程中，美国限制受援国与社会主义国家经贸往来的法律规定严重阻碍了贷款协议的达成。[5] 9 月下旬，奈温将军率领高级军

1 “The Charge in Burma (Acly) to the Department of State,” December 23, 1954, in *Foreign Relations of the United States*, 1952–1954, Vol.12, East Asia and the Pacific, Part 2, Washington: United States Government Printing Office, 1987, pp.243–244.

2 “Telegram From the Embassy in Burma to the Department of State,” February 18, 1955, in *Foreign Relations of the United States*, 1955–1957, Vol.22, Southeast Asia, Washington: United States Government Printing Office, 1989, pp.2–3; “Telegram From the Embassy in Burma to the Department of State,” April 8, 1955, in *Foreign Relations of the United States*, 1955–1957, Vol.22, Southeast Asia, pp.6–7.

3 “Telegram From the Embassy in Burma to the Department of State,” May 28, 1955, in *Foreign Relations of the United States*, 1955–1957, Vol.22, Southeast Asia, pp.10–12; “Telegram From the Embassy in Burma to the Department of State,” June 23, 1955, in *Foreign Relations of the United States*, 1955–1957, Vol.22, Southeast Asia, pp.12–13; “Memorandum of a Conversation,” June 29, 1955, in *Foreign Relations of the United States*, 1955–1957, Vol.22, Southeast Asia, pp.14–15; *New York Times*, October 15, 1954, p.5.

4 “Memorandum From the Deputy Assistant Secretary of State for Far Eastern Affairs (Sebald) to the Secretary of State,” August 31, 1955, in *Foreign Relations of the United States*, 1955–1957, Vol.22, Southeast Asia, pp.20–22; “Telegram From the Embassy in Burma to the Department of State,” September 7, 1955, in *Foreign Relations of the United States*, 1955–1957, Vol.22, Southeast Asia, pp.22–23.

5 “Telegram From the Department of State to the Embassy in Burma,” September 16, 1955, in *Foreign Relations of the United States*, 1955–1957, Vol.22, Southeast Asia, pp.23–24; “Telegram From the Department of State to the Embassy in Burma,” October 14, 1955, in *Foreign Relations of the United States*, 1955–1957, Vol.22, Southeast Asia, pp.26–27; “Telegram From the Embassy in Burma to the Department of State,” November 16, 1955, in *Foreign Relations of the United States*, 1955–1957, Vol.22, Southeast Asia, pp.27–29.

事代表团访问中国。为与中国争夺缅甸，美国国务院再次认真考虑向缅甸提供军事装备一事。然而，缅甸官员对待此事的态度却不积极。[1]考虑到上述形势，美国国家安全委员会作出悲观判断：由于美国无法向缅甸提供大规模援助，华盛顿唯一能做的只是尽可能延缓仰光被拉入共产党集团的进程。[2]总体来看，1950年代中期中缅关系的改善极大地限制了美缅关系的发展，成为阻止美国向缅甸提供援助的重要因素之一。

中缅关系的改善还为吴努尝试推行“小国大外交”提供了可能性和前提条件。1954年6月底，周恩来离开缅甸后不久，吴努便公开表示，中美矛盾同“二战”时期同盟国与轴心国矛盾相比，有过之而无不及。为了防止中美两国间发生战争，他准备从中斡旋。[3]缅甸调停中美关系最成功的案例便是美国间谍案。1954年11月23日，中国最高人民法院军事审判庭对13名美国间谍予以宣判。美国军政界对此作出强烈反应，甚至发出战争威胁。[4]很快，吴努访问中国。在此期间，英国外务大臣艾登（Robert Anthony Eden）致电吴努，请他帮忙要求周恩来释放美国间谍。12月10日和11日，吴努分别与周恩来和毛泽东举行会谈，并请求中方释放美国间谍。总体来说，中国领导人并没有对吴努看似“越权”的建议作出太过激烈的反应，而是较为委婉地表示：“释放总是要释放的，但是现在不能释放”，“我们是不受战争威胁的”，但“中国人民是讲交情的，人家对我们好，我们会对他们更好”。[5]在吴努返回仰光后，中国驻缅甸大使姚仲明还特意再次向对方保证，中国会释放美国飞行员。[6]很快，在吴努和尼赫鲁的劝说下，中国决定接受联合国秘

1 《缅甸文化和军事代表团分别到昆明和广州》，《人民日报》1955年9月23日；“Telegram From the Department of State to the Embassy in Burma,” September 23, 1955, in *Foreign Relations of the United States*, 1955-1957, Vol.22, Southeast Asia, pp.24-25; “Telegram From the Embassy in Burma to the Department of State,” November 16, 1955, in *Foreign Relations of the United States*, 1955-1957, Vol.22, Southeast Asia, p.28.

2 “Progress Report on NSC5405,” December 21, 1955, in *U.S. Declassified Documents Online*, CK2349388674.

3 *Chicago Daily Tribune*, July 20, 1954, p.8.

4 李秉奎：《美国间谍案与1954—1955年中美关系危机》，《中共党史研究》2008年第6期。

5 《周恩来年谱（1949—1976）》（上卷），第428—429页；《毛泽东外交文选》，第192—193页；“Telegram From the Embassy in Burma to the Department of State,” August 10, 1955, in *Foreign Relations of the United States*, 1955-1957, Vol.22, Southeast Asia, p.18。

6 U Nu, *U Nu: Saturday's Son*, p.241.

书长哈马舍尔德前往北京和中国领导人商谈美国间谍问题的提议。作为双方协商的结果，中国同意提供 13 名已判刑的美国间谍和另外 4 名未判刑的美国空军人员的健康和生活情况资料。如果在押美国人员的家属愿意来华探视，中国方面亦可以提供方便和帮助，并通过中国红十字会予以具体安排。[1] 1955 年 5 月 30 日，中国外交部副部长章汉夫约见缅甸驻华使馆官员，请求对方转告吴努，经过审判另外 4 名美国飞行员仅仅侵犯了中国的领空，第二天即可获释。[2] 7 月下旬，中美两国同意举行大使级会谈。为争取主动，中国同意在 8 月 1 日大使级会谈启动前提前释放 11 名美国飞行员。[3] 周恩来在向印度方面通报相关情况时表示，此事应归功于印缅两国的努力。吴努则致函周恩来，称赞提前释放美国飞行员是中国向往和平的表现。[4]

除美国间谍案以外，在 1954 年至 1955 年第一次台湾海峡危机期间，吴努也试图调节中美两国的矛盾，包括劝说两者客观地看待对方以及建议美方将中美领事级会谈升级为大使级会谈，甚至一度设想亲赴台湾规劝对方派代表前往北京进行和平统一谈判。[5] 当中美大使级会谈陷入僵局时，吴努再次希望居中调停，在中美两国间传递信息，并详细提出了自己的解决方案，例如将中美会谈级别提升到

1 李潜虞：《试论 1954 年中印总理、中缅总理的互访》，《南洋问题研究》2013 年第 4 期；《周总理、哈马舍尔德会谈要点》（1955 年 1 月 15 日），中国外交部档案馆藏，档案号 113-00201-05。

2 "The Care of American Airmen Detained by the Govt of the People's Republic of China," 1954, National Archives of Myanmar, 12/6-594.

3 李秉奎：《美国间谍案与 1954—1955 年中美关系危机》，《中共党史研究》2008 年第 6 期。

4 《周恩来总理就提前释放十一名美国飞行员等事与印度驻华大使赖嘉文谈话纪要》（1955 年 7 月 31 日），中国外交部档案馆藏，档案号 105-00061-04；"The Care of American Airmen Detained by the Govt of the people's Republic of China," 1954, National Archives of Myanmar, 12/6-594。

5 "Memorandum of Discussion at the 234th Meeting of the National Security Council ," January 27, 1955, in *Foreign Relations of the United States*, 1955-1957, Vol.2, China, Washington: United States Government Printing Office, 1986, pp.135-136; "Memorandum of a Conversation," July 1, 1955, in *Foreign Relations of the United States*, 1955-1957, Vol.2, China, pp.619-622; "Memorandum of a Conversation Between the Secretary of State and Burmese Prime Minister U Nu," July 3, 1955, in *Foreign Relations of the United States*, 1955-1957, Vol.2, China, pp.629-630; "Telegram From the Embassy in Burma to the Department of State," August 10, 1955, in *Foreign Relations of the United States*, 1955-1957, Vol.22, Southeast Asia, p.19; "An Asian Speaks (A Collection of Speeches made by U Nu, Prime Minister of Burma, during a visit to the United State of America, June 29-July 16, 1955)," 1955, National Archives of Myanmar, 12-3-213;《建国以来周恩来文稿》（第 12 册），第 127—129 页。

外长级等。[1] 总体来说，在促成中美走向大使级会谈一事上，吴努发挥了一定的作用。[2] 但在推动两国会谈取得重大成果方面，缅甸基本上是无功而返。

中缅关系大踏步前进还是影响亚洲局势的要素之一。1954 年底吴努访华期间，毛泽东主动表示："关于亚非会议，我们很感兴趣。尼赫鲁总理告诉我们，亚非会议的宗旨是扩大和平区域和反对殖民主义。我们认为，这个宗旨很好，我们支持这个会议。如果各国同意，我们希望参加这个会议。"吴努回应道，有些国家很可能会建议邀请蒋介石。实际情况确如吴努估计的那样，在随后召开的科伦坡五国茂物会议上，是否邀请中华人民共和国参加亚非会议引发争议。据印尼总理沙斯特罗阿米佐约（Ali Sastroamidjojo）后来回忆："邀请中国的问题，确实成了茂物会议棘手的难题。直到吴努总理强烈表示，如果不邀请亚洲最大的国家中华人民共和国参加亚非会议，缅甸将难于参加亚非会议。吴努的意见确实很有道理，因为没有中华人民共和国，亚洲在国际政治舞台上就不会有多大意义。最后大家一致同意邀请中华人民共和国。"[3] 对中国而言，亚非会议促成了中国与亚非国家关系的极大改善。就整个亚洲局势来说，中国参加并推动亚非会议取得成功则意味着亚洲在一定程度上已不再主要是东西方两大阵营对抗的阵地，而拥有了更多的独立意识以及在国际社会集体发声的能力。

四、简短的结语

仔细辨析 1953—1955 年中缅关系改善的背景、过程及其影响，可以看出中国

1 "Telegram From the Secretary of State to the Embassy in Burma," August 22, 1955, in *Foreign Relations of the United States*, 1955-1957, Vol.3, China, p.57; "Telegram From the Secretary of State to the Embassy in Burma," October 7, 1955, in *Foreign Relations of the United States*, 1955 -1957, Vol.3, China, pp.116 -118;《周恩来年谱（1949—1976）》（上卷），第 501 页。

2 U Nu, *U Nu: Saturday's Son*, pp.250-251.

3 〔印尼〕沙斯特罗阿米佐约著，周高塔、宋康源译：《我的历程》，世界知识出版社 1983 年版，第 257 页；《毛泽东传（1949—1976）》（上），第 578—579 页；《毛泽东外交文选》，第 183—184 页；《南亚五国总理发表联合公报，邀请我国和其他二十四国参加亚非会议》，《人民日报》1954 年 12 月 31 日；Pang Yang Huei, "The Four Faces of Bandung: Detainees, Soldiers, Revolutionaries and Statesmen," *Journal of Contemporary China*, Vol.39, No.1 (February 2009), pp.73-74; U Nu, *U Nu: Saturday's Son*, p.246。

与缅甸的交往从来就不是在双边框架下运作的，而是在多国互动的广阔舞台上渐次展开的。中国与缅甸关系之所以能够迅速转暖，主要得益于朝鲜战争停战、中印关系改善以及中缅双方外交政策转型。正因为如此，缅甸才迫切地希望且有渠道表达对中国政策的忧虑，而中国也急于消除缅甸这一近邻的疑惧，并试图积极推动双边关系的发展。反过来，中缅关系的明显进展则很快成为推动两国进一步调整对外政策的重要推动力，具体表现为促使中国更加有信心和决心扩大与“中间地带”国家的往来，引导缅甸与苏东国家建立经贸联系甚至政治互信，进而全面推行中立外交。中缅“胞波情谊”的初显使中国因素在更大程度上主导美缅关系的走势，甚至造就了美国与中国争夺缅甸的局面。在此过程中，吴努逐渐成为中国与美国跨越太平洋的独特沟通渠道。同样，从某种角度讲，中缅关系的大幅提升还是亚洲在国际社会获得更大发言权的初始动力之一。

这一段历史还告诉我们，地缘政治对两国关系的影响是复杂而多变的，而双方的意识形态差异也并非完全不可超越。由于互为近邻，且政治制度迥异，最初明显具有亲英美倾向的仰光害怕北京有朝一日会“大举南侵”，而此时以推动世界革命为己任的北京则担心缅甸沦为西方阵营遏制自己的前沿阵地。朝鲜战争停战前后，中缅两国不同程度地将和平与发展作为外交政策的主要落脚点。此时，将客观上的“近邻”变为主观上的“友邻”成为双方共同的愿望。在这种情形下，意识形态分歧让位于国家利益需求也变得再自然不过了。

再论明代嘉靖安南事件始末

黄阿明 *

【**摘要**】嘉靖十五年皇子出生诏成为安南事件爆发的导火线，引发嘉靖君臣正式讨论安南问题。礼部尚书夏言、严嵩基于传统的宗藩之义提出明朝法当兴问罪之师、义当与之讨贼平乱的征讨安南主张，这一提议很可能契合了嘉靖帝决定征讨的意愿；黎氏旧臣郑惟憭等赴明告难给嘉靖帝征讨安南提供了一个正当的借口，在多方共同作用下，征讨安南决议出台。征南之役由于遭到相当一部分中央和地方官员的强烈反对，以及受到安南莫氏外交行为方式变化的影响，过程极其曲折，三起三落，征讨政策发生了一个从起初的“兴灭继绝”到震慑降服莫氏的变化。这一政策发轫于嘉靖十五年十一月廷议，经兵部左侍郎潘珍初步提出，最终成于毛伯温，并获得云南、两广的意见支持。勘处莫登庸的投降方案由武定侯郭勋最早提出思路和初步措施，经林希元具体化、可行化，由征南军统帅将官在和莫登庸往来谈判中最终达成。莫登庸投降，明朝降安南国为都统使司实质上使明朝与安南原本的宗藩关系改变为中央与土司的羁縻关系；承认莫登庸政权，造成安南黎、莫南北政权长期对峙的局面。

【**关键词**】嘉靖；征讨；安南；莫登庸；迫降；政策；都统使

嘉靖十五年（1536），明廷决定出兵征讨安南，明南关系再次面临严峻考验。嘉靖安南事件是非常重大的历史事件，历来备受中外学者关注，研究成果也比较

* 黄阿明，华东师范大学历史学系副教授。

丰富。20 世纪 40 年代，黎正甫最早论及安南黎莫之争与嘉靖朝处置安南的外交政策。[1] 越南学者站在正统和爱国主义的立场认为莫登庸篡夺黎朝皇位，为了巩固地位，投降明朝，承认罪过，是一个逆臣和叛国者；明朝派兵征讨莫氏，并不是为了黎朝的利益，而是乘南国之变如永乐帝一样侵占南国。时至今日，越南学者仍然持这一看法立场。[2] 20 世纪 70 年代，日本学者山本达郎、大泽一雄对此事件进行关注，有过较为详细的论述。[3] 20 世纪 90 年代以后，中国学者开始较多关注这一历史事件，主要从重要历史人物在安南事件中的作用以及中越外交关系史两个路径展开讨论。赵令扬、马楚坚、李福君、冷东、郑永常等强调了翁万达、毛伯温、林希元等历史人物在嘉靖安南事件中所充当的角色和发挥的重要作用；[4] 另一部分学者则从中越外交关系史的角度对这一事件进行了论述，余定邦提出明朝对安南莫朝、黎朝两个政权的“双重承认”政策是基于传统的宗藩理念作出的决策；钟小武强调了明朝以莫制黎的策略以及明朝在处理两国邦交关系中务实的一面；张龙林论述了万历时期明朝安南政策的建立过程；李征鸿探讨了嘉靖安南事件中明朝对安南政策的变化以及产生的影响；陈文源提出了一些颇具启发性的观点，认为嘉靖时期在处置安南事件的过程中形成了一种新的明安关系模式。[5]

1　黎正甫：《郡县时代之安南》，商务印书馆 1945 年版，第 161—166 页。

2　〔越〕陈重金：《越南通史》，商务印书馆 1992 年版，第 196—197 页；明峥：《越南史略》，三联书店 1958 年版，第 204 页；阮世龙：《大越邦交》第三卷《黎朝、莫朝和黎中兴朝时期》，文化通信出版社 2006 年版。

3　〔日〕山本达郎：《越南中国关系史》，山川出版社 1975 年版；〔日〕大泽一雄：《十六十七世纪中越外交史研究》，《史学》1979 年第 3 期。

4　赵令扬：《翁万达与明朝对安南莫登庸之策略》、马楚坚：《翁万达之机权决策与经略交广》、冷东：《翁万达与莫登庸之“招抚”》，均收于《潮汕文化论丛二集》，海天出版社 1993 年版；李福君：《明嘉靖朝征安南之役述论》，《天津师范大学学报》1997 年第 2 期；郑永常：《征战与弃守：明代中越关系研究》第六章《明嘉靖年间中国对安南莫氏政权的处理政策》，成功大学出版社 1998 年版，第 154—168 页；李福君：《明嘉靖朝征安南之役述论》，《天津师范大学学报》1997 年第 2 期；冷东：《明嘉靖之安南事件》，《中国边疆史地研究》1998 年第 3 期；张利：《嘉靖年间明朝对安南危机的处置》，《安庆师范学院学报》2008 年第 4 期。

5　〔日〕山本达郎：《越南中国关系史》，山川出版社 1975 年版；余定邦、喻常森等：《近代中国与东南亚关系史》，中山大学出版社 1999 年版；牛军凯：《王室后裔与叛乱者：越南莫氏家族与中国关系研究》，世界图书出版公司 2012 年版；钟小武：《明朝对安南莫氏的政策》，《江西师范大学学报》2002 年第 2 期；张龙林：《浅析明代中国对莫、黎朝并存时期安南政策的建立》，《东南亚》1999 年第 4 期；李征鸿、段红云：《论嘉靖安南事件中明朝的政策变化及其影响》，《中国边疆史地研究》2017 年第 3 期；陈文源：《明代中越邦交关系研究》，社会科学文献出版社 2017 年版，第 182—184 页。

但是应该指出，既有的研究中存在的问题也比较明显。首先，既有的研究中普遍存在一定的史实错误。其次，不少研究过于强调个别历史人物在安南事件中的作用，缺乏对这一历史事件的整体把握，对一些问题作出了不符合历史事实的判断。再次，一些研究者希望全面探讨这一事件，但由于掌握的资料不够充分全面，仍失之片面。需要指出的是，莫、黎时期安南修史制度遭到严重破坏以及受到正统观影响，越南汉文史籍关于莫朝史事记载极其简略，且多有史实错误，远不及明清时期中国文献丰富翔实。本文的目标是，首先将其作为嘉靖年间明朝的一个政治、军事事件，通过排比史料，致力于“重建”这一历史事件发生、演变的“过程”，使事件与时间在逻辑上与史实达到一致，提供一个完整系统的论述，进而观察明朝对安南邦交政策的变化轨辙。

一、嘉靖十五年皇子出生诏与征讨安南决议出台

嘉靖皇帝即位改元，遣翰林编修孙承恩、礼科给事中俞墩捧诏往谕安南，但以安南内乱、贡道阻隔，副使俞墩病故于梧州，不得已而返。[1] 嘉靖三年十二月，巡按广西御史汪渊向朝廷奏呈勘查安南一疏，嘉靖帝令两广镇巡等官再行勘实，具奏定夺。[2] 此后，嘉靖君臣陷入长达十余年的“议礼”之争，无暇关注安南事务。[3]

嘉靖十五年皇子出生诏成为安南事件爆发的导火线。史载，征讨安南之议发于

1 ［明］严从简：《殊域周咨录》卷六《安南》，中华书局 2000 年版，第 206—207 页。

2 《明世宗实录》卷四六，嘉靖三年十二月戊午，台北“中央研究院”历史语言研究所校勘本 1963 年版，第 1191—1192 页。

3 值得一提的是，研究者关于嘉靖二年至嘉靖十四年明朝统治者对安南局势的认知程度存在截然相反的两种看法。一种是以赵令扬、马楚坚为代表，认为明廷对安南局势变动不清楚，参见赵令扬：《翁万达与明朝对安南莫登庸之策略》，载《潮汕文化论丛二集》，海天出版社 1993 年版，第 63 页；马楚坚：《翁万达之机权决策与经略交广》，载《潮汕文化论丛二集》，第 75 页。另一种看法以郑永常、陈文源为代表，认为明廷是知道安南政局的变化的，参见郑永常：《征战与弃守：明代中越关系研究》，第 115 页；陈文源：《明代中越邦交关系研究》，社会科学文献出版社 2019 年版，第 169 页。其实，明廷对安南政局变动既不是一无所知，亦非完全了如指掌。实际的情况是，明廷知道安南内部局势大貌，但是对其间确切的细节情报显然掌握不够。

礼部尚书夏言。如《鸿猷录》云嘉靖十五年大学士夏言首请问安南罪；[1]《明史》记载："嘉靖十五年冬皇嗣生，将颁诏外国。礼部尚书夏言以安南久失朝贡，不当遣使，请讨之。"[2] 嘉靖帝由于长子、后追封为哀冲太子的载基生二月即殇，[3] 所以对嘉靖十五年十月初六日皇二子的诞生极其重视，亲定祭告郊庙礼仪，奏告昊天上帝，祭奉先殿、崇先殿，诏告天下。[4]《明世宗实录》载：

> 十五年十月壬子，上面谕礼部尚书夏言曰："皇子初生，既诏告天下，何独外国？至册封日，始遣使诏谕，况以告闻天地百神，即当使华夷一体知悉，他日册立再行诏告。卿宜议拟奉行。"言奏请遣翰林官一员充正使、给事中一员充副使，赍捧诏书往谕朝鲜、安南二国，俟册立之日再遣使如制。[5]

这是一段研究嘉靖朝勘处安南问题时经常被征引的史料，但引用者往往不加考辨便直接使用。[6] 其实《明世宗实录》这段史料记载的时间有误。按嘉靖十五年十月癸未朔，则壬子为晦日。又《苍梧总督军门志》载嘉靖面谕夏言时间为嘉靖十五年十月戊戌，即十六日。[7] 然而，根据时任礼部尚书严嵩题作《再会议安南事宜》的奏疏题称：

> 钦奉前旨案查，先该嘉靖十五年十月二十六日，该本部尚书夏言节奉面

1　［明］高岱：《鸿猷录》卷十六《勘处安南》，上海古籍出版社 1992 年版，第 358 页。

2　《明史》卷一九八《毛伯温传》，中华书局 1974 年版，第 5239 页。

3　《明世宗实录》卷一五三，嘉靖十二年八月乙未皇嗣生，第 3473 页；《明世宗实录》卷一五五，嘉靖十二年十月己卯皇长子薨，第 3506 页。又《明史》卷一二〇《世宗诸子》载：哀冲太子载基，世宗第一子，生二月而殇，中华书局 1974 年版，第 3646 页。

4　《明世宗实录》卷一九二，嘉靖十五年十月戊子，第 4047—4048 页。按［明］严从简：《殊域周咨录》卷六《安南》云："（嘉靖）十五年，上以哀冲太子生，命颁诏四夷。"严氏将嘉靖皇二子误作皇长子，第 210 页。

5　《明世宗实录》卷一九二，嘉靖十五年十月戊子，第 4066 页。

6　例如，郑永常《征战与弃守：明代中越关系史研究》在引用这则史料及《明世宗实录》其他史料时皆未作考辨，参氏著第 156 页。

7　［明］应槚辑，凌云翼、刘尧海重修，赵克生、李燃标点：《苍梧总督军门志》卷三十四《安南五》嘉靖十五年闰十二月癸丑，岳麓书社 2015 年版，第 463 页。

谕：皇子初生，既诏告天下，何独外国不遣使诏谕，当使华夷一体知悉。卿宜议拟举行。随该本部题所据，来月初六日，颁降告皇子生诏书，合无遣翰林院官充正使、给事中充副使，赍捧诏书，往谕朝鲜、安南二国知悉。候册立皇太子之日，再行遣使诏谕等因。[1]

据此可知，嘉靖面谕礼部尚书夏言是十月二十六日，而非十月三十日。又据严嵩此疏所言，可知遣使赍捧诏书往谕朝鲜、安南两国知悉，候册立皇太子之日再行遣使诏谕的建议，即是礼部尚书夏言回复嘉靖帝面谕的第一份奏疏，因而严嵩疏名才称作《再会议安南事宜》。《明世宗实录》将两件不同的事情混记成一事，造成《明世宗实录》记载的嘉靖十五年十一月初三日的内容似乎是礼部最早回复嘉靖帝面谕礼部尚书夏言的假象：

初，上登极，遣使诏谕安南，以道路梗阻未达而返。至是，皇子生，奉旨复当遣使诏谕。礼部言安南不修职贡且二十年，往者两广守臣言黎譓、黎䗪非黎賙应立之嫡，莫登庸、陈暠等皆篡逆之贼，宜遣使按问，求罪人主名，以行天讨。又近云南守臣言安南亡命武严威等侵犯王略，拘执土官，宜并行体勘。且前使既以道阻不通，今宜暂停遣命，以全国体。上曰："安南诏使不通，又久不入贡，叛逆昭然，其趣遣使勘问。征讨之事，会同兵部速议以闻。"[2]

事实上，《明世宗实录》这段记载问题在于，将几个不同时空的事情拼接起来，以致严重失实，造成《鸿猷录》《明史》皆谓礼部尚书夏言首倡问罪征讨安南之议的记载。[3]

1 ［明］严嵩：《南宫奏议》卷二六《再会议安南事宜》，全国图书馆文献缩微复制中心 2014 年版，第二册，第 478 页。

2 《明世宗实录》卷一九三，嘉靖十五年十一月乙卯，第 4070—4071 页。

3 ［明］高岱：《鸿猷录》卷十六《勘处安南》，上海古籍出版社 1992 年版，第 358 页。《明史》卷一九八《毛伯温传》云："嘉靖十五年冬，皇嗣生，将颁诏外国。礼部尚书夏言以安南久失朝贡，不当遣使，请讨之。"

礼部尚书夏言首先独自奏上一份奏疏。[1] 显然夏言意识到兹事体大，不敢独自擅作主张，所以将是时以礼部尚书兼翰林院学士挂职史馆的严嵩召回部中共同商议嘉靖面谕一事，[2] 因此严嵩同时递上了一份内容文字与夏言奏疏几乎相同的奏疏。[3] 前引《明世宗实录》嘉靖十五年十月壬子应是夏、严两尚书上疏的时间。礼部尚书严嵩拟稿、以礼部名义递呈的《再会议安南事宜》一疏，被明人李文凤收进《越峤书》后变成礼部所进的第一份奏疏。[4]

夏言、严嵩首先回顾了嘉靖皇帝即位以来，遣使孙承恩、俞墩往谕安南以及两广镇巡等官勘处的历史，最后一致认为：第一，如复颁皇子出生诏至安南，“如前梗阻，命使不得径抵其国，徒损国体”，因而今次止诏谕朝鲜，暂免遣使安南，则“庶事体为便”。第二，安南二十余年职贡不修，“背叛之罪已无所逃，在法当兴问罪之师”，该国贼臣作逆，分裂窃据，荼毒生灵，“义当与之讨贼平乱，斯得中国君主四夷之道”。第三，奏疏指出，陛下曾下旨两广镇巡等官访勘奏闻，但“迄无回报，显是轻忽边情，违慢明旨”，以致纵长夷奸，积损国体，应敕令兵部差人星驰两广等处访勘安南事的实情，会同都布按三司及该道守巡官员，“从长谋议，务要区画停当”，具实奏闻，不许隐匿迟误，“误国大体”，“庶几叛乱之罪可惩，朝贡之典不废，裔夷以畏，边境以宁，而中国之体尊矣”。在这份奏疏中，令人瞩目的是提出处置安南的主张：安南“背叛之罪已无所逃，在法当兴问罪之师”；安南贼臣作逆，朝廷“义当与之讨贼平乱”，重建册封—朝贡的宗藩秩序。嘉靖帝批复：“是。招使且待，彼国事情，你部里还会同兵部计议来说，勿视为非要！”[5] 需要注意，这里礼部的措辞是“法当问罪兴师”“义当与之讨贼平乱”，而不是“必须”“一定”，仅是提出建议。嘉靖帝的批谕表明，他同意礼部所奏暂停遣使安南的

1　［明］夏言：《桂洲先生奏议》卷六《皇嗣诞生请诏谕安南朝鲜二国》，全国图书馆文献缩微复制中心 2010 年版，中册，第 52—53 页。

2　嘉靖十五年五月乙卯，严嵩由南京调北任礼部尚书兼翰林院学士。八月丁未，严嵩经理史馆。闰十二月癸亥，礼部尚书夏言兼武英殿大学士入阁参预机务，嘉靖才令严嵩回部掌事。《明世宗实录》卷一八七、一九〇、卷一九五，第 3952、4013、4129、4135 页。

3　［明］严嵩：《南宫奏议》卷二六《再会议安南事宜》，第二册，第 478—487 页。

4　［明］李文凤：《越峤书》卷十二《疏议移文》，《四库全书存目丛书》史部 163 册，齐鲁书社 1996 年版，第 114 页。

5　［明］严嵩：《南宫奏议》卷二六《再会议安南事宜》，第 484—487 页。

建议，只说彼国事情，礼部会同兵部计议来说，“勿为非要”，并无《明世宗实录》所云遣使勘问、征讨之事之说！

可以说，正是礼部两位尚书的奏疏拉开了嘉靖朝勘处安南的大幕，正式引发了嘉靖朝勘处安南问题的议题，从而导致嘉靖朝长达五年的勘处安南问题的“持久战”局面。

礼、兵两部计议后很快奏上回复意见，回复奏疏收在夏言文集中。《桂洲先生奏议》之《奉旨会议征南》一疏，著录时间为“（嘉靖）十五年十月十八日”[1]。马楚坚据香港大学图书馆藏明刊本《夏桂洲先生文集》，此疏著录时间是“（嘉靖）十五年十月初八日题”[2]。此疏引题云：

> 先该本部题，查得安南国职贡不修历二十余年，在法当兴问罪之师，乞敕兵部马上差人星驰两广等处地方，着落镇巡等官即便查照先年节奉钦依事理，访勘该国事情，的实奏闻等因。奉圣旨：是。诏使且待，彼国事情，你部里还会同兵部计议来说，勿视为非要。钦此。钦遵。臣等会同兵部尚书张瓒等计议前事。[3]

据此可知，此疏承接前引收在严嵩奏议中的礼部第二份奏疏，因此，夏言此疏奏上时间绝无可能是嘉靖十五年十月十八日，更不可能是初八日，最早不会早于嘉靖十五年十月二十六日，《明世宗实录》将其系于嘉靖十五年十一月十三日，[4]是符合历史事实的。根据比较准确的情报，礼、兵两部较为准确地掌握了安南国内政局动乱信息：黎譓、黎鏖皆非黎晭应立之嫡，莫登庸、陈暠、陈昇、阮时雍、杜温

---

1 ［明］夏言：《桂洲先生奏议》卷二十《奉旨会议征安南》，全国图书馆文献缩微复制中心 2014 年版，下册，第 425—426 页。按《四库全书存目丛书》集部第 74—75 册收北京大学图书馆藏明崇祯十一年吴一璘刻本夏言《夏桂洲先生文集》（十八卷），该疏收于卷 13，题名曰《会兵部议征安南国疏》，不著时间，［明］夏言：《夏桂洲先生文集》，《四库全书存目丛书》集部第 74 册，齐鲁书社 1996 年版，第 625—627 页。

2 马楚坚：《翁万达之机权决策与经略交广》注释 11，载《潮汕文化论丛二集》，海天出版社 1993 年版，第 97 页。

3 ［明］夏言：《桂洲先生奏议》卷二十《奉旨会议征安南》，下册，第 425—426 页。

4 《明世宗实录》卷一九三，嘉靖十五年十一月乙丑，第 4080—4081 页。

润、郑绥等俱属篡逆之臣。黎氏“既不行入贡以举王正，又不来告变以请天讨，昏之不恭，反道败德，莫此为甚”，黎氏失守宗祧，既不上告天子，其逆臣交乱，各据土疆，“俱属背逆天道，干犯王法，《春秋》大义乱臣贼子，人得而诛”，“罪状显著，着无逃天讨”！[1] 礼、兵二部计议，给出勘处意见：

第一，从锦衣卫中选择指挥、千百户内素有胆气谋略、言语便利、通达事机者二员，先领敕书一道前往广西地方，着令镇巡等官仍选彼处军卫有司官员人等，能深晓夷情、熟知道路、强干有谋者三五员名，伴送敕使，径入安南境内勘问彼国背叛朝廷、久不入贡缘由，并见今篡主夺国罪人姓名，根究着实，作急奏报。

第二，乞朝廷下令选将整兵，待报而发。

第三，根据安南与明朝两国疆域边界分布情形，从东至西，确定广西龙州、云南临安府蒙自县莲花滩为进兵必由之道，规划用兵征讨部署：一面敕镇守两广征蛮将军、总兵官、安远侯柳珣会同巡抚两广都御史钱如京；一面敕镇守云南征南将军、总兵官、黔国公沐绍勋会同巡抚云南都御史胡训、贵州都御史汪珊，“整搠汉、土官军，调度钱粮，严备待命”。

第四，根据嘉靖十四年云南奏报，乞敕锦衣卫另选能够官员二员“赍领敕书一道”，前往云南招抚叛乱土司及毗邻云南边境的安南武严威、武文渊、武子陵等归顺朝廷，“协心从征”。否则，一并诛剿。

不难看出，这份奏疏循着礼部所呈第二份奏疏的思路，进一步提出了一套相当周瞻的处置安南的方案，明确提出“整搠汉、土官军，调度钱粮，严备待命”，用兵征讨安南的主张。然出于慎重考虑，礼、兵二部又认为：“兴师伐远，命将讨罪，事体重大，合无恭请宸断，敕下兵部会集在廷文武多官，从长计议，慎择大将，遴选偏裨，简设总督粮饷文臣，更置地方有司官员，调集诸路兵马，所在储峙刍粮，一一区画停当，上请定夺施行。”[2] 礼、兵二部会议提出的处置措施，嘉靖全部采纳，颁下一份态度明确的诏谕：“安南国先此，诏书不谕而返，有伤体面。又久不入贡，非叛而何？两处差官都依拟，着实勘明奏报，便写敕与他去兴师备讨，必行

1 ［明］夏言：《桂洲先生奏议》卷二十《奉旨会议征安南》，下册，第 428—429 页。

2 同上书，第 429—432 页。

兵部便会同议奏。”[1]但是，《明世宗实录》纂修者将嘉靖这道圣旨改作：“安南背叛不庭，在所必讨，差官勘问，俱如所拟，兵部仍会议征讨事宜以闻”[2]，一定程度上扭曲了嘉靖圣旨原意。

嘉靖十五年十一月二十四日，兵部主持廷议商讨征南事宜。[3]绝大多数的研究者对这次重要的廷议置而不顾，仅郑守常注意到此次征南军事部署会议。[4]明人李文凤《越峤书》抄录了此次廷议的奏折，这是一篇弥足珍贵的文献。廷议由兵部主持，兵部尚书张瓒，执掌五军府兼提督团营、五军营武定侯郭勋，吏部左侍郎温仁和等参加，会议曰：“今圣人在位，君主华夷，臣妾亿兆，蕞尔蛮孽，敢肆背逆。……正德十年黎晭差陪臣进贡之后，至今二十余年，贡使不通，道路梗阻，乱臣挟主，私相仇杀，故往者诏使不谕而返。其背逆天道，罪恶深重，诚王法所必诛者，皇上法祖兴师，命将讨罪，夫复何疑？”[5]会议指出，“用兵之道，选将为先。夫将者，三军之帅……不可不慎”，提出征南军事部署方案：① 会推武职大臣一员，充总兵官，总督军务，佩印而行，请皇帝钦定名号，下部铸造进呈，候大将陛辞时授予；② 选左右副总兵两员、参将四员、游击将军四员，悉听大将节制调度，分道进兵，由兵部举行；③ 会推文职大臣一员，总督军务，与总兵官计议而行。挑选文职大臣的条件是“必素抱经济奇才，而为众望所归者”；④ 调整两广、云贵所属大小官员，留贤吏汰不堪者，优化前线战区地方官员配置状况，事属吏部举行；⑤ 师行粮从，选任督饷文职大臣两员，一在云贵，一在两广，各带有才能的属官各三四员，分投措办钱粮，以供军饷，事在户部举行。

廷议建议，“兵贵先声，事宜预立”，宜仿效永乐年间征进安南事例，“合用汉、土官军，近在两广、云南，远则四川、福建、湖广、江西”提前选调军卒，由兵部请敕，令各该地方巡抚都御史会同巡按御史督同各该将领等官，除贵州凯口兵马外，各处“整搠兵马，锋利器械，悉听总督调取，如其启行”。违者，由巡按御史

1 ［明］夏言：《桂洲先生奏议》卷二十《奉旨会议征安南》，下册，第 429—432 页。

2 《明世宗实录》卷一九三，嘉靖十五年十一月乙丑，第 4081 页。

3 《明世宗实录》卷一九三，嘉靖十五年十一月丙子，第 4083—4084 页。

4 郑永常：《征战与弃守：明代中越关系史研究》，第 157 页。

5 ［明］李文凤：《越峤书》卷十二《疏议移文》，《四库全书存目丛书》史部 163 册，齐鲁书社 1996 年版，第 117—118 页。

指实参奏，治以重典。至于行军粮饷，廷议认为“兴师十万，日费千金，粮饷不可不备”，建议户部敕令各该抚按等官督同三司掌印并该道守巡、兵部等官多方处置粮草，“凡兵马经任去处，足够一二年支用”，庶足食兵强，兵强则威震，“安南可传檄而定”。要之，此次廷议征南军事部署方案内容，包括组建征南军的统帅指挥系统、配置前线战区地方属官、筹建粮饷措办系统、选调军队组成征南军以及如何措处行军粮饷等方面的内容。嘉靖帝对廷议方案作出的批谕是：“安南国背叛不庭，在所必诛。既会议停当，俱依拟。”[1]

可知，此次廷议征南军事部署方案内容，包括组建征南军的统帅指挥系统、配置前线战区地方属官、筹建粮饷措办系统、选调军队组成征南军以及如何措处行军粮饷等方面的内容。嘉靖帝对廷议方案作出批谕：“安南国背叛不庭，在所必诛。既会议停当，俱依拟。差官实勘明白，星夜奏来定夺。”[2]

或许是受到沈德符记载的影响，[3]郑永常错误地判断为明世宗征伐安南的急迫感似乎是受到原大理寺右丞（嘉靖十五年时任钦州知州）林希元的影响。[4]有一个重要的史实，长期以来为研究者所忽视，即嘉靖十五年十月嘉靖皇帝下诏夺情起复丁忧在家的都察院右副都御史毛伯温，升右都御史，令其赴京，参赞征讨安南。[5]这一史实提示，嘉靖帝似乎在面谕礼部尚书夏言后、夏言严嵩奏上疏陈前后已经作出征讨安南的决定。嘉靖之所以一再令礼兵计议，应当是他需要一个征讨安南充分合理的说法，使其主见付诸实施。嘉靖帝为何决心征讨安南？其实嘉靖从未正面表达过征讨安南的真正意图和目的。嘉靖帝正面的表述主要体现在嘉靖十五、十六年对夏言、严嵩的三份奏疏的批谕中，皆是以宗藩之义为中心的一套冠冕堂皇

1　［明］李文凤：《越峤书》卷十二《疏议移文》，《四库全书存目丛书》史部 163 册，第 118—119 页。

2　同上书，第 118—119 页。

3　［明］沈德符：《万历野获编》卷十七《征安南》记载：“嘉靖初年，安南久逾贡期，又侵夺广东钦州四峒，朝议欲问其罪。……又数年，安南尚不宾。时闽人林希元者，为钦州知府，林故名士，从卿寺外谪，负才不得志，乃上言安南可取状，凡六疏，犹不止。”上海古籍出版社 2012 年版，第 371 页。

4　郑永常：《征战与弃守：明代中越关系史研究》，第 157 页。

5　［明］毛伯温：《毛襄懋先生奏议》卷十《给由疏》，《四库全书存目丛书》史部 59 册，齐鲁书社 1996 年版，第 615 页。［明］毛伯温：《毛襄懋先生文集》卷首，《四库全书存目丛书》集部 63 册，齐鲁书社 1996 年版，第 121 页。

的说辞，[1] 此外都是态度模糊的表达。正因为如此，学者们对嘉靖征讨安南真正目的多有揣测。黎正甫推测明世宗欲讨伐安南之意，实不止责其修贡而已，但是黎氏并未能说清嘉靖征讨安南的真实意图和目的。[2] 笔者同意一些学者认为嘉靖皇帝由于经过大礼之争嘉靖帝稳固了自己的皇权，同时受到礼部尚书夏言、兵部尚书张瓒等的鼓舞从而作出征讨安南的决定的看法。[3] 值得注意的是，不论是礼部尚书严嵩，还是礼部尚书夏言、兵部尚书张瓒，抑或是参与廷议的武定侯郭勋等，皆是谨慎地提出征讨安南的建议供嘉靖皇帝宸断，而不是斩钉截铁地提出必须出兵征讨安南，即使在廷议组建征南军时也还提出了“不战而屈人之兵”[4] 这一理想的征讨目标。

吊诡的是，从夏言、严嵩上呈奏疏到兵部廷议，明朝征讨安南的对象不是越辩越明，而是变得模糊起来。在夏言、严嵩奏疏中，一致认为明朝应当遵守君主华夷的宗藩之义传统，为黎氏讨贼平叛，问罪兴师的对象是叛逆之臣莫登庸；到礼、兵二部复议、文武百官廷议和兵部廷议时，黎氏、莫氏就变成俱为背叛之臣，安南成为不庭之国和征讨对象。实际上，此时的安南国内已是南黎北莫、甚至还有武严威武装集团二三政权并立的局面，这致使明朝征讨安南国的确切对象变成无的放矢。

二、中央和地方官员关于用兵安南的争论与暂停征南

一石激起千层浪！明廷征讨安南决议出台后，中央与地方官员们的反响强烈，热血支持者有之，但更多的是强烈反对的声音。

---

1 ［明］夏言：《桂洲先生奏议》卷六《皇嗣诞生请诏谕安南朝鲜二国》，中册，第 53 页；［明］严嵩：《南宫奏议》卷二六《再会议安南事宜》，第二册，第 487 页。［明］严嵩：《南宫奏议》卷二十七《会议征讨安南事宜》，第三册，第 22—23 页。

2 黎正甫：《郡县时代之安南》，第 163—164 页。

3 钟小武：《明朝对安南莫氏的政策》，《江西师范大学学报》2002 年第 2 期，第 100 页；李征鸿、段红云：《论嘉靖安南事件中明朝的政策变化及其影响》，《中国边疆史地研究》2017 年第 3 期，第 64 页。

4 ［明］李文凤：《越峤书》卷十二《疏议移文》，第 119 页。

首先反对征讨安南的是户部左侍郎唐胄。[1]《明史》云："帝以安南久不贡，将致讨，郭勋复赞之，诏遣锦衣卫官问状，中外严兵待发。胄上疏谏。"[2]嘉靖十五年闰十二月初一，唐胄上疏奏言，"若欲其修贡而已，非惟兵不必用，虽勘官亦可无遣"，提出征南"七不可者"：① 安南不征，著在《祖训》；② 太宗既克，求陈氏后不得始郡县之，得不偿失，故宣宗弃之，今当率循；③ 往代安南盛时屡为钦廉连邕之患，自独立后八陈迭主，而岭南边海郡县外警遂稀，是夷狄分乱，中国之福，不当与之校问；④ 征讨得之，仅得数十郡县之虚名，若征之不得，丧师损威，宋元可为明鉴；⑤ 安南虽争乱尚累累奉表，欲贡而不得，非负固而不来，以此罪之，于辞不顺；⑥ 用兵安南，必取办四省之财，今四川有采木之役、贵州有凯口之师、两广粮储久匮于田州岑猛之征，大工迭兴，诸省帑藏皆输将作，加以水旱蠲除，财力不足举兵；⑦ 唐衰自玄宗南诏之役、宋衰自神宗伐辽之役，今太仓积余仅四百万，屯政坏而田日荒，盐法阻而商日灭，北虏日强，边卒屡叛，北顾之忧方殷，而更启南征之议，恐生意外。他进一步指出："锦衣武人，闇于大体，万一徇私枉实，衅或随之。即令勘报得情，伐之不可，不伐不可，进退无据。且今严兵待发之令初下，而侵渔骚扰之害四出，忧不在四夷，而在邦域中矣。"因此，唐胄建议停遣锦衣卫勘官并罢一切预备兵粮之令。[3]疏入，兵部以为忠谋，嘉靖令待锦衣卫官勘奏更议之。嘉靖虽无责让，亦未采纳，继续部署征讨安南事宜。次日，嘉靖敕谕两广总督潘旦整搠军马、锋利器械，处置钱粮，"候总兵官进兵之日，听其调取前去，随宜应用"，"收征讨之功，斯副朕意"。[4]

正值嘉靖君臣初步进行部署征南事宜之际，安南黎氏使臣郑惟憭一行的到来给明朝南征披上了师出有名的"合法外衣"，也成为明朝征讨安南的外部推动因素。

1　按陈文源《明代中越邦交关系研究》将唐胄官职误作南京行在户部尚书。陈氏错误有二：一南京不称行在，二此年唐胄官户部左侍郎，非南京户部尚书。参见氏著第 170 页。《明史》卷二〇三《唐胄传》云："嘉靖初，起故官。……进员外郎，迁广西提学佥事。……擢右副都御史，巡抚南赣，迁南京户部右侍郎。十五年改北部，进左侍郎。"（第 5357 页）

2　《明史》卷二〇三《唐胄传》，第 5357 页。

3　《明世宗实录》卷一九五，嘉靖十五年闰十二月壬子朔，第 4115—4117 页。按《明史》卷二〇三《唐胄传》收录此疏，文字与《明实录》所录文字出入较多，第 5357—5358 页。

4　［明］应槚辑，凌云翼、刘尧诲重修，赵克生、李燋标点：《苍梧总督军门志》卷三十四《安南五》嘉靖十五年闰十二月癸，第 463 页。

中越史籍关于郑惟憭使团皆有记载，但是差异甚大。《大越史记全书》记载，元和元年（嘉靖十二年，1533 年）黎庄宗黎宁遣郑惟憭赴明。[1]《明史》云嘉靖十六年二月壬子安南黎宁遣使告莫登庸之难，[2]《明世宗实录》则简略记述安南郑惟憭使团前来告难的内容。[3] 然而上述记载的时间皆是错误的。《苍梧总督军门志》记载，嘉靖十五年闰十二月初九日黎譓子黎宁差头目郑惟憭泛海至京，历奏莫登庸僭逆之罪。[4] 根据嘉靖皇帝批覆礼部《译审安南奏事人郑惟憭事情》一疏可知是"嘉靖十六年正月"，且疏中郑惟憭自述是嘉靖十五年七月内抵广州，一路附搭商船直抵高邮，再由陆路入京。[5] 又据礼部代呈郑惟憭揭帖可知，嘉靖帝批覆日期至迟为嘉靖十六年正月十二日。[6] 可见《苍梧总督军门志》记载郑惟憭一行至京日期应该比较接近事实。

郑惟憭使团向明廷呈上黎庄宗黎宁告难求救的奏表，这份奏表历述正德十一年以来安南国内政局变动更迭本末。但这份表文内容疑点重重、纰漏不少，所述莫登庸鸩杀黎廮、莫登庸称帝、黎譓去世的时间日期全部错误，无一正确。因此，礼部会议说："臣等看得安南国逆臣争乱，信使不通逾二十年，近因朝廷问罪之师将兴，而彼国告变之奏奄至，委的迹有可疑。况郑惟憭等附舟漂泊延住占城，遂经二载。及既行至广东地方，缘何不呈身赴告所在官司，给文起送，蓦越来京。据其奏词，难以尽信。"礼部建议敕令原差锦衣卫官查勘将所奏事情会同抚按、三司选委流土能干人员前往该国一并体勘真伪，星驰奏闻定夺，郑惟憭等暂留会同馆，候勘明差人伴送前去广东交与抚按官员酌处。嘉靖批谕将郑惟憭等交付锦衣卫拘留，严密看管，不许与外人交接，光禄寺照朝鲜国贡使例供给。[7] 郑惟憭一行不明被拘缘故，

1 孙阳主编点校：《大越史记本纪实录》卷十六《黎皇朝纪 · 附莫登瀛》，西南师范大学出版社、人民出版社 2013 年版，第 819 页。

2 《明史》卷十七《明世宗本纪一》，第 227 页。

3 《明世宗实录》卷一九七，嘉靖十六年二月壬子，第 4156 页。

4 ［明］应槚辑，凌云翼、刘尧诲重修，赵克生、李燃标点：《苍梧总督军门志》卷三十四《安南五》嘉靖十五年闰十二月癸丑，第 463 页。

5 ［明］严嵩：《南宫奏议》卷二十六《译审安南奏事人郑惟憭事情》，全国图书馆文献缩微复制中心 2010 年版，第二册，第 472、470—471 页。

6 ［明］严嵩：《南宫奏议》卷二十六《会议郑惟憭具呈事情》，第 473 页。

7 ［明］严嵩：《南宫奏议》卷二十六《译审安南奏事人郑惟憭事情》，第 459—473 页。

急切恳请锦衣卫指挥使王佐转呈揭帖一份，“伏望圣朝推广兴灭继绝之仁，拯溺亨屯之德”，发救拔之师，急救黎氏，但是郑惟憭揭帖被留中两月才批复，嘉靖皇帝对礼部拖沓无主见的处置相当不满，责让礼部“所议未见明白正大，再会议停当来说”[1]。尤其值得注意的是，正是郑惟憭在揭帖中提出“兴灭继绝”的口号，给明廷征讨安南提供了合理的说法。

郑惟憭一行的到来直接影响了明朝征讨安南的立场与目标取向，促使嘉靖君臣商讨征伐安南的目标得以快速聚焦。由于受到嘉靖帝的斥责，礼部尚书严嵩、兵部尚书张瓒即刻召集府部、科道等官再次廷议黎宁奏表与征南事宜。此次廷议没有追究安南内乱的根本原因，而是不客观且肤浅地将安南动乱的根源完全归罪于莫氏，“该国驯起乱阶，连结兵祸，皆莫登庸父子与其逆党之所酿成，而职贡不修，非黎宁之罪矣”，历数莫登庸十大罪状：

> 逼逐黎譓，占据国城，其罪一也；以臣下而取国母，其罪二也；鸩杀黎廱，伪立己子，其罪三也；逼黎宁远窜，其罪四也；僭称太上皇帝，其罪五也；改元明德、大正，其罪六也；设兵关隘，以阻诏使，其罪七也；大肆诛杀，荼毒生灵，其罪八也；阻绝贡路，其罪九也；伪置官属，僭拟中国之制，其罪十也。[2]

这里列举莫登庸“十大罪状”其实并不高明，甚至还有些拙劣，有学者指出，“十大罪状”中，除“阻拒诏使”“阻绝贡路”两项与明朝稍有关系外，其余皆为安南内部事务。[3]但是不管怎样，廷议认为“莫登庸之罪状显著，法不容诛；黎宁之国绪阽危，义当拯救”，伏望陛下“大发宸断，播告中外，选将训兵，刻期致讨”，以发输华夏之气，震詟四夷之心，而且廷议官员信誓旦旦地表示“重覆详议，众志佥同”，建议陆续实施前次廷议征南方案。嘉靖十六年三月十八日明世宗批谕：安

1 ［明］严嵩：《南宫奏议》卷二十六《会议郑惟憭具呈事情》，第 473—478 页。

2 ［明］严嵩：《南宫奏议》卷二十七《会议征讨安南事宜》，全国图书馆文献缩微复制中心 2010 年版，第三册，第 20—22 页。

3 陈文源：《明代中越邦交关系研究》，第 171 页。

南久不来庭，法当问罪；莫登庸篡乱，阻绝贡路，又僭称名号，伪置官属，罪状显著，既会议明白，便命将出师，前去征讨；总督等官推选素有才望的人才；调度兵粮事宜，户、兵二部即议具奏。[1]不难看出，嘉靖帝这道批谕正是“兴灭继绝”内涵的体现和具体表达，这是所谓“扶黎制莫政策”这一说法所无法准确传达宗藩体制下的这一层含义的。

大约嘉靖十六年二三月份间，广东布政司廉州府钦州知州林希元递上《陈愚见赞庙谟以讨安南疏》一疏。这是地方官员最激烈支持朝廷征讨安南的第一份奏疏。林希元慷慨激昂，力赞征讨安南。嘉靖十四年六月林希元因上疏谏言辽东兵变由大理寺右丞降谪钦州担任知州，[2]郑永常将这一行为解读为嘉靖帝刻意的安排，[3]显然是主观臆断多于史实分析。林希元在征讨安南一事中确实表现得异常积极、亢奋，前后呈有六疏，夺人眼目。[4]《陈愚见赞庙谟以讨安南疏》是林希元所上第一疏，是林希元力主征伐安南的纲领性论述。林氏曰：“臣伏读邸报，见安南久不入贡，礼、兵二部会议征讨……依蒙已选钦州千户所百户吕濂送用去后。臣按，安南久阙不职贡，陛下赫然斯怒，廷臣遂议征伐，此诚帝王统驭华夷之宏略也！微臣欲有言者，盖兵难遥度，事贵万全，故武定侯之疏未尽事情，欲各官及生长四省熟知彼处事情者，逐一陈奏。臣待罪钦州，接壤安南，彼中事情，略知一二，不敢不言，以负陛下也，请一一陈之。”[5]可知，钦州知州林希元是在看到嘉靖十五年十一月二十四日廷议后武定侯郭勋所上奏疏或邸报后为补充郭勋之疏未尽事情而条陈此疏的，稍稍估算一下京师至钦州的距离以及信息传递的速度，林希元此疏约在嘉靖十六年二三月间递上。在奏疏里，林希元细致分析了安南国内势力集团、久不入贡缘由以及朝廷处置未尽之宜，进而从安南莫登庸方面、参照永乐征讨安南历史和当前的实际形势陈述了用兵安南不可忽视和应当高度重视之要，逐一驳斥了朝臣主征说与反征说

1 ［明］严嵩：《南宫奏议》卷二十七《会议征讨安南事宜》，第22—23页。按：《明世宗实录》卷一九九将此次廷议系于嘉靖十六年四月庚申，误。

2 ［明］林希元撰，何丙仲校注：《林次崖先生文集》卷十《钦州兴造始末记》，厦门大学出版社2015年版，第412页。

3 郑永常：《征战与弃守：明代中越关系史研究》，第158—159页。

4 ［明］林希元撰，何丙仲校注：《林次崖先生文集》卷四《安南奏疏引》，第129页。

5 ［明］林希元撰，何丙仲校注：《林次崖先生文集》卷四《陈愚见赞庙谟以讨安南疏》，第130页。

之是非得失，并系统阐述了他的“安南当讨者三、当取者二、可取者四”的见解与主张。所谓当讨者三：登庸篡逆，礼法不容，当讨一也；四夷以此为轻重，当讨二也；国初弃交趾之时，安南侵占昔、赡浪、四峒之地，宜乘此声讨其罪之际收复，当讨三也。所谓当取者二：安南本中国故地，当取一也；黎氏得之不义，登庸袭其故智，二者俱不当得，当取二也。所谓可取者四：安南分国以来历六百年，更五姓，疆土不分，今疆土分裂，乃天意与明，可取一也；登庸势虽成，但大臣犹多未附，三姓分争，人心疑惑，皆愿归本朝，可取二也；安南既分，势难复合，三者相持，决不相让，彼此俱失，必自甘心，是天道有好还之会，交趾有混一之机，可取三也；五六年间安南边民觊觎而动，朝廷指挥数万精兵，旦夕可集人心，可取四也。[1] 平允而论，林希元对安南国内政局形势的掌握、分析以及用兵过程中应当留意的问题较之朝堂诸臣确实要准确和深刻。但林氏也有情报滞后和见解天真之处，比如林希元并不知情谅山陈昇早已为莫登庸消灭，安南政权由三而二；又如林氏说“今兵马、钱粮皆为二年之计”，透露出他对当时国家财政状况缺乏深入了解。

然而问题的重点并不在于此，而在于林希元主张征讨安南的根本立场与朝堂君臣倡议征讨安南的内涵与实质是完全不同的。这是必须需要辨析清楚的！赵令扬将林希元归入最激烈的支持朝廷征讨安南者，[2] 但却未分析林希元与其他支持南征者之间的主张区别之处；郑永常敏锐地洞察到林希元与其他支持者有所不同，但却错误地将嘉靖帝与林希元划归同一阵线。[3] 林希元与陈琛、张岳同为福建泉州人，皆正德丁丑榜进士，“三先生皆邃于经学，以文章气节名一时”，称明代第一流人物，希元刻苦力学，“自草茅中即锐然有当世之志”。[4] 清初沈德潜评论林希元曰：“盖惟其不欲以道学名，故独得道学之真，而发之于经济，亦有其实也。先生历仕数十

1 ［明］林希元撰，何丙仲校注：《林次崖先生文集》卷四《陈愚见赞庙谟以讨安南疏》，第130—134页。

2 赵令扬：《翁万达与明朝对安南莫登庸之策略》，载《潮汕文化论丛二集》，海天出版社1993年版，第65页。

3 郑永常：《征战与弃守：明代中越关系研究》，第161页。

4 ［明］蔡献臣：《林次崖先生文集》序，［明］林希元撰，何丙仲校注：《林次崖先生文集》卷首，第1页。

年，锐意以用世自任。”[1]希元自称平生不自揆量，“每以天下国家事自任”[2]。于林希元而言，其有志于安南久矣。在林希元的认知世界里，交趾（安南）本是中国故地，与两广同入职方，非远夷也，迨宋时失之，明得而复失，陷于夷狄以至于达六百年。[3]希元称自束发读书，见交趾本中国故地，唐相姜公辅生于爱州，“即有安南之志”[4]，因此他的人生观、价值观是“愿慕古人”，在安南上欲有所作为，[5]成为“天下奇男子”，在他看来，“大丈夫所以垂名不朽，固有自在。太上立德，其次立功，又其次立言。外此，一种纷华世态，皆不足挂人牙颊”。[6]可见，林希元有强烈的“立功”欲望，并表现出相当的功利倾向。

早在嘉靖十年前后，仕途不顺的林希元感喟“壮心久负”，对嘉靖朝君明臣庸多所不满，[7]任职南京大理寺右寺丞时敷陈治道一疏，在“边患”一目详论明朝南北边患和周边形势，他说：“以南边言之……近日两广抚臣辄召土兵以杀内寇，非策之得也。夫召土兵以杀内寇，犹召边兵以讨刘贼也，岂不生侮启祸？今日之边兵，前日之思田，皆其验也。任事者亦徒为己，目前之讨，不为国家深长思尔。今宜以此为戒，非大征不得常召，但专精内兵以御内侮，则近患消而远患亦不作矣。……臣尝披祖宗地图，往来廉、钦之墟，询访安南山川、土俗、故事，未尝不恨三杨之失策，而知交趾之可复。然今以三边之近患而未能除，又何敢言交趾也。陛下诚用臣言料理三边，岂特边患可除，将见交趾亦可图也。”[8]可知林希元一直在筹谋如何收复安南，降调钦州知州给了林希元近距离访察的机会，因此当朝廷征讨安南决议出台后，林希元窥伺到自己的用武之地。他一面私下里与同僚讨论朝廷遣

1 ［清］沈德潜：《林次崖先生集》序，［明］林希元撰，何丙仲校注：《林次崖先生文集》卷首，第4页。

2 ［明］林希元撰，何丙仲校注：《林次崖先生文集》卷五《与周石崖提学书》，第198页。

3 ［明］林希元撰，何丙仲校注：《林次崖先生文集》卷六《安南功成乞查功补罪以全臣节揭帖》，第236页；［明］林希元撰，何丙仲校注：《林次崖先生文集》卷六《与张静峰郡守论黄邦相事书》，第212页。［明］林希元撰，何丙仲校注：《林次崖先生文集》卷六《与广西何左江少参论安南书》，第213页。

4 ［明］林希元撰，何丙仲校注：《林次崖先生文集》卷十《安南事始末记》，第417页。

5 ［明］林希元撰，何丙仲校注：《林次崖先生文集》卷六《安南功成乞查功补罪以全臣节揭帖》，第240页。

6 ［明］林希元撰，何丙仲校注：《林次崖先生文集》卷五《与吴思斋书》，第179—180页。

7 ［明］林希元撰，何丙仲校注：《林次崖先生文集》卷三《自陈不职乞赐罢黜以弭天灾疏》，第102页。

8 ［明］林希元撰，何丙仲校注：《林次崖先生文集》卷二《王政附言疏》，第84—85页。

使入安南勘查举措之失，[1]一面向朝廷呈上了一份可能酝酿已久的奏疏。在奏疏里，林希元指出，“若只责其入贡，此可不烦兵而定”。但是朝廷必须征讨安南，理由是安南与南海、珠崖同入职方，汉晋隋唐皆为中国郡县，钦州乃其属郡，至赵宋始失之，明太宗复之，明宣宗时复失之，乃是中国陷于夷狄，非夷狄也。因此，林希元认为现在正是千载难逢之佳会良时，“今之安南所谓鹬蚌之势，中国之利，天与我以时也”，趁天时，大功可奏，“一方之民可免于被发左衽，陛下之盛德大业，光祖宗而垂后世矣”。[2]此外，林希元积极响应朝廷诏令，在钦州恢复屯田、修建津渡桥梁，以备调度兵马。[3]

清楚可见，林希元主张征讨安南与朝堂上嘉靖君臣征讨安南的立场与目标有着根本的不同：不论是嘉靖所谓的有伤体面，还是礼、兵二部以及廷议诸臣的法当问罪兴师、义当讨贼平乱，都是在宗藩关系观念的路径下讨论处置安南问题，重建“以小事大”的宗藩秩序。然而林希元的目标是收复安南，恢复中国故地，郡县之，将安南重新纳归中国版图。正如他所说：“安南之事，举世所不欲为。元之位卑，又无任大事之责，特以安南本祖宗、中国故地，又有可取之机，故不量彼已，犯众怒而为之。”[4]不言而喻，这是两种完全不同的观念和出发点。

嘉靖帝很早就属意于委任毛伯温为征南军总督大臣，但嘉靖十六年正月毛伯温却以服未阕辞新命，[5]郑惟憭使团的到来让嘉靖帝看到有必要加快征南步伐，因此下诏毛伯温曰：“卿才望素著，近因南夷背叛，欲付卿征讨，特兹起复，宜承朕命，作速赴京，不必以服制辞。”并命吏部差人催促毛伯温入京，又命司礼监太监张钦传旨兵部，马上差人催取毛伯温进京，限四月初十日至京。[6]事实上，毛伯温

1 ［明］林希元撰，何丙仲校注：《林次崖先生文集》卷五《回海北道王佥宪书》，第 183 页。

2 ［明］林希元撰，何丙仲校注：《林次崖先生文集》卷四《陈愚见赞庙谟以讨安南疏》，第 132、134 页。

3 ［明］林希元撰，何丙仲校注：《林次崖先生文集》卷三《钦州复屯田疏》，第 117—119 页；［明］林希元撰，何丙仲校注：《林次崖先生文集》卷十《钦州平安桥记》，第 404—405 页。

4 ［明］林希元撰，何丙仲校注：《林次崖先生文集》卷五《复京中故人书》，第 177 页。

5 《明世宗实录》卷一九六，嘉靖十六年正月癸卯（二十三日），第 4149 页。

6 ［明］毛伯温：《毛襄懋先生奏议》卷七《陈愚忠昭圣武疏》，《四库全书存目丛书》史部 59 册，齐鲁书社 1996 年版，第 583 页。

亦深知兹事体重大，相当谨慎，故而“三具疏辞”[1]，然而，毛伯温最后被迫启程北上。大约四月十二日，嘉靖下诏起复原南京刑部右侍郎胡琏为户部右侍郎，升原任巡抚江西右副都御史高公韶为户部右侍郎，俱兼都察院佥都御史，总督粮饷，胡琏云贵，高公韶两广；都督佥事江桓等充左副总兵官、牛桓右副总兵官，杨鼎、田茂充左参将，孙继武、高谊充右参将，樊泰、萧翥、汤庆、陈伟游击将军，各领兵征讨，大将候旨简用。[2] 十三日，在武定侯郭勋建议下，添设云南、广东右参政、副使各一员，广西、贵州副使各一员，恢复先年裁撤云贵、两广及湖广紧要地方首领、佐贰官，选任云南副使车纯为本省参政、四川副使龚亨为广东参政、莱州知府仲选为云南副使、广州知府邹守愚为广东副使、山东按察佥事王世瑶为贵州副使、南京刑部郎中张烈为澂江知府，皆一时素有才名者。[3] 同日，嘉靖帝谕兵部另具拟用兵事宜，于是兵部拟上十一事：① 请钦定大将、所佩印名号，给文武诸臣制敕符验旗牌；② 北人不使，宜调两广、川贵、湖广、福建诸汉兵并狼、苗钩刀手等土兵；③ 兵机进止，悉听总督、参赞便宜行事；④ 遣科道官各二员随军纪验功次；⑤ 统领汉土官兵宜善加抚驭，激劝成功，有卖放贼党潜通奸细者，必罪无赦；⑥ 两广钦州、思明、凭祥，云南临安蒙自皆可取道进兵，须召募熟悉夷情者以充乡导；⑦ 进兵之日，严守各关隘，以防奔逸；⑧ 临阵有能歼多渠魁者授以上赏，违者军法从事；⑨ 官军经住处所资用器物，令地方预备；⑩ 巡抚等官会查征进事例，发官银犒赏将士；⑪ 军前赏赐银牌花红绢等项，总兵、参赞到日径直处置施行。诏俱如拟，命兵科给事中李鹤鸣、福建道御史傅凤翔往两广，刑科给事中马汝彰、广东道御史胡时济往云贵，随军纪功。[4]

至此，除统兵总兵官一人尚缺外，嘉靖十五年十一月二十四日廷议所拟征南方案基本落实到位，实施完毕。可谓万事俱备，只缺大将。

出乎预料的是，在嘉靖帝准备征讨安南之际却迎来了一波又一波强烈反对之

1　［明］毛栋腊：《先公年谱》丙申（嘉靖十五年），［明］毛伯温：《毛襄懋先生文集》卷首，四库全书存目丛书集 63 册，齐鲁书社 1996 年版，第 121 页。

2　《明世宗实录》卷一九九，嘉靖十六年四月庚申，第 4177—4178 页。

3　《明世宗实录》卷一九九，嘉靖十六年四月辛酉，第 4179 页。

4　同上书，第 4180—4182 页。

声。由于朝廷大规模调整两广、云贵四省地方高级官员以及有足够的时间传播朝廷决策信息，中央与地方部分官员开始纷纷冒死进谏。

《明史》云嘉靖十六年四月帝决计征讨，“侍郎潘珍、两广总督潘旦、巡按御史余光相继谏，皆不纳”[1]。就在兵部奏上用兵事宜的同一天，兵部左侍郎潘珍抗疏反对出兵安南。潘珍奏言：安南乃古交趾地，历代不臣，国朝得而失之。如今安南内乱，黎氏不请而立，陈暠、莫氏篡逆，“揆以春秋之法，皆不免于六师之移，又何必兴兵为之左右乎”？且其地诚不足郡县，置而叛服无偿，无与中国。现在北方，“虏众滋蕃，自东徂西，联帐万里，烽警屡报，自冬讫春，月无虚日，而我士伍不充，刍粮耗匮，隐忧积患，各边同然。顾乃释门庭之防，忽眉睫之害，殚竭中国之力以远事瘴岛，非计之得也”。他建议副、参而下及督饷文臣可无遽遣，各狼土兵及诸省粮运可毋遽发，第敕持重有才望文武大臣二员奉征讨之命，佩印符前往驻镇交广地界，调集近地土汉官兵，分番操练，稍远卫所及各省狼土兵就近团练，以候征调；而后移檄交南，声讨莫氏之罪，令广南黎氏、哀牢武严威等候佐大兵合力进讨，“将可坐致矣”。疏入，嘉靖帝以征讨之命已下，或许嘉靖认为潘珍挑衅其皇权的权威，大为恼怒，责珍妄言，令其对状，珍具疏伏罪，嘉靖复斥其不谙事体，惑乱人心，令褫职闲住。[2]然而仔细研读潘氏奏疏，可以发现潘珍其实是最早初步提出“震慑降服”处置策略之人，有意思的是明廷后来处置安南问题正是按照潘珍的思路展开的。[3]

两广总督潘旦原本就反对出兵安南，嘉靖十五年冬以兵部左侍郎、左佥都御史提督两广军务，知朝廷起复毛伯温，特别道过其里，谓毛伯温曰：“安南非门庭寇，公宜以终丧辞。往来之间，少缓师期，俟其闻命求款，因抚之，可百全也。”[4]嘉靖十六年四月十四日，安南莫登庸遣行人陈必闻、范光佐等赍执公文申达两广总督，请封朝贡。潘旦不敢耽搁，一面安顿使臣，一面驰奏朝廷。在奏折里，潘旦认为莫

1 《明史》卷二〇三《唐胄传》，第 5359 页。

2 《明世宗实录》卷一九九，嘉靖十六年四月辛酉，第 4183—4184 页。

3 ［明］韩邦奇：《苑洛集》卷五《通议大夫兵部左侍郎赠都察院右都御史潘公墓志铭》云：“后来师至南中，凡处一如公言，而安宁平。”［明］韩邦奇：《韩邦奇集》，西北大学出版社 2015 年版，下册，第 1429 页。

4 《明史》卷二〇三《潘旦传》，第 5360—5361 页。

登庸奏表中所述情况与此前郑惟憭所进黎宁奏本，“俱属可疑，有碍议处”，建议将陈必闻等奏表转行原差锦衣卫会同一并查勘明白，奏闻定夺，并奏说：“安南本夷国也，夷狄之乱，中国之福。……今惟莫黎二氏，国内疆土，大约黎氏仅存十之一二，莫氏已据十之七八矣。朝廷方遣问罪之使，彼随有求贡之文。虽其名分未正，要亦慕皇上之德，畏中国之威而然也。夫夷狄之国，本无人伦，究弑主之罪，则陈暠父子也，而今已就戮矣。若莫氏乃奸雄之贼，黎氏亦逆臣黎利之裔，律之以中国之法，固皆非所宜立。……然莫氏倚其兵强，有并吞黎氏之心；黎氏藉其世业，有恢复旧物之志。彼此分争，兵革未已，皆欲假天朝名号以为之主。彼既未定，我谁适从？此非臣等所敢轻议也。”因此，潘旦建议礼、兵二部从长议覆，先将陈必闻等遣之出境，毋容入贡，“通行各边戒严，静以观变，迟以岁月，以待彼国之自定，然后奏闻区处，此古帝王于夷狄治之以不治之法也”[1]。镇守两广总兵官、征蛮将军、安远侯柳珣也递来同样内容的奏疏。所以，嘉靖亦不能武断，责令礼、兵二部会议。礼部尚书严嵩、兵部尚书张瓒计议，给出处置措施：莫登庸上表求贡遽难准从；地方官从宜剿抚；潘旦所奏不准，两广、云南地方总督、巡抚官员“从宜勘处，详审顺逆，相机抚剿”；陈必闻等使臣俱听总督等官审究明白，径自酌处，务在宣布德威，正名定难，削平奸凶，夷方宾服，方合“皇上兴灭继绝之仁、诛残去暴之义”，主张继续实施征讨安南事宜。礼、兵二部议处意见，被留中至七月初四日嘉靖才作出批答。[2]

潘氏叔侄的反对意见并未动摇嘉靖帝征讨安南决心。嘉靖十六年五月初九日毛伯温至京，嘉靖令其即日到任管事，静候征讨之命。[3]毛伯温在进京途中奏上陈愚忠昭圣武一疏，谓自闻命以来，悉心询访安南事情，似知其略，安南二十余年贡使不至根本原因“乃莫登庸背叛黎氏，非黎氏敢背叛中国也，声罪致讨，登庸者莫逃首恶之诛矣”，他提出“必先选用人才、调度兵马、议处粮草、详审道路、酌量时月”行军五要，五要之中又以积粮为最急。但毛伯温又给自己留下了转圜的余地，

1 ［明］严嵩：《南宫奏议》卷二十七《再议勘处剿抚事宜》，全国图书馆文献缩微复制中心 2010 年版，第三册，第 25—30 页。

2 同上书，第 30—35 页。按：《明世宗实录》卷一九九嘉靖十六年四月丁卯条对潘旦所奏事的处理非常粗糙，对潘旦，礼、兵两部奏折采取断章取义的截取，将三桩不同时间的事件拼凑在一起记载，导致史实紊乱。第 4186—4188 页。

3 《明世宗实录》卷二〇〇，嘉靖十六年五月丁亥，第 4194 页。

他说："勘问之使未回，粮饷之数未具，待其报至，必得实情，会廷议而佥同，仰神谟之独断。臣祇承面授，敢不星驰，凡力之所能，矢心自竭。"[1] 毛伯温至京后，到兵部查议安南始末，在等待命下的时候又陈用兵六略疏，曰正名、曰用兵、曰用人、曰理财、曰明赏、曰一事体，这是毛伯温关于征讨安南行军战略的全面论述。在正名一事下，毛氏提出："若贼首畏天威之严重，知天道之顺逆，亲率逆党自首投降，臣等即当奏闻区处，待以不死。若昏迷不悛，仍敢拒敌，必尽戮无赦。"我们已经无从知晓是英雄所见略同，还是毛伯温看过前兵部左侍郎潘珍的奏疏，受到潘珍意见的启发，但究其议论实质其实正是"震慑降服"的另一种具体表述。"一事体"的提出，显示出毛伯温作为有领兵作战经验的文职大臣的远见卓识。[2] 需要指出的是，收在《毛襄懋先生奏议》中的六略疏与《明世宗实录》所录六略疏在文字上有一定差异。关于六略之二"用兵"一事，《正法诛逆奏》云："二曰用兵。……广西田州、思恩、泗城、左右江等狼兵及湖广永顺、保靖等处土兵，皆枭勇可用，但经过地方，不无骚扰，必须该道守巡管押。贵州总兵李璋、广西副总兵参将沈希仪，皆谋勇素著。云南十八府土兵，非黔国公不能调，今年虽幼冲，而巡抚都御史足以节制。"[3] 然《明世宗实录》则记载曰：

> 二曰用兵。广西田州、思恩、泗城、左右江等处及湖广永顺、保靖，四川酉阳等处土兵，皆骁勇可用，恐所过地方骚扰，宜责各守巡官统领禁戢之。两广总督都御史，责任重大，宜简用硕臣，以图共济。云南各府土兵，必得黔国公印牌方能调用。既调之后，责副总兵以统，布、巡抚都御史以赞理。广东、江西、浙江、福建等处官兵不可泛调，宜听臣选摘。贵州总兵李璋、广西副总兵张经、参将沈希仪，皆谋勇素著，宜听委用。[4]

《明世宗实录》这段文字，除个别地方文字稍欠通顺外，内容、层次都比前引

1 ［明］毛伯温：《毛襄懋先生奏议》卷七《陈愚忠昭圣武疏》，第 583—584 页。

2 ［明］毛伯温：《毛襄懋先生奏议》卷七《正法诛逆疏》，第 585—587 页。

3 同上书，第 586 页。

4 《明世宗实录》卷二〇〇，嘉靖十六年五月丁亥，第 4194—4195 页。

《正法诛逆奏》清楚连贯。在这里，毛伯温捅了兵部左侍郎、右副都御史提督两广军务潘旦一刀，《明史》云："会伯温入都，见旦疏不悦。言总督任重，宜择知兵者。"[1]证诸嘉靖帝对六略疏的批谕"览卿条奏，具见经略，俱依拟行。提督两广侍郎潘旦，取回南京，佐理部事，即推才识相宜者往代"[2]，可断毛伯温奏疏中确有两广总督责任重大之语。未几，嘉靖帝升巡抚山东右佥都御史蔡经为兵部右侍郎兼右佥都御史，往代潘旦。[3]笔者认为，毛伯温之子在整理毛伯温奏议时很可能对这篇奏疏作了删节处理。

五月二十日，雷震谨身殿，嘉靖谓此乃上天示戒，心生警惧，传谕各衙门大小官各尽厥职，就国家大计各抒直言，[4]结果科道官员接二连三递上反对征讨安南的奏折。御史何维柏奏言，数年以来灾异层出，水旱虫蝗，百姓流离困苦，死者沟壑，粮储告匮，百姓困于下，公用竭于上，"北有边虏之患，南兴问罪之师，中有土木之役，入之有限，出之无穷"，公私窘困，陛下宜惜天下生灵之命，亟寝前命，取回差出诸臣以罢南征及沙河、功德二役。疏入，嘉纳之。[5]二十七日，湖广道监察御史徐九皋应诏陈三事，其三议兵政曰，陛下兴师问罪于安南，然今云贵、两广粮储空乏，东南地方遭遇水旱，请暂缓遣使，先行两广总督、总兵官从宜处分。若彼能革心效顺，可不烦兵而下，若果怙终不悛，再行天讨。给事中谢廷茝亦疏言修省事宜，语略同九皋。嘉靖帝藉口奏本内有讹字，夺徐九皋、谢廷茝俸二月。[6]可见，此时嘉靖帝虽然还是坚持征讨安南，但对反对者的惩处亦似不及前此严厉。

监察御史余光亦上疏反对朝廷贸然兴师问罪安南，余光说："名将先胜而后战，智者不战而屈人。故庙谋多算，应变如神，计之豫也，谋及采薪，功乃有成，慎之至也。"余光认为：今于安南若责其朝贡，可不劳兵力，惟先密谕两广储蓄练兵，

1 《明史》卷二〇三《潘旦传》，第 5361 页。

2 《明世宗实录》卷二〇〇，嘉靖十六年五月丁亥，第 4197 页。

3 ［明］应槚辑，凌云翼、刘尧诲重修，赵克生、李燃标点：《苍梧总督军门志》卷三十四《安南五》嘉靖十六年五月辛卯，第 464 页。

4 ［明］何维柏：《天山草堂存稿》卷一《顺人心以回天意疏》，《四库全书存目丛书》集部 103 册，齐鲁书社 1996 年版，第 271 页。

5 同上书，第 271—273 页。

6 《明世宗实录》卷二〇〇，嘉靖十六年五月乙巳，第 4209—4210 页。

一面以为遥应，备而勿用，乃命一二使臣，忠义能言之士，赍诏直诣其国，谕其前来朝贡，不然四面兵已集，刻期分道进讨，彼时悔无及矣。若必欲郡县其地，亦应料理军粮为急，密谕两广、云贵抚臣豫为处置，必须兵力充足、粮饷有余，可支一二年方能济事，水陆四道并进，彼则顾左失右，顾右失左，备前缺后，备后缺前，自救不暇，“不战自服矣”。今朝廷不为进师克敌之策，乃先遣官提问；不为储粮练兵之计，乃遂兴师万里，是教叛者设备而先动摇我士民也。他认为朝廷不应遣官体问，善谋者当谋之数年而成于一旦，善战者军不再籍、粮不再输，故谋事者贵豫，应机贵速，乃能成功，今仓卒举师，岂能万全，一旦师寡且老、粮尽不继，其害不可胜言。因此余光提出一策，舍近谋远，劳而无功，事有轻重缓急，朝廷当前腹里之患在北，“今吉囊猖獗，寇在门庭，西扰北侵”，可决于一战而破之，以保百年无事，“然后宣威，传檄诏谕交趾，朝贡郡邑，蔑不从矣”。[1] 要之，巡按御史余光认为明朝当前边患大害在北虏而非安南，当首先全力与北虏决战而非征讨安南，即使必欲征讨安南，亦当谋定而动，一举功成，不当在诸事未豫的情况下贸然兴师万里。结果疏入，嘉靖帝未予理会。

约略五月底六月初，广东布政司廉州知府张岳反对征讨安南的奏折递呈到京。[2] 张岳对邻近安南国内发生的动乱以及朝廷勘处安南保持着高度关注，如张岳曾与两广总督钱如京讨论郑惟憭使团赴京告难之事；[3] 致书广东巡、按两司官，指出主张征讨安南者掌握的信息有误，安南在莫登庸消灭谅山陈昇以后，国土由三分而二，登庸窃有十之七八，“地广兵众，群下用命”，黎宁以亡国游魂假息海裔，且莫氏在得知明朝举兵讨伐后积极进行军事防备部署，然而朝廷自去冬聚议以来至今“调兵给食，尚未定画”，一切调度皆待总制、参赞至日处置，迨总制、参赞至日调度兵马粮饷已错过最佳进兵时机。[4]

1　［明］李文凤：《越峤书》卷十二《疏议移文》，第 129—130 页。

2　郑永常：《征战与弃守：明代中越关系研究》认为张岳此疏六月初已经到京，笔者同意这一判断。见氏著第 163 页。按《明世宗实录》不载张岳此疏，《明史》卷二〇〇《张岳传》未言。［明］张镜心：《驭交纪》卷九系于嘉靖十六年六月，中华书局 1985 年版，第 120—121 页。结合张岳此疏日期信息，笔者将此疏时间定于五月底六月初。

3　［明］张岳：《小山类稿》卷八《与督府钱桐江议勘交朝使进止》，福建人民出版社 2003 年版，第 134 页。

4　［明］张岳：《小山类稿》卷八《论交事与巡按两司》，第 145—146 页。

张岳对他的同乡同年好友兼下属的林希元在任上的不安分有比较清楚的掌握，林希元也与张岳讨论过土司黄邦相之事。[1] 张岳书答林希元："设使交人果有可乘之衅，正名兴师，而有豪杰之材为之任事，亦何患于无兵？似不假此草寇攘为之羽翼也。……今事未有形兆，而坐设虚谭，疑人听闻，不但非和众安民之道所先，亦恐有谋人之心而使人疑之。"因此，他劝诫林希元毖之重之，毋易其出，匪特钦人之幸，其亦赖矣，但愿林希元"于《论》《孟》故纸中，寻一个安身立命处"，马援事业非敢为兄所愿也。[2] 然而，林希元诓骗张岳、郭白峰，私下陈取交方略，差人驰报朝廷，张岳从朱二守处得知此事后，颇为不满，复致书林希元曰："此事关天下利害，其行其止，非由吾兄一人。某虽无能，擅专城之托，若合一郡人心，而以光明正大行之，亦不系吾兄相告不相告。但兵者诡道，吾兄错用其心，而以施白峰与区，此则朋友忠告之道，有所不容已尔。奏已行，追之无及，亦不必追。钦州非用武之地，尊相无封侯之骨。恐有后悔，吾兄试观之。"又说："盖兄以垂老多病之躯，欲侥幸此必不可成之功，重则赵括、王恢，轻则熊本，皆理势所必有者。兄若不信，且将吾言藏在笥箧，待他日败事之后，姑取而观之，未必不慨然追念区区之为益友也。"[3] 张岳这封书函措辞严重，相当刺眼，后来的事实证明，被张岳不幸言中。

正是在这样的背景下，张岳紧随林希元其后奏上论征安南一疏。根据此疏，可知张岳情商远超群侪，他深知身为臣子与皇帝说话如何措辞用语，准确把握进谏分寸，不卑不亢。这份奏疏以庆贺皇子诞生为题，而不是以征南为题。奏疏开篇说，皇子诞生，涣颁诏命，华夷内外莫不覃敷，惟安南久不入贡，诏使临遣为之停止，廷议计议，咸谓罪当讨毋赦，但是陛下不忍遽动甲兵，特诏使者驰入其国究问缘由，可见陛下宽仁恻怛，兼爱华夷。在陈述安南国内动乱始末、分析安南缺贡的缘由后，张岳说："自古夷狄，惟猾夏则征，逆命则诛，若其国不能通贡，似不足以劳弊中国。今用兵之声，先已传布。使者行勘未复，诚恐生事乐祸之臣，不能仰窥陛下所以遣使行勘之本意，迎合附会，谋动兵戈。臣不暇远引，请以目前义理、

1 ［明］林希元撰，何丙仲校注：《林次崖先生文集》卷六《与张净峰郡守论黄邦相事书》，第 212 页。

2 ［明］张岳：《小山类稿》卷八《答林次崖钦州》，第 136—137 页。

3 ［明］张岳：《小山类稿》卷八《与林次崖论征交州事》，第 139—140 页。

事势反复诘之。”[1] 他提出六不可伐安南的理由：① 劳师万里，讨莫定黎，非中国长策；② 不定黎氏，取人之国，乃乘人之危而利其所有，义者不取；③ 万一不胜而战败，孰可当之；④ 两广困弊，徭僮狑屯结，官军仅足备守，可调发者狼兵、诸州土官及湖广勾刀手，连年征调，内怀怨仇，又南方暑湿，易生疾疫，万一师老财匮，徭僮狑乘虚而起，不仅安南事未可定，且两广破败可立视；⑤ 近因兴大工，府州县赋税尽发赴部，梧州军饷，储蓄无多，兴师四十万，粮饷无处可措；⑥ 天下承平日久，人不知兵，兵不习战，将帅皆膏粱，缙绅喜谈兵者多赵括、房琯之流，欲用之以举大事，不待两兵相交，胜负先机可见。“安南纵有可诛之罪，犹当重为民命爱惜，审酌轻重，于当用兵之中求所可不必用者，以全民生，以养元气。”且皇子诞生，神人欢悦，大庆之恩，使天下含生无不得所，若军旅一兴，必有无辜殒于锋镝，恐非陛下肆赦之初心，因此，张岳认为待安南内乱自定，应否入贡，再作审酌定夺，非特臣一身一郡之幸，实天下万世之幸也！[2]

张岳递出奏疏后，又遍致书于庙堂诸臣、内阁首辅夏言和友人姚涞等，力陈兴师讨伐安南弊害，并指斥陈林希元蔽于功名专讲取交之策而不达事机，“过不晓事，以为可一举而取”[3]。必须承认，张岳对林氏的议论是导致嘉靖二十年林希元被罢官的一个重要因素。

郑永常认为，相信张岳这篇奏疏得到郭勋的支持，郭勋经过慎重考虑，一改从前支持出兵安南的态度而为反对出兵安南的意见，对明世宗停征安南起到了积极的作用。[4] 事实上，嘉靖十六年六月嘉靖帝决定暂时停征安南确实与武定侯郭勋密切相关，但不一定与张岳所呈奏疏直接有关。

前文已述，至嘉靖十六年四月，明廷征讨安南的军事部署已经万事俱备，唯统兵大将总兵官一职虚缺。在嘉靖朝前期的武臣中，武定侯郭勋、咸宁侯仇鸾都曾出镇两广。郭勋，正德七年至十二年曾挂印充总兵官镇守两广，前后在镇六年，平定

1 ［明］张岳：《小山类稿》卷一《论征安南疏》，第 7—8 页。

2 同上书，第 8—10 页。

3 ［明］张岳：《小山类稿》卷八《论征交利害与庙堂》，第 140—141 页；卷八《与夏桂洲阁老》，第 143 页；卷八《与姚明山学士》，第 144 页。

4 郑永常：《征战与弃守：明代中越关系研究》，第 162—163 页。

广西梧州北流、岑、容等县僮，府江两岸平乐、阳朔、修仁、永安等处徭僮的叛乱，与两广地方官员关系融洽，颇有征剿之功。[1]仇鸾，嘉靖八年至十一年出任两广总兵官[2]，在镇期间讨平平南县蛮、古田兴宁蛮、七山蛮、阳春、新兴、德庆等贼以及海贼许折桂叛乱。[3]郭勋、仇鸾二人都有统兵平定两广地方僮傜蛮等叛乱的丰富军事经验，可谓上佳候选，尤其是武定侯郭勋居嘉靖朝前期武臣之首的地位。明人李文凤《越峤书》收录嘉靖十六年五月二十日敕谕两广总督潘旦诏书，文字有所残缺，其中一段文字曰："近该武定侯郭勋，久谙戎务，将用兵□□（所缺文字当为'安南'）。"[4]又同书卷十二，郭勋奏疏自言："臣虽至愚，敢不仰承皇上眷顾之隆，力效涓埃之报。况兵戎乃臣职务，少有知识，岂忍缄默。然必预定于前，方可责效于后；计之于内，始可行之于外。……今咫尺天颜，若不请定庙算，而实行冒进于万里之外，恐老师费财，其何以仰副皇上作主讨逆之重托。"[5]此外，林希元亦曾说安南之事，命将出师，已有成议，将佐、监督诸臣皆已差遣，唯"大将缺人，众属郭勋"，然郭勋惮行，随倡边臣抚剿之说，其事随为之沮。[6]可见，嘉靖是倾心于征南总兵官一职由武定侯郭勋充任，只因郭勋无意领兵出征，才转而委任咸宁侯仇鸾。

但是，武定侯郭勋却在最后关键时刻条陈上了一份暂缓出兵的奏疏，郭勋奏称：四夷不庭，奉行天讨为大典也。但是必预定于前，方可责效于后；计之于内，始可行之于外，兵法曰未战而庙算胜者，得算多也；未战而庙算不胜者，得算少也；多算胜，少算不胜，而况于无算乎？若不先定庙算而冒进于万里之外，恐

1　［明］郭勋：《三家世典》，［明］邓士龙辑，王天有等点校：《国朝典故》卷四十三，北京大学出版社1993年版，第1060—1061页。

2　［明］应槚辑，凌云翼、刘尧诲重修，赵克生、李燃标点：《苍梧总督军门志》卷一《历宦·总兵》，第6页。

3　［明］应槚辑，凌云翼、刘尧诲重修，赵克生、李燃标点：《苍梧总督军门志》卷二十《讨罪四》，第207—208页。

4　［明］李文凤：《越峤书》卷二《书诏制敕·国朝》，《四库全书存目丛书》史部162册，齐鲁书社1996年版，第716页。

5　［明］李文凤：《越峤书》卷十二《疏议移文》，《四库全书存目丛书》史部163册，齐鲁书社1996年版，第131页。

6　［明］林希元撰，何丙仲校注：《林次崖先生文集》卷四《谢恩明节疏》，第163页。

老师费财。兵力财用，实行军之要，必委任得人，预处得法，量时而进，庶可成功。他从兵力、财用、得人三个方面进行分析，“乞敕礼、兵二部会同廷臣从长计议，如有未尽，仍令各官及生长四省有熟知彼处事情者，各画一敷陈，以俟圣明采择，庶庙算可广，叛逆可平，国体可正而大震，天讨可以垂光于万世之下”[1]。就郭勋此疏内容而言，与其说受到张岳的影响，毋宁说更多的是受到御史余光奏疏内容的影响，《越峤书》将郭勋奏疏置于余光奏疏之后似乎亦是意欲提示两者之间的关联。当然，郭勋肯定也会参酌其他官员的意见。郭勋反对出兵征讨安南似乎有点出乎嘉靖帝的意料。在接二连三地反对出兵安南的意见中，总兵官首要候选人、又是武臣之首的郭勋一改此前支持立场转而反对出兵安南的意见，很可能是促成嘉靖十六年六月明世宗停征安南的最重要的原因。因此，嘉靖十六年六月初六日，[2]明世宗以黎宁奏表真伪未审为借口，着地方官员从宜抚剿，提督两广侍郎、巡抚云南都御史并各总兵官都另写敕与他；毛伯温着在院管事，督饷纪功等官员暂且停止。[3]六月二十一日，嘉靖帝遣安南使臣郑惟憭等归国。[4]二十八日，浙江道御史何维柏奏言安南悔过，既然征讨罢役，恳乞令毛伯温陈情终制，以慰孝思。[5]

三、南征之议再启与复停

嘉靖十六年，是明朝与安南关系史上一个重要的年份，是正德十年以来二十余年间明南关系发生根本性转折的一年。在阻隔二十年之后，安南黎氏、莫氏两大政权终于先后联通上明廷。

1 ［明］李文凤：《越峤书》卷十二《疏议移文》，第131—132页。

2 据何维伯奏疏可知明世宗下诏停征日期在嘉靖十六年六月初六日，参［明］何维柏：《天山草堂存稿》卷一《责令大臣陈情终制以植纲常疏》，第274页。

3 ［明］李文凤：《越峤书》卷十二《疏议移文》，第132页。

4 《明世宗实录》卷二百一，嘉靖十六年六月戊辰，第4221页。

5 《明世宗实录》卷二百一，嘉靖十六年六月乙亥，第4223页。［明］何维柏：《天山草堂存稿》卷一《责令大臣陈情终制以植纲常疏》，第274页。

实际上，嘉靖帝垂意安南，[1]并非真心放弃征讨，只是迫于反对声太盛，暂停而已。两广、云贵四省依旧保持高度的战备状态，总兵、总督、巡抚都御史等官还获有“从宜剿抚”之权。嘉靖十六年六月三十日，嘉靖帝“以有事安南”，从督抚等官奏请，特准两广、云南三布政司及广西南宁、太平两府，云南曲靖、楚雄、临安、大理、永昌等府正官免于朝觐。[2]

重新点燃嘉靖帝征讨安南决心的火焰来自云南方面。由于黎氏旧臣武氏势力窜居与明朝云南毗邻的安化路，勾结当地土司，因此云南地方形势要比两广复杂严峻，在朝廷决议兴师征讨之前就进入军事防备状态。光绍五年（正德十五年），安南黎氏旧臣武严威、武文渊兄弟起兵于长伸大同，与莫氏相仇。[3]莫登庸在消灭谅山陈昇集团后即着手剿灭武氏势力，嘉靖十四年武严威、武子陵兄弟等率众避罪亡命居于云南边界，“犯我边疆”，云南水尾州与八寨长官司、教化三部长官司土酋与之交通勾结，镇守云南总兵官黔国公沐绍勋与地方抚按等官，“一面严行邻近一带地方各整搠军马，协力防守，一面选委能干土流官员前去抚谕”，一面奏闻于朝，听后议处。[4]

嘉靖十五年十二月，沐朝辅嗣黔国公兼挂印总兵官，镇守云南，“以朝辅年幼，凡地方事情令巡抚都御史区处”。[5]嘉靖帝颁下兴师备讨诏后，在云南巡抚、右佥都御史汪文盛主持下，一方面努力招抚武氏集团与地方土司势力，征调老挝、八百、车里等宣慰司等处“精兵象马，听候调用”；另一方面在云南通往安南必经咽喉之地云南临安府蒙自县莲花滩一带沿边地区积极进行战争军事部署，责令各兵备官查理兵夫、布政司查理钱粮，“锋利器械，操练演习”，随时待命，进兵安南。[6]嘉靖十六年二月，在云南明军协助下击退莫方瀛逼攻的武氏集团向云南方面递上归附降

1 ［明］林大钦：《林大钦集》卷四《复东涯》，上海古籍出版社1992年版，第162页。

2 《明世宗实录》卷二〇一，嘉靖十六年六月丁丑，第4225页。

3 孙阳主编点校：《大越史记本纪实录》卷十五《黎皇朝纪·陀阳王》，西南师范大学出版社、人民出版社2013年版，第795页。

4 《明世宗实录》卷一八〇，嘉靖十四年十月乙未，第3852—3853页。［明］严嵩：《南宫奏议》卷二十七《议差官勘问夷情及预备征讨事宜》，第三册，第8页。

5 《明世宗实录》卷一九四，嘉靖十五年十二月己亥，第4102页。

6 ［明］李文凤：《越峤书》卷十三《书疏移文》，第155—156页。

表，愿随明军征讨莫登庸。[1] 三月，莫登庸听闻明朝举兵征讨安南，积极准备防御军事部署，同时派遣绥阜州知州阮璟、同知裴行俭等一行二三十人进入云南纳更山蛮、密五邦等寨打探明朝征讨安南军情，被土舍刀鲜、黄景誉，寨长李孟元领众擒获，并缴得随带绥阜州印一颗、莫登庸伪撰《大诰》一本。[2] 云南巡抚汪文盛不敢懈怠，立即将武氏降表、所献进兵地图以及缴获的绥阜州印、伪撰《大诰》以及审讯阮璟等供词一并奏呈朝廷。[3] 嘉靖震怒，[4] 或许同时受到武文渊归降愿为先锋向导和所献进兵地图的鼓舞，八月初八日，[5] 嘉靖下旨："莫登庸既篡逆本国，又擅作《大诰》，僭拟名号，好生背叛朝廷，罪在不赦。便敕云南、两广镇巡等官，遵照前旨，上紧多方计画，协力征剿，务得罪人，以安南土。"[6] 嘉靖再启南征之议。不过有趣的是，征讨对象已经微妙地从"兴灭继绝"转变为征讨莫登庸了。

由于前一阶段反对南征的官员绝大多数受到不同程度的惩罚，所以再启南征之议，朝臣们即使内心反对亦多缄默不言。唯广东巡按御史余光于嘉靖十六年十月初六再次上奏反对出兵安南。[7] 余光仍坚持"谋而后伐"的思想，他说：

> 臣自入广以来，日闻安南事体，与往日在京不同。在京云三支互争，形如鹬蚌，可收渔人之利。意窃信之。今据广东都、布、按三司会议，则莫登庸权摄国事，全有其地，诸酋相与率服矣。虽黎宁播越地分未明，恐边之奸人执为奇货，以求救要立于天朝，待天兵诛莫贼以定其封，其志亦欲为登庸，终非黎宁之利。……臣揆厥颠末以论，黎氏篡戮陈氏子孙已尽，复绐天朝，诱杀陈添平并使臣，其罪滔天。……黎氏鱼肉国王，在陈氏为贼子，屡取屡叛，在我朝为乱魁。今其失国播逋，或者天假手于莫登庸以报之。

---

1 ［明］李文凤：《越峤书》卷十二《疏议移文》，第 134—135 页。

2 同上书，第 135—137 页。

3 同上书，第 132—134 页。

4 《明史》卷三二一《安南传》，第 8332 页。

5 《明世宗实录》卷二〇三，嘉靖十六年八月甲寅，第 4250 页。

6 ［明］佚名：《安南奏议》，［明］邓士龙辑，王天有等点校：《国朝典故》卷九十二，北京大学出版社 1993 年版，第 1874 页。

7 《明世宗实录》卷二〇五，嘉靖十六年十月壬子，第 4277—4279 页。

余光指出，安南国内局势并不如此前在京朝臣所闻那样，“三支互争，形如鹬蚌，可收渔人之利”，而是莫登庸全有其地，诸酋率服，即使朝廷兴师诛莫，“终非黎宁之利”，何况黎氏亦是篡戮得国，在陈氏亦为逆贼，在我朝为乱魁，现在失国，或是天假手于莫登庸以报之。余光还认为，“兴灭继绝”是就中国帝王子孙封建诸侯而言的，并不适用于夷狄；若莫登庸不庭，法在必征，以明天讨；若莫登庸称臣入贡，则当授之以安中国，因此，朝廷只“问其不庭，不问其为篡”。他提出处置安南两策：① 遣能够官一员入安南，宣扬天威，责其称臣纳贡，不必劳师经略之，为上策；② 若其不请，则专其罪莫逃，待报则缓，其机难失，又以广东去京师八千里，去安南四千余里，若往复陈请而后行之，则失时机，边境事宜，朝廷宜俱听巡按御史酌处定变。[1] 余光提出的两策与此前所上奏疏的主张大意相同，不同的是提出将安南事宜处置权交由巡按御史一人酌处。疏入，嘉靖帝以奏内事情及引用五季六朝等语不当，责兵部参阅以闻，兵部覆敷陈失当，比拟不伦，举动轻率，宜加罚治，命夺俸一年。[2] 其实不是余光比拟不伦，而是奏内那段“兴灭继绝”的文字戳中了嘉靖皇帝的痛处，从根本上否定了征南的合理性，因此嘉靖很是光火。实际上，当时有此认识者不乏其人，比如林大钦就认为“黎实篡陈，先朝失与问罪之师，乃今为黎讨莫，非春秋之法”[3]。于是，兵部遵嘉靖诏旨议得：“通行两广都、布、按三司，各行镇守副总兵各掌印，并各守巡管粮、管屯、兵备、海道添注副使，参将备倭等官，一体钦遵，并将兵马钱粮多方筹画。如有不足，应该作何区处？与夫招徕向导，设计间谍，采探虚实，体察险易，及一应合行机宜，作速逐一会同查议，务集众思，区画停当，毋致临时缺乏，迟违误事。”[4]

然而具有反讽意味的是，云南方面因形势发生新的变化。在莫方瀛递上降书的条件下，云南巡抚汪文盛、黔国公沐朝辅一反此前一直积极备战的态度转而向朝廷建议慎重考虑接受莫登庸归降的处置意见。

安南莫氏实无意与明朝为敌，他们的真正诉求其实是求得明廷承认，莫登庸认

1 ［明］李文凤：《越峤书》卷十三《书疏移文》，第 141—142 页。

2 《明世宗实录》卷二百五，嘉靖十六年十月壬子，第 4279 页。

3 ［明］林大钦：《林大钦集》卷四《复东涯》，第 162 页。

4 ［明］佚名：《安南奏议》，［明］邓士龙辑，王天有等点校：《国朝典故》卷九二，第 1874 页。

为明朝不会真正出兵远征安南。[1] 出于应对明朝的策略，莫登庸、莫方瀛父子采取两面战略：一方面加快消灭武氏、黎氏的军事进攻步伐。嘉靖十六年，继逼攻安化武氏后，莫登庸率兵进攻居于嘉兴府木州的黎宁，黎宁出逃，为老挝宣慰司所救。云南巡抚汪文盛随即调遣老挝宣慰司、车里宣慰司、元江府等土汉兵七万五千名、战象五百只以备防御。[2] 另一方面致力于入贡求封，嘉靖九年莫方瀛曾遣使捧表入贡求封，却遭两广拒绝。[3] 嘉靖十六年正月广西布政司晓谕安南，四月下旬莫方瀛派遣陈必闻投表钦州，廉州知府张岳以表文言辞不逊、倔强未肯输服而拒之。[4] 由于受挫于两广方面，莫氏便转而从云南方面寻找突破，嘉靖十六年十一月十六日，莫方瀛遣使臣范正毅等赴云南投递乞降公文。[5] 在降书中，莫氏历陈安南黎氏政局变换、黎氏无嗣、莫氏权管国事之合法性以及莫氏多次向明朝通贡求封的努力，并呈上安南国内头目、耆老四百一十三人联名结状佐证所述为实。[6] 无论莫方瀛是真降抑是诈降，黔国公沐朝辅、云南巡抚汪文盛认为兹事体大，不敢耽怠，且按察副使鲍象贤亦言“剿不如抚”[7]，随即向嘉靖皇帝奏报。这其实与沐朝辅、汪文盛主动改变此前主张积极备战的立场无关，毕竟若能不战而致莫氏降服绝对是上上之策，他们当然不想错过这一可能妥善解决安南问题的机会。更何况此时云南人民对转输粮饷征讨安南非常不满，大量百姓围聚于军门抗议征粮输饷。[8]

因此，沐朝辅在上呈嘉靖帝的奏疏里建议接受莫方瀛的投降、处理归附土酋和土地，并从莲花滩撤回大部守军；甚至汪文盛更是较为明确地提出既然莫方瀛父子乞赐宽宥，接受其降，俾其改过自新，不许与武氏、黎氏再生仇杀；防守莲花滩

---

1 ［明］何乔远：《名山藏》卷七十八《翁万达传》，福建人民出版社 2010 年版，下册，第 2342 页。

2 ［明］李文凤：《越峤书》卷六《编年・皇朝》，第 36 页。

3 ［明］李文凤：《越峤书》卷十三《书疏移文》，第 153—154 页。

4 ［明］李文凤：《越峤书》卷十三《书疏移文》，第 154 页。［明］张岳：《小山类稿》卷八《与督府蔡半洲论抚谕交夷》，第 147 页。

5 ［明］严嵩：《南宫奏议》卷二十八《议莫方瀛投降事情》，第 39 页。

6 ［明］李文凤：《越峤书》卷十三《书疏移文》，第 141—142 页。

7 《明史》卷一九八《汪文盛传》，第 5242 页。

8 ［明］焦竑：《国朝献征录》卷一〇二《云南左布政使王公俊民墓志铭》，台湾学生书局 1965 年版，第 4566 页。

官兵果地方无事，即便撤回。[1] 沐朝辅、汪文盛奏疏到京后，不久武定侯郭勋奏上二本建议接受莫方瀛“开款纳贡”，但他根据莫方瀛降表中的措辞认为莫氏“实非真降”，因此提出更为具体的处置方案，以期“不战而自安”之效，并建议礼、兵二部从长计议，酌量采择，务得完全之处。但礼、兵二部认为郭勋“所处之事多是含糊”，未予理会。[2] 诸疏奏入，嘉靖令兵部集议府部、科道官会议，“佥言不可许”。[3] 廷议奏言：“莫登庸父子篡主虐民，罪在不赦，今虽称降，尚据国土，不肯输献地图，诡称邀请，意图缓兵，朝辅等所请未可轻许。”并速请命原推咸宁侯仇鸾、工部尚书毛伯温仍受总督、参赞之命，往视六师，许以相机便宜从事，得旨悉如议。[4] 数日后，嘉靖命任镇守宁夏咸宁侯仇鸾佩征夷副将军印充总兵官，总督征南诸军事；工部尚书毛伯温为兵部尚书兼右都御史，参赞征南诸军事。[5] 尽管嘉靖帝未同意云南方面所请，但是莫登庸父子乞降之举不能不在他的心中激起涟漪。

南征之议再启，钦州知州林希元再度活跃起来，嘉靖十七年初接连向朝廷驰奏两份奏折，提供最新的关于莫登庸的情报，陈述用兵方略，声称“安南之兵不过二十万，二年之食所费银不过一百六十万两、粮四百万石，岂以天下之大，不能办此”，敦促朝廷即刻征讨安南。[6] 然而，朝臣对林氏力主征讨安南的行为极其不满。[7] 三月底，两广提督蔡经在广泛征询两广地方官的意见后，如广西按察副使翁万达提供了征南十四议，[8] 向兵部呈上一份详尽的两广地方兵马钱粮报告及用兵方略，包括兵马、钱粮、马匹、战船、火药、军器数和敌方防御情况等七个方面。蔡经详尽开列两广所有可调度汉达官军、土兵、水兵通共十三万七百六十四名，距离

---

1 ［明］严嵩：《南宫奏议》卷二十八《议莫方瀛投降事情》，第 39—44 页；［明］李文凤：《越峤书》卷十三《书疏移文》，第 163—164 页。

2 ［明］李文凤：《越峤书》卷十四《书疏移文》，第 165—167 页。

3 《明史》卷一九八《毛伯温传》，第 5241 页。

4 《明世宗实录》卷二一〇，嘉靖十七年三月丁酉，第 4342—4343 页。

5 同上书，第 4345 页。

6 ［明］林希元撰，何丙仲校注：《林次崖先生文集》卷四《走报夷情请急处兵以讨安南疏》，第 136—140 页；卷四《陷夷旧民归正复业疏》，第 141—143 页。

7 郑永常：《征战与弃守：明代中越关系研究》，第 165 页。［明］林希元撰，何丙仲校注：《林次崖先生文集》卷十《安南事始末记》，第 419 页。

8 ［明］翁万达：《翁万达集》卷四《征南议》，上海古籍出版社 1992 年版，第 97 页。

征南原议三十万人数甚远，必须另行调募；官兵行粮需本折米一百六十二万石、银七十三万七千两，然而广东布政司目前仅能提供米十三万石、银二十万两，竭两广兵力尚欠军兵十七万、米一百二十八万五千石和银三十四万一千两。若不能在一年内征服安南，则兵源、粮饷后继将成为很大的问题，因此他认为，在这种情况下进兵安南，显得过于草率，不合时机，安南之役“固以讨贼为名，亦以继绝为义，而切要之机，惟在于定其名分，以激忠义之心，以振靡弱之气，使自为敌之为愈也”，他建议承认黎宁为安南国王，联合黎宁，里应外合，讨伐莫氏，必能事半而功倍。[1]这是一份相当有分量的奏疏，对嘉靖帝复停征南之役起到了重要作用，张岳称赞说：“军门前日奏请，一面治兵积谷，以待进取，一面行勘黎宁所在。既不失讨贼之名，又以从容观变，度时而动，而慎重不肯用兵之意自在其中，事体明白。”[2]李默则高度评价此疏是“委曲周到，真有回天之力”。[3]

必需指明的是，南征之议再启，两广方面与云南方面勘处安南的意见存在根本不同，甚至在两广地方官员的内部也存在很大分歧。

嘉靖十七年四月初六日，兵部会同后军都督府掌府事武定侯郭勋、吏部尚书许瓒等逐一议处林希元、蔡经的奏疏，廷议仍然没有对征讨安南表态支持，只就进军中应当注意的事项逐一条列。结果，嘉靖帝对朝臣以消极方式反对出兵安南的态度极其不满，[4]四月十五日下诏：“安南此事，识体达道者则见得分晓。朕闻卿大夫私相作论，谓不必整理他。你部里二三次会议，也不见力主何处为正。既都不协心国事，且罢仇鸾、毛伯温，著在在京别用。”[5]南征之议复寝。但嘉靖终是心有不甘，南征随时可能再度被激活。张岳早就预料到嘉靖皇帝决不肯轻易罢休，在致蔡经书信中说道：“此事既出圣断，百十年朝贡之国，决不肯如是罢了，后面恐更

1 ［明］李文凤：《越峤书》卷十三《书疏移文》，第 143—144 页。［明］佚名：《安南奏议》，［明］邓士龙辑，王天有等点校：《国朝典故》卷九二，第 1874—1883 页。

2 ［明］张岳：《小山类稿》卷八《与督府蔡半洲论抚谕交夷》，第 147 页。

3 ［明］李默：《群玉楼稿》卷五《答半洲蔡总制》，《四库全书存目丛书》集部 77 册，齐鲁书社 1996 年版，第 686 页。

4 郑永常：《征战与弃守：明代中越关系研究》，第 168 页。

5 ［明］佚名：《安南奏议》，［明］邓士龙辑，王天有等点校：《国朝典故》卷九二，第 1892 页。

有事也。”[1]因此距离安南最近的主攻方向两广地方警备不仅没有纾缓，反而有所加强，嘉靖十七年还恢复了革除十年之久的两广镇守中官一职，由内官监太监马广充任。[2]

四、毛伯温南征与勘处安南莫氏归降

嘉靖十七年三月，莫方瀛复遣使臣阮文泰、阮拔萃等赍降表至广西。三十日，钦州知州林希元将降表奏本手抄两份送至廉州府。[3]鉴于云南方面“轻于接纳，又为转奏，以致朝议纷纷，而征抚之计竟未归一”[4]的教训，廉州知府张岳就如何妥善措处莫方瀛降表一事与两广提督蔡经、钦州知州林希元进行反复商讨。张岳致书蔡经说“莫贼负罪惧讨，欲请降入贡以求封爵已非一日”，并说已先行文移令其“直叙国中事情”，不得隐讳，并查勘黎宁所在，再根据回报虚实情况而定，“必其深自悔罪，……谨以国中图籍献之朝廷，且乞恩，愿世为藩臣，入贡不绝”，然后朝廷处之，“如此则事体为顺”。张岳根据目前的形势，判断莫氏必定会接受以上事款。[5]为进一步掌握安南莫氏最新的动向，四月初八日，张岳前往钦州勘查敌情，与林希元商讨“调船发军防御之事”[6]。莫方瀛得知廉州从外调集船只入港后，遂于四月十二日差通事黎迪、裴延祐赍文求通，张岳与林希元计议需为得体处置，谓莫氏奏表“如果输情伏罪，乞哀丐命，方与转达”，于是径檄莫方瀛令其具奏事情，“开写揭帖前来，体面仍更光明正大”。[7]

四月十五日，嘉靖帝再颁停征圣旨后，廉州知府张岳向蔡经建议令莫氏使臣返

1 ［明］张岳：《小山类稿》卷八《与督府蔡半洲论辞夷使往凭祥纳款》，第 152 页。

2 ［明］应槚辑，凌云翼、刘尧诲重修，赵克生、李燃标点：《苍梧总督军门志》卷一《历宦·总镇》，第 5 页。

3 ［明］张岳：《小山类稿》卷八《与督府蔡半洲论抚谕交夷》，第 147 页。

4 ［明］张岳：《小山类稿》卷八《与督府蔡半洲论抚谕事情》，第 150 页。

5 ［明］张岳：《小山类稿》卷八《与督府蔡半洲论抚谕交夷》，第 147—148 页。

6 ［明］张岳：《小山类稿》卷八《与督府蔡半洲论防备交夷》，第 148—149 页。

7 ［明］张岳：《小山类稿》卷八《与督府蔡半洲论抚谕事情》，第 150 页。

至凭祥州听候议处，并差人直告：朝廷为君臣大义，不容不征。目前暂罢征讨之师，而令两广议处。前次揭帖未见纳地请罪之意，于理不当接纳；若不纳地请罪，两广难以议处，则只有练治军马赞朝廷征讨诛戮。值得注意的是，张岳还极具远见地指出："用兵之声，未可全然放下，使贼有所顾惮，而求款于我益坚，然后我得以操纵制驭，而要之以纳地请罪。"[1]可见两广方面相当审慎，并未立即将安南莫方瀛乞降以及双方往来交涉诸般情形奏报朝廷，而是静候莫氏输情伏罪、纳地请降。

嘉靖十八年正月二十九日，嘉靖恭上皇天上帝大号及明成祖谥号，礼部奏请遣使诏谕朝鲜，嘉靖曰："安南亦在天覆之下，不可以迩年叛服之故，不使与闻。"令择廷臣有文学才识、通达国体者赍诏谕之。[2]二月初一日册立皇太子，次日大赦天下，命礼部尚书黄绾充正使、翰林学士李治副使，宣谕安南。[3]《明史》称嘉靖此举的目的是为觇视安南国情，[4]其实真正的目的是为了促成莫氏来降，黄绾说："陛下前日庙堂之议，操纵阖辟，动中机宜，始欲兴师，正所以威之使惧。今既惧之，正欲怀之使来。今既来之，而又有以处之，使威不我损，德不我失，庙算如神，相须为用。"[5]

就在黄绾受命待往之际，二月十四日，两广方面提督军务左佥都御史蔡经奏到一疏并附呈安南莫方瀛降书表文。莫方瀛的降表、稿文揭帖是从广西镇南关投递经广西按察副使添注副使翁万达转达至梧州两广总督衙门蔡经处的。[6]莫方瀛在降书中，备述因安南国乱黎譓、黎廮相继、莫氏受禅未曾禀奏明廷，"其授者受之者，皆非也"，累差使臣赍捧奏表陈情，然以"天朝关禁甚严"不达天廷，因此莫氏父子"甘受专辄之罪"，悔罪改过，并籍本国土地、户口以献，伏望天朝处分。[7]无疑两广方面的努力颇富成效，较之嘉靖十六年莫方瀛狂悖、倔强不肯服输的态度发生了很大的转变。两广方面勘处莫方瀛投降的意见，经"三总""三按"会同议处，

1 ［明］张岳：《小山类稿》卷八《与督府蔡半洲论辞夷使往凭祥纳款》，第 151 页。

2 《明世宗实录》卷二二〇，嘉靖十八年正月丁酉，第 4549—4550 页。

3 《明史》卷十七《明世宗本纪一》，第 229 页。

4 《明史》卷一九七《黄绾传》，第 5221 页。

5 ［明］黄绾：《黄绾集》卷三十三《定庙谟疏》，上海古籍出版社 2014 年版，第 646 页。

6 ［明］李文凤：《越峤书》卷十四《书疏移文》，第 169—171 页。

7 《明世宗实录》卷二二一，嘉靖十八年二月癸丑，第 4593—4595 页。

由两广提督蔡经奏呈于朝。两广方面认为，黎氏失国，不及时告变，在彼为失国之主，于我朝为失职之臣，遗裔犹存，恐难复振；黎氏之土地人民实我朝所授，黎廜私相授受，莫方瀛父子相继窃据，不行请命于朝，情罪莫能逃于天罚，仰闻天讨，乃畏威怀德，屡次乞降，今以土地人民之数进奏，望天朝处分，亦可见乞哀之情，求生之计也。揆以待夷之道，似宜俯处，因此建议嘉靖帝体舜徂征有苗、法太祖高皇帝处朝鲜李成桂之逆，藏神武之威于不杀，一矢未遗，底定蛮邦，“悯其首罪之切，鉴其纳款之诚……待之以夷，赐之不死，或容以大头目戴罪本土，管束夷民。以后果能悔罪自新，已安分恭顺天朝，恪守正朔，听令彼国耆旧夷属议奏前来，另行请自圣断，别赐定夺，俟其职名有定，然后俾遵旧典，处修贡职，则体统尊严，中外乂安”[1]。蔡经此疏充分采纳了廉州知府张岳的意见，去掉了广东布政司议稿中安南“炎瘴难居，不可为郡县”的内容，改易“黎正莫逆”为听莫氏自为声教，而不必究问黎氏之强弱存亡。[2]如果将嘉靖十八年二月十四日蔡经奏疏与嘉靖十七年三月底蔡经奏疏进行对照，便可清楚看出两广方面处置安南的思路与方式已经发生了从讨伐莫贼到承认莫氏、从承认黎宁到放弃黎氏的一个巨大变化，开始与云南方面的处置精神趋于一致。这为后面处置莫方瀛投降提供了统一的前提基础。

迨至五月，惮往安南的黄绾不驰赴行在承天受命而舟诣京师，至徐州又驰使奏疾不能前往，嘉靖怒而责其陈状。[3]黄绾条陈一疏，奏乞嘉靖敕旨赐其通行勘处之权，令两广、云贵等处地方大小官员并土官人等俱听其节制，事权归一，仍赐其关防，俾其就彼相机酌量，便宜行事。[4]黄绾又奏请命都察院、六科各推老成才识、不为阿党科道官各一员，仍命吏、礼、兵三部“共推地方相近素有才识”谙晓安南事情部属官二员，同至彼处。[5]嘉靖“悉从之”，然至闰七月黄绾犹未行，又为其父母请赠，且援恩例请给诰命如其官。嘉靖大怒，褫其尚书新命，令仍以侍郎闲住；又说安南事本因一人倡之，众皆随之，乃讪上听言计，共作慢词，此国应弃

1 ［明］严嵩：《南宫奏议》卷二十八《再议莫方瀛投降事情》，第 50—55 页。

2 ［明］张岳：《小山类稿》卷八《与督府蔡半洲议处安南纳款》，第 152—153 页。

3 《明世宗实录》卷二二四，嘉靖十八年五月庚午，第 4647 页。

4 ［明］黄绾：《黄绾集》卷三十三《定庙谟疏》，第 646—647 页。

5 ［明］严嵩：《南宫奏议》卷二十八《再议莫方瀛投降事情》，第三册，第 56 页。

应讨宜有定议，兵部即集议以闻。[1] 嘉靖此言十分在理，安南国到底是弃是讨终究应该要有个定见说法。因此，闰七月二十六日，在兵部尚书张瓒召集下，由武定侯郭勋、吏部尚书许瓒等参加的廷议，议得：莫登庸父子恭闻天声，恐惧省诲，上表乞降，愿以土地人民，悉听天朝处分。据其哀请，似亦可矜，但夷情叵测，意或诡秘，少涉于伪，即为所欺。请敕原拟钦命咸宁侯仇鸾总督军务、兵部尚书毛伯温参赞军务，各请给敕书，铸给关防并符验、旗牌，前往两广、云南调集各处汉、土官兵，练集兵粮，以备征讨。若莫登庸父子乞降为真，则诏谕之，朝廷待以不死；否则进兵征讨，以正朝廷之法。嘉靖皇帝接纳廷议意见，下旨命仇鸾挂征夷副将军印、毛伯温参赞军务关防，奉敕南征。[2] 九月二十一日，仇鸾陛辞。[3] 二十四日，毛伯温启程南下，十二月十五日至江西。[4] 行前，毛伯温条上均管辖、处钱粮、备官属、破常格和悬重赏五事方略，特别强调了“均管辖以便行事”一项。[5]

至此，历时争论三年两启两停的南征之议终于落定，然而最后南征的实质和目的却发生了反转性的变化：不再是“兴灭继绝”，而是慑降莫氏！

十月初一日，[6] 钦州知州林希元连续奏上疏陈。他说：“臣知陛下未能释意于安南，故不遽听其降而复加审处也。”林希元谓，尽管莫方瀛籍其土地、人民以献，但是观其本意，并非真降，“不过缓我之兵，要我之封爵以定其位耳”，因而他提出四事以观莫氏父子是否为真降。所谓四事，其一还我四峒侵地；其二使黎宁不失其位；其三，使黎氏旧臣如郑惟憭、武文渊辈皆有爵土；其四奉我正朔，革去年号。若莫氏父子接受此四事即为真降，“如不奉命，请以臣所言，决意征讨，则堂堂中国不为小夷所欺”。[7] 林希元提出安南归还四峒、不失黎氏及其旧臣之爵位的主张

1　《明史》卷三二一《安南传》，第 8333 页；《明史》卷一九七《黄绾传》，第 5221 页。

2　［明］应槚辑，凌云翼、刘尧诲重修，赵克生、李燃标点：《苍梧总督军门志》卷三十四《安南五》，第 465 页；《明世宗实录》卷二二七，嘉靖十八年闰七月辛酉，第 4719 页。按《苍梧总督军门志》记载的廷议时间误，《明世宗实录》所系时间更近事实。

3　《明世宗实录》卷二二九，嘉靖十八年九月乙卯，第 4737 页。

4　［明］毛伯温：《毛襄懋先生奏议》卷十《辞免渥恩疏》，第 608 页。

5　［明］毛伯温：《毛襄懋先生奏议》卷七《大庆疏》，第 589 页。

6　［明］林希元撰，何丙仲校注：《林次崖先生文集》卷四《速定大计以破浮议以讨安南以解倒悬以慰民望疏》，第 152 页。

7　［明］林希元撰，何丙仲校注：《林次崖先生文集》卷四《定大计以御远夷疏》，第 143—148 页。

尤为重要，后来处置莫登庸投降政策时就充分采纳了林氏的意见。林氏之所以提出以上四点主张，因为在他看来莫氏是不可能接受的，他的真正目的其实是为了“勘破逆庸之诈，黜去纳降之说，勿为近臣所欺，决意征讨；毋复迁延，再失事机”[1]，“又条上方略书凡四”，但却为御史钱应扬参劾，斥其所称秘策不过是道路传闻之语，嘉靖批谕：“安南事已简命文武重臣往议，诸臣勿复妄言。”[2]嘉靖帝征南之意既决，即使十一月二十日莫方瀛从云南方面投上真心投降的申辩表文亦不能阻挡南征的步伐。[3]

嘉靖十九年三月，仇鸾、毛伯温到达广东会城。仇鸾、毛伯温等先行檄谕，复悬赏格以激忠义，再分遣监督统督等官提兵压境。[4]在传谕莫登庸、莫方瀛的檄文中，表达了三层意思：上表乞降是否忠心实情，有无诈伪？如是真实，如何表明？必须逐一声说真实缘由。如果声说支吾不实，必大兴问罪之师。[5]复驰檄安南臣民，谕以朝廷兴灭继绝之义，讨罪止于莫氏父子；有能举郡县来降者，即以郡县授之，擒斩莫登庸父子来降者，赏二万金，官显秩，申告再三。又谕令莫登庸父子，果能束身归罪，尽籍其土地、人民，纳款听命，亦待以不死。[6]根据檄文内容来看，此时的仇鸾、毛伯温等对莫方瀛已于正月二十五日遘疾去世尚不知情。[7]传谕檄文由添注广西参政翁万达亲赍，六月二十三日抵达太平府，[8]交付知府江一桂出凭祥州前往谅山、长庆等地转行莫氏，[9]并约定七月二十五日为莫氏回文送至镇

1　［明］林希元撰，何丙仲校注：《林次崖先生文集》卷四《速定大计以破浮议以讨安南以解倒悬以慰民望疏》，第154页。

2　《明世宗实录》卷二三六，嘉靖十九年四月丁卯，第4815—4817页。

3　［明］李文凤：《越峤书》卷十四《书疏移文》，第192—193页。

4　［明］毛伯温：《毛襄懋先生奏议》卷十一《议处安南疏·为叙功》，第638页。

5　［明］应槚辑，凌云翼、刘尧海重修，赵克生、李燃标点：《苍梧总督军门志》卷三十四《安南五》，第466页。按：《苍梧总督军门志》载仇鸾、毛伯温至广东会城的时间为嘉靖十九年三月丁丑，然三月无“丁丑”，丁丑为四月十六日，故这里模糊地系于三月。

6　［明］高岱：《鸿猷录》卷十六《勘处安南》，第360页。

7　［明］冯时旸、梁天锡、江美中：《安南来威图册》之《安南来威辑略》卷中《投降本·安南莫登庸上》，北京图书馆藏古籍珍本丛刊，第10册，书目文献出版社1987年版，第435页。应槚辑，凌云翼、刘尧海重修，赵克生、李燃标点：《苍梧总督军门志》卷三十四《安南五》，第467页。

8　［明］翁万达：《翁万达集》卷十五《上半洲蔡中丞书　其一》，第531—532页。

9　［明］翁万达：《翁万达集》卷十五《上东塘毛尚书书　其六》，第543页。［明］冯时旸、梁天锡、江美中：《安南来威图册》之《安南来威辑略》卷上《明故云南按察司副使江公行状》，第426页。

南关的截至日期。[1] 在檄谕莫氏父子、安南臣民后，征南总督仇鸾、参赞兵部尚书毛伯温、两广提督蔡经等议集调度各军，进行进兵部署，将调到各处汉、土官兵相兼分布，分成正兵、奇兵和援兵。正兵三哨，“每哨合用汉、达、狼、土官兵五万名”，一哨由广西思明府、思陵州征进禄州、西平州等处，一哨由龙州、罗回峒征进隘留关、高平府等处，一哨由凭祥州征进谅山、长庆府等处；奇兵二哨，每哨二万五千名，一哨由广西归顺州征进上朗、下朗、广源、石林等处，一哨由广东钦州征进永安、海东等处，实施五路进兵。援兵三哨，每哨二万名，以备随机应援。此外，海道由廉州征进莫登庸老巢都斋等处，雇募兵夫共用舟师三万名。正兵、奇兵、援兵、舟师，水陆应调约三十万。毛伯温还奏请将嘉靖十七年八月升为浙江参政、前廉州知府颇晓谙安南事务的张岳改注广东参政，专守海北。[2] 不过，后来两广方面诸哨兵在实际部署时稍微有所调整变动。[3] 根据仇鸾、毛伯温檄文，镇守云南总兵官沐朝辅、云南巡抚汪文盛将云南集于莲花滩之兵亦分为三哨，各哨兵二万一千余人。中哨以副使鲍象贤、都指挥王绍等监督之，督饷则布政司胡宗明；左哨以副使郑骝、都指挥方策监督，督饷则右参政朱方；右哨以副使张絅、都指挥冯立等监督，督饷则右参政程旦，听候师期。[4] 不难发现，东西两路并发，尤其是两广方面五路进兵的方案，是在充分参照了永乐年间征讨安南进兵路线的基础上进一步细化，形成“北兵南驱，南兵北截，东兵内击，大兵四合”的围攻之势，如此则“莫氏父子可一鼓而擒也”，这一方略可能最早由林希元在嘉靖十六年提出，经两广方面镇巡、三司等官计议，最终为毛伯温、仇鸾所采纳。[5]

六月，仇鸾、毛伯温、蔡经等至梧州，梧州为两广总督建镇开府之所。八月，

---

1 ［明］翁万达：《翁万达集》卷十五《上东塘半洲书　其一》，第 525 页。

2 ［明］毛伯温：《毛襄懋先生奏议》卷十《议处安南疏 · 调兵议饷》，第 609—614 页。

3 ［明］高岱：《鸿猷录》卷十六《勘处安南》记载两广方面的进兵诸哨情况如下。正兵三哨：广西凭祥州为中哨，兵四万人，参政翁万达、副总兵张经监督之；龙州罗回峒为左哨，兵一万四千人，副使郑宗右、参将李荣监督之；思明府思明州为右哨，兵一万四千人，副使许路、都指挥白泫监督之。奇兵二哨：归顺州为一哨，兵一万四千人，参政张岳、都指挥张輗监督之；广东钦州为一哨，兵一万四千人，副使陈嘉谟、参将高谊监督之。又乌雷山等处为海哨，兵一万四千人，副使涂楗、都指挥武鸾监督之。第 359—360 页。

4 ［明］高岱：《鸿猷录》卷十六《勘处安南》，第 360 页。

5 ［明］林希元撰，何丙仲校注：《林次崖先生文集》卷四《陈愚见赞庙谟以讨安南疏》，第 132 页；卷四《条上南征方略疏》，第 149—150 页；卷四《谢恩明节疏》，第 161 页。

督兵往南宁。毛伯温等以广西南宁、太平府凭祥州两地为中心组建南征军战时指挥系统，总督、参赞、提督三堂驻扎南宁府，两广副、参、都布按三司驻扎凭祥州。[1] 十月初二日，征夷副将军、总兵官仇鸾以凌越镇守两广总兵官安远侯柳珣，二人互诘于朝，嘉靖帝责让仇鸾轻傲，令其回京，以柳珣挂征夷副将军印，“令会同毛伯温议处安南事”[2]。

这一时期，莫登庸政权处于相当不利的国内国际形势状态之中。首先，其长子莫方瀛新故，“国人危惧，内怀异志”，“登庸势孤，无复可恃之人”，黎氏旧臣蠢蠢欲动，“虑有内变”。[3] 其次，明朝真的命将征讨超出莫登庸认知范畴，征南军东、西方向水陆齐发压境，无论如何，都会给莫登庸带来巨大的压力。所以，在嘉靖十八年明廷决意南征的消息传到安南后，莫氏父子就确定了防备明军的上中下三策：早恳陈乞，幸免加兵，上策；不得已乘虚先突扰明朝边境，大兵至日，势如不敌，坚壁清野，退守海东，中策；又不得已航海而逃，伺间窃发，下策。[4] 在莫方瀛故后，莫登庸退至海东府永安州，其实是选择了中策。[5] 在准确的情报基础上，添注广西参政翁万达反复提议制订上中下三策的临机应变方案：假使莫氏输情投降，实心听处，上计；必扬兵而威之使从，中计；必不得已而用兵，下计，“下计不可为，上计不可必”，极力建议以中计作为最可能的预案。[6] 不过，南征军统帅

1 ［明］林希元撰，何丙仲校注：《林次崖先生文集》卷六《莫登庸至钦州投降纪事揭帖》，第 235 页。按［明］应槚辑，凌云翼、刘尧诲重修，赵克生、李燃标点：《苍梧总督军门志》卷三十四《安南五》系于嘉靖十九年九月二十六日，第 467 页。这里取当事人林希元八月说法。

2 ［明］应槚辑，凌云翼、刘尧诲重修，赵克生、李燃标点：《苍梧总督军门志》卷三十四《安南五》，第 467 页。按，嘉靖帝应于九月二十一日下诏召咸宁侯仇鸾回京，参《明世宗实录》卷二四一，嘉靖十九年九月己酉，第 4880 页，诏书应是加急驰驿于十月初二日到达南宁，故《苍梧总督军门志》载十月庚申。

3 ［明］林希元撰，何丙仲校注：《林次崖先生文集》卷六《莫登庸至钦州投降纪事揭帖》，第 235 页。［明］翁万达：《翁万达集》卷十五《上半洲蔡中丞书　其一》，第 531—532 页。按翁万达、莫登庸皆谓莫方瀛病死，林希元却说莫方瀛为国人所杀，恐言过其实。参《林次崖先生文集》卷四《谢恩明节疏》，第 161 页。

4 ［明］翁万达：《翁万达集》卷十五《上东塘半洲书　其一》，第 525 页。

5 ［明］翁万达：《翁万达集》卷十五《上诸军门书》，第 523 页。卷十五《上东塘毛尚书书　其五》，第 542 页。

6 ［明］翁万达：《翁万达集》卷十五《上东塘半洲书　其五》，第 529 页。

部将官多倾向于莫登庸势必选择投降一策。[1]

可以预见，从莫登庸父子递表乞降到促成投降最终落地显然不会一帆风顺。由于翁万达统督中哨兵，驻扎凭祥州，[2]毗邻安南，出镇南关即是安南谅山、长庆府。[3]在议处莫登庸归降的过程中，翁万达充当了沟通安南莫氏与征南军统帅部之间重要的中介，因而这一时期翁万达的意见起着举足轻重的作用。一方面翁万达遣人与莫登庸反复讲论纳降事宜，[4]另一方面及时与毛伯温、蔡经往还磋商应对。翁万达与毛、蔡等商讨的要点，主要包括以下四方面：在何地接受莫登庸投降；何时纳降；具体的纳降内容事款以及消除受降过程中可能存在的不确定的干扰因素。

尽管此前毛伯温、黄绾等再三强调征讨安南中的事权统一的问题，而且嘉靖十八年征南诏也赋予了毛伯温、仇鸾事权统一的权力。但是，毛、仇到达两广以后却未能及时实现事权统一。南征军最高指挥部虽从两广向安南莫氏发出檄文、约定回文截至日期，但并未指定回文的地点，所以理论上莫氏可以从云南、广东、广西三个方面回文。因此，当嘉靖十九年七月十七日翁万达得知莫登庸退至海东府永安州将“由彼转达”回文时，翁氏马上意识到莫氏可能会从广东钦州回文，而不是毛、仇等预想的从广西凭祥州镇南关回文，立即致书南征军统帅将官，他说：“反覆思维，安南一国也，檄问一事也，一事而二三有行，一国而频繁回答，事体委有不便。”因此建议：今后安南回答文书，止令其一路回覆，即若从广东钦州路而入，则不许复由云南、广西，止令广西、云南二司官各一员前往钦州驻扎；若从凭祥州镇南关回文，则不许复由广东、云南，止令广东、云南二司官员各一员前往龙州、凭祥州驻扎，并通行云南、两广镇巡、三司并各守巡、副参等衙门知会，杜绝莫氏

1　［明］翁万达：《翁万达集》卷十五《上东塘半洲书　其四》，第528页；卷十五《上半洲蔡中丞书　其二》，第535页。［明］林希元撰，何丙仲校注：《林次崖先生文集》卷六《莫登庸至钦州投降纪事揭帖》，第235页。

2　按：按照仇鸾、毛伯温原定军事部署，正兵中哨由副总兵张经统领，翁万达监督，但是张经因平定思恩蛮叛乱之事未竟讫，因此，翁万达向毛伯温、蔡经提出避免张经舍彼就此，由己前往凭祥，待思恩事讫，张经可暂住南宁，相机进止前往凭祥，因此，中哨军实际由翁万达一人监领。参《翁万达集》卷十五《上半洲蔡中丞书　其一》，第532—533页。

3　《明史》卷四十五《地理志六・广西》，第1166页。

4　［明］林希元撰，何丙仲校注：《林次崖先生文集》卷六《安南功成乞查补罪以全臣节揭帖》，第239页。

怀疑中国互争纳降，致损事体。[1]这样，南征军统帅部接受安南莫氏回文、受降的路线便统一确定下来了。复经与南征军统帅部内部将官往返商讨，至九月底十月初，翁万达否定了驯象卫都督王良辅曾面许莫登庸赴军门（南宁府）请降的承诺，建议三堂十月初旬驾临凭祥州接受莫登庸投降，“莫登庸投降似宜以月（十月）尽为期”，“使无反覆”。[2]这样，南征军接受安南莫登庸投降的地点和日期基本上确定下来。

安南莫氏投降事款，是双方往来谈判中最核心的议项。处置莫氏投降的具体措施，最早是由武定侯郭勋于嘉靖十七年年底在莫方瀛从云南递上乞降书表后的一份呈于嘉靖皇帝的奏疏中提出的。长期以来，郭勋的这篇奏疏为研究者所忽视。郭勋提出的处置意见是：

> 皇上大振乾纲，明出黄榜，昭示人民，削去安南名号，就将本地各府卫州县等衙门比照云南、两广所属府官事例，许其开款纳贡，将彼所管地土、人民编成里甲行伍，亦照两广土官衙门事例，呈报两镇所司，效顺天朝，奏请朝廷，请给印信诰命，永享太平之世，勉图后效。……即今黎氏子孙，既被莫贼所吞，想是不能称其所封，宜当革降，方得保终继后，只可与一府之地，以承其宗祀耳。其武文渊父子……亦可与一知府之职，以褒其忠。其余随愿之人令各官分别等等任使，并郑惟憭等……尚可量与职事。其莫方瀛父子……仍授职事，量与他地土，使之安享富贵。[3]

在这里，郭勋已经提出了处置安南莫氏接受投降后的初步思路，首先革去安南“国”号，将安南所辖府州县比照云南、两广所属衙门事例，将其所辖土地人民比照两广所属土司衙门事例处置，黎氏、黎氏旧臣、莫登庸父子各量授职事，其实是一种变相的、间接的郡县处置安南的方案。虽说处置措施稍嫌粗疏，但思路却是清晰的。林希元在《定大计以御远夷疏》里提出归还四峒侵地、保持黎宁之位、使黎

1 ［明］翁万达：《翁万达集》卷十五《上诸军门书》，第 523—524 页。

2 ［明］翁万达：《翁万达集》卷十五《上东塘半洲书　其二》《上东塘半洲书　其三》，第 526—527 页。

3 ［明］李文风：《越峤书》卷十四《书疏移文》，第 165—166 页。

氏旧臣皆有爵土和奉明朝正朔、革去年号四点处置措施，正是受到了郭勋处置意见的启发，[1]同时又进一步修正了郭勋的处置意见使之具体化，更具可行性，并增加收复四峒侵地这一维护明朝疆土利益的条款。

南征军统帅部将官与莫登庸纳降条款谈判中的相关文书没有保存下来，但是通过当时参与纳降条款讨论的翁万达、张岳等人的书信以及后来嘉靖皇帝最终的处置诏书，可知正是以郭勋、林希元的处置方案作为基础与莫登庸进行投降事款谈判的。在谈判过程中，张岳、林希元、翁万达皆一致力主莫登庸归还钦州故地澌凛、古森、了葛、金勒四峒侵地，林希元又与翁万达商议，莫登庸“必遣子入质，方见真实投降”。至于，削去安南国号如何处置莫登庸时，林希元建议授予宣慰司，但翁万达认为宣慰司品级小，于是林希元又提议仿效唐朝安南都护府或五代总管府授予莫登庸都护，迨至莫登庸纳降时毛伯温以安南为都统使。[2]南征军统帅将官提出的这些纳降事款全部为莫登庸所接受。

毛伯温等为了保障纳降事宜能够顺利实现，还排除了一些可能干扰的不确定性因素。比如，莫登庸担心林希元从钦州袭取其老巢都斋，先至钦州诈降以窥林希元的动向，为了解除莫登庸的后顾之忧，毛伯温将广东按察佥事林希元调往福建募兵。[3]又如，为了促成莫登庸速降，翁万达再三建议增加凭祥州附近的兵力，示之以威，并清除莫登庸遣派至两广境内的所有间侦奸细。[4]

事实上，莫登庸原本“欲照先朝故事，备办代身金银人献上，亦虑唐突，惟以投降听处”[5]。十月十三日，莫登庸抵达镇南关谒候陈恳，但对遣子入质一事仍有犹豫，唯对于议降中割地、黎宁一节“执辞颇坚”[6]。最后双方谈定，南征军统

1　［明］林希元撰，何丙仲校注：《林次崖先生文集》卷四《定大计以御远夷疏》，第 146 页。

2　［明］林希元撰，何丙仲校注：《林次崖先生文集》卷四《谢恩明节疏》，第 161—162 页；［明］张岳：《小山类稿》卷八《与督府蔡半洲议安南款还四峒》，第 153 页；［明］翁万达：《翁万达集》卷十五《上东塘半洲书　其二》，第 526 页；卷十五《上东塘毛尚书书　其三》，第 539—540 页。

3　［明］林希元撰，何丙仲校注：《林次崖先生文集》卷六《莫登庸至钦州投降纪事揭帖》，第 235 页。

4　［明］翁万达：《翁万达集》卷十五《上东塘半洲书　其四　其六》，第 528—529 页、530—531 页；卷十五《上半洲蔡中丞书　其三》，第 536 页。

5　［明］佚名：《议处安南事宜》，［明］邓士龙辑，王天有等点校：《国朝典故》卷九十三，第 1899 页。

6　［明］翁万达：《翁万达集》卷十五《上东塘半洲书　其六》，第 530—531 页。

帅将官同意莫登庸以其侄莫文明赍表上进，对黎氏置而勿论，[1] 莫登庸也被迫答应归还四峒。[2] 等到投降所有事款全部确定下来以后，由翁万达在镇南关近地开张幕府，筑将台一座。[3] 嘉靖十九年十一月初三日，莫登庸“组系出境”，率头目阮如桂、杜世卿等向南征军统帅参赞、兵部尚书毛伯温呈上投降书，并说明“本欲躬自赴京瞻天请死，缘已衰老，且病不堪匍匐，长孙福海又在丧次”，因此令亲侄莫文明代之赴阙请罪。此外，莫登庸还在降表中承诺如访得黎氏子孙，定当率众迎归，全以土地奉还；同时将明朝钦赐安南印信由莫文明亲赍赴明。[4]

在完成受降仪式后，毛伯温等令莫登庸返回听候处分，而后南征军参赞兵部尚书毛伯温、两广提督蔡经各自将安南莫登庸投降备细事宜及南征军统帅将官、两广镇巡三司等官的处置措施详陈并莫登庸降表、投降申文结状等驰奏到京。[5] 十一月二十二日，驯象卫指挥王良辅管押莫登庸亲侄莫文明一行赴京上进。[6] 经过兵部两次会集大廷议，从官职、正朔、贡仪、印信、四峒、夷使六个方面提出确切的议处意见，嘉靖二十年三月十三日，嘉靖皇帝下诏：

> 这事情既再经会议，安南国着革作安南都统使司，莫登庸授与都统使，赐从二品衙门银印，仍与世袭。其十三路地方就照原旧地名，各置宣抚司，设宣抚、同知、副使、佥事各一员，听都统使管辖、差遣、朝贡。其余合境大小官属听彼从宜建置，统属人民。前黎氏僭拟中国制度，都着改正、回避。献还四峒地方，原系我边畛，准收入版图，还行与两广巡抚衙门好生优恤。莫文明赏素纻丝衣一袭、彩缎二表里；阮文泰等彩缎一表里；许三省等纻丝一

1 ［明］佚名：《议处安南事宜》，［明］邓士龙辑，王天有等点校：《国朝典故》卷九十三，第1905页。

2 ［明］林希元撰，何丙仲校注：《林次崖先生文集》卷四《谢恩明节疏》，第162页。

3 ［明］佚名：《议处安南事宜》，［明］邓士龙辑，王天有等点校：《国朝典故》卷九十三，第1896页。

4 ［明］冯时旸、梁天锡、江美中：《安南来威图册》之《安南来威辑略》卷中《投降本・安南莫登庸上》，第435—436页。

5 ［明］毛伯温：《毛襄懋先生奏议》卷十《议处安南疏为纳降》，第617—634页。［明］佚名：《议处安南事宜》，［明］邓士龙辑，王天有等点校：《国朝典故》卷九十三，第1906页。

6 ［明］毛伯温：《毛襄懋先生奏议》卷十一《议处安南疏为押送夷目》，第635页。

匹。事完，即日遣回。贡仪，御前、东宫照旧，户口、钱粮不必册奏。其余依拟。[1]

耐人寻味的是，都统使本为唐中后期不常置的“道”之使职官。洪武中，高丽大将李成桂取代国王王氏前曾任朔方江陵道都统使，明太祖心目中视李成桂为逆臣，最后授予李成桂为都统使。嘉靖君臣授予莫登庸都统使一职，不知是否将莫氏视为与李朝一样看作安南逆臣的一个身份隐喻？但是，不管背后蕴藏着何种动机和意图，安南事件至此终于落下帷幕！

结语

此次征讨安南事件，发端于嘉靖十五年十月，三起三落，长达五年之久，至嘉靖二十年三月最终以安南莫登庸投降而圆满解决。通过对这一历史事件过程的细致梳理和重建，可以得出以下几个方面的认识：

（1）嘉靖十五年皇子出生诏成为安南事件爆发的导火线，致使嘉靖君臣旧事重提。在安南二十余年久不朝贡的问题被正式提出以后，礼部尚书夏言、严嵩基于传统的宗藩之义提出明朝法当兴问罪之师、义当与之讨贼平乱的征讨安南主张，这一提议很可能正契合了嘉靖帝决定征讨的意愿；黎氏旧臣郑惟憭等赴明告难，提出“兴灭继绝”的口号，又给嘉靖帝征讨安南提供了一个正当的借口，因此，一个以武力征讨安南为中心的决议于是出台。可以说，征讨安南是在多方共同作用下的决策产物，将之归于礼部尚书夏言一人之建策显然有失片面和偏颇。征南决议和征讨方案的出台，是嘉靖帝与极少部分核心高级朝臣商讨制订完成的，与钦州知州林希元陈取安南方略并无多少关涉，而且林希元“征讨安南郡县之”与嘉靖君臣“兴灭

1　［明］应槚辑，凌云翼、刘尧诲重修，赵克生、李燃标点：《苍梧总督军门志》卷三十四《安南五》，第 470—473 页。按《明世宗实录》卷二四八将嘉靖颁布圣旨时间系于嘉靖二十年四月庚申。第 4966—4973 页。根据《议处安南事宜》中嘉靖帝对莫登庸投降一事处理的速度来看，嘉靖颁布圣旨的时间不会迟至四月里，因此这里取《苍梧总督军门志》记载的日期。

继绝”也是完全不同的两种理念和目标。

（2）从嘉靖十五年十一月到嘉靖十八年八月，明廷征讨安南的目标或说处置安南的政策，从“兴灭继绝”到征讨莫登庸再到震慑降服莫登庸发生了一个显著的转变。这一变化，一方面由于受到明朝内部官僚集团的强烈反对，另一方面与安南莫登庸集团对明朝外交关系的变动紧密相关。震慑降服莫登庸的政策，或者如有些学者所谓的“迫降”政策并不是由征南军最高统帅参赞机务、兵部尚书毛伯温首先提出来，而是萌芽于嘉靖十五年十一月二十四日的廷议，至嘉靖十六年四月兵部左侍郎潘珍在反对征讨安南的奏疏中初步明确提出，最后成于毛伯温。而处置安南莫登庸集团投降的具体措施，最早是由武定侯郭勋于嘉靖十七年年底初步提出处置思路和措施，经钦州知州林希元进一步明确化、具体化，在毛伯温南征期间经过征南军统帅部将官之间以及与莫登庸方面反复往返商讨以后最终实现和达成的。综观嘉靖年间勘处安南整个事件过程，嘉靖帝、严嵩、郭勋、张瓒、潘珍、汪文盛、蔡经、张岳、翁万达、林希元、毛伯温等一批重要的中央与地方官在不同时期、不同阶段对明廷的征讨决策和政策的变化都发挥着重要的作用，而绝不是如既有研究所认为的只有毛伯温、翁万达、林希元等有限的几个人物起着重要的历史作用。

（3）明廷授予莫登庸都统使，秩从二品，与明朝地方行政制度的承宣布政使司同级，本质是明廷趁莫登庸投降之机将安南由原先王号的“国”降到“司”这一级别。也就是说，明朝与安南的关系实质上就是从朝贡—册封的宗藩关系变为中央与地方土司的羁縻关系。在这一点上，笔者赞同陈文源的说法——明朝实际上已将安南在体制内定位为内属的羁縻特区。[1]但是，安南无论在名义上还是实际状态上都不是一个完整统一的国家，而是两个合法政权并存对峙的分裂国家。不管是正宗的黎氏后裔还是冒名的黎氏后裔，明廷只是抛开了黎氏，但黎氏政权毕竟事实上存在着，对于安南而言，因为明朝的人为介入，强化和延续了安南内部黎莫政权长达六十年的对峙与战争状态。从某种意义上来说，这应该是明朝所希望的结果，安南内部的动乱、战争状态其实换得的是明朝南部边境的安宁。此即林希元所谓分安南

1 陈文源：《明代中越邦交关系研究》，第 184—185 页。

之势而吾得以坐制之之义。

总之，嘉靖年间安南事件从爆发到圆满和平解决，是嘉靖君臣以务实的态度对宗藩体制的一种变通、灵活运用，是明朝解决中国与周边国家关系的一个典型案例。

越南对中华国家体制模式的接受和模仿：以15世纪的黎初朝为例

范德英　文　游　览　译*

【摘要】1428年抗明战争胜利之后，新建立的后黎朝也在寻觅和建构新的国家机构组织、政治体制模式。在这一过程中，明帝国的国家体制成了学习借鉴的一个重要对象，后黎朝的统治者选择了明朝政治模式中对于自己来说十分必要的要素加以改造，从而在完全不同的经济、社会和文化传统的基础上对自身的国家体制进行了设计、建设和实施。由此到黎圣宗时期，在中华模式基础上，后黎朝确立了基本的国家体制，并成为此后越南历朝历代奉行的一个标准。

【关键词】国家体制；中华模式；明朝；后黎朝

一、引题

1428年，在反抗明廷都护统治枷锁的起义（1407—1427）取得胜利后，黎初朝得以在越南建立。随着新王朝的建立过程，黎初朝也在寻觅和建构新的国家机构组织、政治体制模式。这一过程始于黎太祖（1428—1433）并完成于黎圣宗（1460—1497）。黎圣宗的国家体制成为此后许多越南朝代的“金科玉律”。但有不

* 范德英（Pham Duc Anh），越南国家大学人文社科大学历史学博士；游览，华东师范大学社会主义历史与文献研究院讲师。

少研究者提出，从黎圣宗时期开始的黎初朝国家体制是对中华模式的“借用”，最直接的就是明朝的模式。他们认为，对这一观点的承认克服了整个“文化悖论”。在《平吴大诰》[1]颁布后不久，伴随着“山川之封域既殊，南北之风俗亦异”的宣言，黎朝历代帝王都怀着民族自豪之心和“不逊华夏”的思想，希望比肩中华。在彼时，东南亚文化中的一些因素也已经渗入到李—陈时期的大越社会，到黎朝时被视为“粗陋”“不合礼”。这一悖论，根据现代历史学家的判断，就是黎初朝尽管在军事领域取得了胜利，但在政治、文化方面遭到了失败。[2]那么事实果真如此吗？

要回答这个问题，就不能不进行比较研究。但是在越南，长久以来比较的结果往往会带来两种截然相反的意见，或者夸大一些相同的地方，或者过分强调一些差别。而第三种更加中庸的意见则认为黎朝政权是在对中国的模式进行“筛选”“修饰”，“创造性”地加以接收，使之适用于越南实际条件的过程中产生的。应当说明的是，这里提出的各项评价通常是一个定性，只是停留在一些表象而没有深入细节进而分析其本质。目前，从中国学者方面来看，该问题似乎较少得到关注。越南及中国以外的学者又常常集中于对不同主题或不同历史阶段的比较。[3]还有一些研究是对黎朝国家组织与中华模式进行直接比较，[4]但似乎仍只是以某一个方向作为研究视角并且还有一些问题没有讲清楚，从而难以令读者感到满意。

在对各类越、中史料源进行考究的基础上，并综合各方面研究成果，依据历史

1　1427年由阮廌（1380—1442）代表黎利（黎太祖）撰写颁布的有关战胜明军、取得民族独立的文告。越南人至今仍将《平吴大诰》视为黎朝的独立宣言。该作品被翻译成越语并付梓于《阮廌全集》（河内：社会科学出版社，1976年）[*Nguyễn Trãi: Toàn tập* (1976), Nxb. Khoa học Xã hội, Hà Nội]。

2　多人合著：《黎圣宗（1442—1497）——个人与事业》，河内：国家大学出版社1997年版，第72页。[Nhiều tác giả（1997）, *Lê Thánh Tông (1442–1497) — con người và sự nghiệp*, Nxb. Đại học Quốc gia Hà Nội, Hà Nội]。

3　比如韩国学者刘仁善（Yu Insun）关于19世纪以后越南阮朝接受中华朝贡体系的研究[刘仁善：《19世纪越南—中国关系历史——朝贡体系，实与虚》，《历史研究》2009年第9期，第20—29页；第10期，第7—15页]。（“Lịch sử quan hệ Việt Nam — Trung Quốc thế kỷ XIX — Thể chế triều cống, thực và hư”, *Tạp chí Nghiên cứu Lịch sử*）。又比如 A.B. Woodside (1971) 的研究，*Vietnam and the Chinese Model: A Comparative Studies of Nguyễn and Ch'ing Civil Government in the First Haft of the Nineteenth Century*, Harvard University Press, Cambrige Massachusetts。

4　Xem J.K. Withmore (1969), “Vietnamese Adaptations of Chinese Government Structure in the Fifteenth Century”, in Edgar Wickberg (Compiler), *Historical Interaction of China and Vietnam: Institutional and Cultural Themes*, Center for East Asian Studies, The University of Kansas, pp.1–10.

的视角并进行相近比较，本文深入论述并进一步阐明了上面提到的十分有意思的科学问题。我们将再次从三个方面审视这个问题：中央政权组织、地方政权机构、官制和官吏系统。

二、中央政权组织

第一个相似点可以比较容易看出，那就是作为黎初朝国家模型的设计者和完善者的黎圣宗的做法——巩固皇位权力，这与此前近一个世纪明太祖（朱元璋）在中国所实现的没有什么不同。很有可能，当时还是一位皇子的黎思诚（黎圣宗的名讳）已经接受了十分细致的有关明朝皇帝所经历的（治国）方法的教育，并将其确定为自己的政治目标。在一些研究中，黎圣宗常常被拿来同中华历史上两位声名赫赫的帝王进行比较，一位是唐太宗，另一位是明太祖。从很多方面来看，黎圣宗与后者有更多的相似点。如同明朝的开国皇帝，黎圣宗在掌握政权之后认为“旧的模式已不再适用”，并认为“有必要明确一个前进的方向才能引导大越国家遵循标准的孔教模式”。[1] 在建立国家官僚部门时，黎圣宗的确十分仔细地研究过《大明会典》和《大明官制》。毋庸置疑，黎朝的政权机构依照的是明朝的模式。中华影响如此深刻，以至于黎圣宗朝的一些大臣曾上言反对。1485 年，太子太保兼都御史陈锋（Tran Phong）在劝谏时因斗胆“诽谤”皇家“依明廷制度设置官号，未遵循国朝（大越）通制”而被送监（后死于狱中）。[2]

1471 年，黎圣宗颁行《校定官制》，[3] 正式宣布全面改组大越的各级政权体系和

1 J.K. Whitmore (1968), The Development of Le Government in Fifteenth Century Vietnam, PhD Thesis, Cornell University, tr.107.

2 阮朝国史馆：《钦定越史通鉴纲目》（第一册），河内：教育出版社 2007 年版，第 1128—1129 页。［Quốc sử quán triều Nguyễn (2007), *Khâm định Việt sử thông giám cương mục*, Nxb. Giáo dục, Hà Nội］这是 1856—1884 年由阮朝国史馆编撰的一部正史，包括 53 卷。该部史书记录了从雄王立国到后黎朝结束（1789 年）的编年体越南历史。目前的研究中，我们使用的是 2007 年出版的越文译本。

3 依据《大越史记全书》（第二册，河内：社会科学出版社 1993 年版，第 454 页）［*Đại Việt sử ký toàn thư* (1993), Nxb. Khoa học Xã hội, Hà Nội］的抄录。这是 1479 年由吴士连（Ngo Si Lien）编撰完成的一部正史，此后得到黎朝史学家的续补并在 1697 年刊印。该部史书以编年体记录了从泾阳王传说的时代到 1675 年的越南历史。目前的研究中，我们使用的是 1993 年出版的越文译本。

官吏部门。这是他掌权后历经十多年细致准备的结果，几乎相当于明太祖（1368—1398）建立明朝后在中国落实改革所花费的时间。黎初朝建立于1428年，到此时已有四十余年。这个时间足够大越皇帝们暂时忘记抗明战争时期的一些牵累并搁置“排中”思想进而以平心看待在治国道路上引进、效仿中华模式的必要性及有益价值。尽管没有直接的资料，但也可以看到诸如在各个不同时期，黎初朝派遣入明的外交使团确实承担了寻觅有关中华典制的各类书籍的任务。大越和中国的史籍都注意到大越派出的外交特使团在这一时期经常并不断地前往北京。很有可能，他们将各类必需的材料以及有关当时中华优越的政治体制的直观感受和描述带回了大越。对于大越来说，主要由于存在诸如郑可（Trinh Kha）、黎察（Le Sat）、黎银（Le Ngan）……以及太后阮氏英（Nguyen Thi Anh）等权威的干政排挤，黎初朝初期宫廷紊乱，这更加迫使黎圣宗决心巩固皇位权力，制定高度效仿中国模式的集权制度。

作为改革的第一步，黎圣宗废除了皇帝与执行部门之间不少排挤或分担皇帝权力的中间职官和机构［如相国（Tuong quoc）、大行遣（Dai hanh khien）、左右仆射（Ta huu boc xa）、尚书省（Thuong thu sanh）、中书省（Trung thu sanh）、门下省（Mon ha sanh）、枢密院（Khu mat vien）等］，从而可以直接调控和干预各项管理工作。但由于还需要有能协助自己的亲近部门，特别是要处理各项公文、案牍，因而皇帝保留了翰林院（Han lan vien），同时增设了四个新的文书机构，包括东阁（Dong cac）、中书监（Trung thu giam）、秘书监（Bi thu giam）以及皇门省（Hoang mon sanh）。与黎朝初年之前的三省（尚书、中书、门下）相比，该文书机构系统缩小不少，不再有专职长官而是通常兼任。[1] 但随着行政管理部门的增加，这些机构的工作量也日渐大增。洪德年间（1470—1497）的官制清楚规定了各机构的组织结构、职能，包括这些文书机构系统中各级职官的品阶、任务。官员数量不拘泥于多少，而是根据需要处理的工作特点和体量，由皇帝决定遴选和补用。[2] 各文书

1　翰林院之首（承旨，侍读）通常会在任上或随后补任东阁或六部居首位的职官。东阁长官（大学士、学士）通常也会兼任御史台、翰林院或六部的首席官员。

2　《黎朝官制》，河内：史学院及文化通信出版社1977年版，第66—67页。［*Lê triều quan chế* (1977), Viện Sử học và Nxb. Văn hoá — Thông tin, Hà Nội］这是有关从黎初朝（1428—1527）到黎朝中兴时期（1533—1789）大越官制各项规定的合集，编撰于大约18世纪末或19世纪初。

机关之间有较强的专职性，但在处理事务时往往又存在相互关联、协调配合。比如，一份文书在最初由翰林院起草，后转由东阁修改，最终在颁行前由中书监抄录。彼时，秘书监专门负责照看皇家图书馆，还有皇门省的任务是看管皇室的各类玺印。[1] 诸如这些巩固皇位权力的方法以及各文书机构系统的设置，与 1380 年以后明太祖在中国采取的措施十分类似。

黎朝的中央政权机构，自此由三个主要部分构成：行政、军事和监察。这个结构完全效仿了明朝的模式，正如明太祖曾经肯定的那样："国家立三大府，中书总政事，都督掌军旅，御史掌纠察，朝廷纪纲尽系于此。"[2]

六部成为最大和最重要的行政机关，直接面对皇帝执行命令和承担职责。六部包括：吏、户、礼、兵、刑、工，分别协调管理国家的各项行政事务。黎初朝的六部组织机构在职能、任务方面得到了完备确立和明确规定。[3] 在各部任职的首要官员（称之为堂官）包括一名尚书（2b）[4] 以及两名左右侍郎（3b）；被称为司务省（Tu vu sanh）的常设机构由司务员（8b）统一负责解决一些事务；并且根据各自的任务每个部都可以有一个或数个专门负责机构被称为清吏司（Thanh lai ty），由各职郎中（Lang trung）（6a）和员外郎（Vien ngoai lang）（6b）担任。另外按照工作的体量和性质，每部吏员的数量多少不一：吏部有 80 人，户部有 110 人，礼部有 71 人，兵部有 128 人，刑部有 167 人，而工部有 40 人。[5] 如此机构与明朝的六部相比要精简得多（见以下表 1 和略图 1）。

1　黎金银：《黎圣宗时期（1460—1497）中央政权组织》，西贡：国家教育部，1963 年，第 47—49 页。[Lê Kim Ngân (1963), *Tổ chức chính quyền trung ương dưới thời Lê Thánh Tông (1460–1497)*, Bộ Quốc gia giáo dục, Sài Gòn]

2　黄本骥：《历代职官表》，上海古籍出版社 1980 年版，第 19 页。

3　据此，吏部：负责官爵、选补、审核、官职升降、官吏薪俸；户部：负责土地、仓廪、财政和税赋；礼部：负责与礼仪、宗教、科举及外交相关的工作；兵部：处理与军队组织以及军事活动相关的各项事务；刑部：专门负责法律和刑案；工部：任务是管理各项公共工程建设以及国家的手工生产活动（作坊官）。

4　这里的缩略记号（2b）指的是官吏品阶。其中，数字指的是等级，从一品到九品，字母"a"指代正，"b"指代从。2b 指代从二品。以下所用各皆此记号。

5　黎金银：《黎圣宗时期（1460—1497）中央政权组织》，西贡：国家教育部，1963 年版，第 52—74 页。

表 1　黎初朝（越南）六部官吏总数与明朝（中国）的比较

职务	黎初朝官吏数 / 人						明朝官吏数 / 人					
	吏	户	礼	兵	刑	工	吏	户	礼	兵	刑	工
尚书	1	1	1	1	1	1	2	2	2	2	2	2
侍郎	2	2	2	2	2	2	3	3	3	3	3	3
郎中	1	2	1	2	5	2	8	36	8	8	26	12
员外郎	1	4	1	2	5	2	4	18	4	7	14	8
主事	—	—	—	—	—	—	7	67	9	22	45	27
司务	1	1	1	1	1	1	3	3	3	3	3	3
其他官员	—	—	—	—	—	—	—	36	62	8	11	43
吏员	80	110	71	128	167	40	55	343	69	334	292	180
共计	86	120	77	136	181	48	82	508	160	387	396	278
每部官吏平均数	108						301.8					

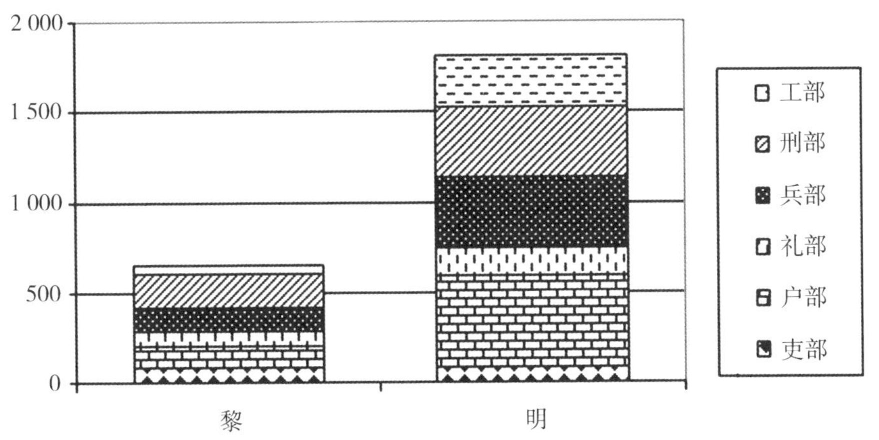

略图 1　黎初朝（越南）六部官吏机构与明朝（中国）的比较[1]

黎初朝的六部尽管从规模上看不能与明朝相比，但总体架构与明朝基本相似。主要区别在于各官职的品阶以及专职机构的规模、组织结构（清吏司）。按照明朝官制，六部各官员的品阶规定如下：尚书正二品、侍郎正三品、郎中正五品、员

1　见范德英：《10—19 世纪的越南国家组织模式》，河内：国家大学出版社 2015 年版，第 227—228 页。[Phạm Đức Anh (2015), *Mô hình tổ chức nhà nước ở Việt Nam thế kỷ X–XIX*, Nxb. Đại học Quốc gia Hà Nội, Hà Nội]

外郎从五品、主事正六品、司务从九品。而同一时期，黎初朝官制中相应的各官职依次为：从二品、从三品、正六品、从六品、从正八品和从八品。将明朝六部与黎朝六部相比，只有两个清吏司名称相同，剩下 37 个司不见于越南，并且相反的是，有 10 个司只存在于黎朝的官制中。[1] 从组织方式上来看，黎朝六部的设立具有统一性，包括各常设机关（司务省）以及专门机关（清吏司）都置于中央之下，从而对全国所有活动进行管理。与之相比，明朝六部的组织分为两类。对于需要直接与地方打交道的如吏部、礼部、兵部和工部，明廷只组织中央级别的机构。而户部和刑部，除了中央常设机关外，在 13 个省还直接设置专门的机构（清吏司）。[2]

除了六部以外，为了协助其他各项专门的行政工作，明朝和黎初朝都设立了宗人府（Ton Nhan phu），各寺（Tu），各院［国史院（Quoc su vien），太医院（Thai y vien），佥事院（Thiem su vien）……］，各司［通政司（Thong chinh ty）］，各监［国子监（Quoc tu giam），司天监（Tu thien giam）……］，各农业所，各手工业局……存在的一些细微区别是，明朝设立了 7 个寺［包括大理寺（Dai Ly tu），太常寺（Thai Thuong tu），太仆寺（Thai Boc tu），鸿胪寺（Hong Lo tu），常宝寺（Thuong Bao tu），光禄寺（Quang Loc tu）以及苑马寺（Uyen Ma tu）］，因为地理位置有差别，所以黎初朝只设立六寺（不包括苑马寺），其职能重要性略弱[3]并与六部和六科并存。

同明朝相似，黎初朝的最高军事机关也叫五军都督府（Ngu quan do doc phu，

---

1 两个名称相同的司分别是属于礼部的仪制司、属于工部的营善司。只存在于黎朝官制中的 10 个司包括：诠考司（Thuyen Khao，礼部）、度支司（Do Chi，户部）、版籍司（Ban Tich，户部）、武库司（Vu Kho，兵部）、军务司（Quan Vu，兵部）、清刑司（Thanh Hinh，刑部）、慎刑司（Than Hinh，刑部）、明刑司（Minh Hinh，刑部）、详刑司（Tuong Hinh，刑部）以及工程司（Cong Trinh，工部）。见黎金银：《黎圣宗时期（1460—1497）中央政权组织》，西贡：国家教育部，1963 年版，第 52—74 页。

2 李东阳、申时行：《大明会典》（第十卷），文海出版社有限公司印行，第 64—73 页。

3 这一点部分体现在六科各官职的品阶系统上。根据《大明会典》，大理寺和太常寺的长官品阶最高［寺卿为正三品，少卿为正四品（独大理寺有两员左右少卿）］，下面依次是太仆寺和苑马寺（寺卿为从三品，少卿为正四品），光禄寺（寺卿为从三品，少卿为正五品），鸿胪寺（寺卿为正四品，左右少卿为从五品），最后是常宝寺（寺卿为正五品，少卿为从五品）。见李东阳、申时行：《大明会典》第十卷，文海出版社有限公司印行，第 193—210 页。这一时期，黎朝官制规定所有各寺都统一只设置一员寺卿（正五品）和一员少卿（正六品）。

通常简称为五府军或都督府）。光顺七年（1466），黎圣宗废除从黎太祖时期开始的五道军制度，设置五府：中军、东军、西军、南军和北军管理全国军队。[1] 各军府为首的是左右都督各职。五府左右都督合成最高军事会议，分别对皇帝负责。每个军府包括六卫，每卫有五到六个所，每所有 20 队，每队有 20 人（即每所有 400 人）。黎朝时五府军的总数约 61 600 人。除了五府军，黎廷军事力量还有禁卫军和地方军。禁卫军或禁兵是驻扎京城的军事力量，任务是直接保卫皇家和朝廷。禁兵包括五卫，每卫分为一些司或所（每卫通常有五到六个所或司）；每司包括 100 人，每所包括 20 队，每队 20 人（即每所有 400 人）。每司为首的是一员指挥使，副手有同知及佥事之职。黎朝禁卫军总数有约 108 600 人。为加强军备力量，1467 年，黎圣宗将一些道的军分为五府军建立各都司（Do ty），将其置于都总兵使官的直接调度之下。全国彼时有 9 个都司，包括 26 卫，145 000 人。[2] 禁兵及各地方（都司）军不直接隶属，只是在原则上归于五府统领，而实际上这些军事力量都对皇帝负责。这样，皇帝才是真正的最高指挥，统领全国军队。

由此，黎初朝的军队组织结构与之前大越各个时期的传统都有所不同并且基本上与明朝的军事组织比较相似。最明显的差别就是五军都督府各军的名称。黎朝立有五军，包括中军、东军、西军、南军和北军，明廷兵制中则代之以中、左、右、前、后军。在与兵部的关系上，黎初朝五府承担属于兵备的专门技术方面的职责；而兵部则负责解决一些属于人事、军需、补给等方面的问题。遇有战争时，五府都督掌控战术，兵部负责制定计谋并安置五军。[3] 如此任务分配的方式与明朝的兵制也基本相似。[4]

1　潘辉注：《历朝宪章类志》（第二册），河内：教育出版社 2007 年版，第 319 页。[Phan Huy Chú (2007), *Lịch triều hiến chương loại chí*, Nxb. Giáo dục, Hà Nội]

2　这样，按照上述编制可以统计出 1 467 年黎朝时期军队总数是：108 600 名禁卫军加上 61 600 名五府军加上 145 000 地方军，共 315 200 人。黎庭仕（Le Dinh Sy）在经过仔细计算后得出了略有差异的数字，有 315 200 人。（不包括没有直属都司卫所的承宣四道）（黎庭仕：《黎圣宗朝武备改革》，《军事历史》1997 年第 6 期，第 55 页）（Lê Đình Sỹ, "Cải cách võ bị triều Lê Thánh Tông", *Tạp chí Lịch sử Quân sự*）不过，为执行"寓兵于农"的政策，黎廷只维持最多二分之一的军队在列。因此，常备军只有约 15 万—16 万 [见黎金银：《黎圣宗时期（1460—1497）中央政权组织》，西贡：国家教育部，1963 年版，第 95 页]。

3　黎金银：《黎圣宗时期（1460—1497）中央政权组织》，西贡：国家教育部，1963 年版，第 83 页。

4　《中国小通史》明史，中国青年出版社 1995 年版，第 44 页。

在明朝和黎初朝的整个政权机构中，各监察机关系统有着特别重要的职能和身份角色。洪武十五年（1382），明太祖改御史台为都察院（Do sat vien），同时加强新机构的监察和司法职能。明朝都察院为首的是两员左右都御史（Ta huu Do ngu su），其下有左右都副御史（Ta huu Pho do ngu su）、左右佥都御史（Ta huu Thiem do ngu su）、监察御史（Giam sat ngu su）。各御史官虽品阶不高，但权限很大。他们被授权劝谏皇帝及弹劾朝野内外百官罪责。都察院与刑部及大理寺合为刑狱部门的三个最高审判机关，被称为“三法司”[1]。都察院的设立被评价为明廷的一个创举，之前从未有过而且同一时期在西方也未出现。[2]

在越南，都察院直到阮朝才得以在1832年成立。在15世纪时期，黎圣宗仍维持了之前历朝历代有关御史台的称呼，但实际上在其机构中已进行了类似于明朝的结构调整。御史台中各职官名称及品级已经发生了变化，包括：都御史（正三品），副都御史（正四品），佥都御史（正五品），提刑监察御史（正七品）以及监察御史（从七品）分属13个承宣。[3]其下包括四个专门机关[4]和大约30名都吏协助工作。[5]在名义上，御史台长官是都御史，但其下所有各职官都独立活动并有权直接奏呈皇帝而不必通过御史台机关或长官。在实际中，各道监察御史队伍虽然品秩最低，但仍有较大活动范围并且在监察系统中发挥着最积极的作用。根据洪德官制，御史台直接对皇家负责，在由六科承担的一些监察领域中，也有较大的权限和职责：① 直接劝谏皇帝；② 参加政事讨论；③ 弹劾百官；④ 参与选拔和考察官吏；

1 《中国小通史》明史，中国青年出版社1995年版，第32页。

2 Jean de Miribel, *L'administration Provinciale et les Fonctionnaires Civils au Temps des Ming 1368-1644*, Paris.

3 邓春榜：《史学备考》，河内：史学院及文化通信出版社1997年版，第67页［Đặng Xuân Bảng (1997), *Sử học bị khảo*, Viện Sử học và Nxb. Văn hoá thông tin, Hà Nội］；黎贵惇：《见闻小录》，河内：社会科学出版社1977年版，第115页［Lê Quý Đôn (1977), *Kiến văn tiểu lục*, Nxb. Khoa học Xã hội, Hà Nội］。这是分别由史学家黎贵惇和邓春榜在18世纪末和19世纪末编撰的两本著作的越文译本。

4 包括：①以一员司务（从八品）为首的司务省，其职责是从整体上管理御史台的各项日常工作；②以一员经历（从八品）为首的经历司，负责各案件的登记；③以一员照磨（从八品）负责的照磨所，其任务是抄录册籍、案文等；④由一员狱承（正九品）为首的案狱所，负责管理刑狱工作［阮朝国史馆：《钦定越史通鉴纲目》（第一辑），河内：教育出版社，2007年版，第1116—1117页；黎金银：《黎圣宗时期（1460—1497）中央政权组织》，西贡：国家教育部，1963年版，第97页］。

5 《黎朝官制》，河内：史学院及文化通信出版社1977年版，第115页。

⑤监察和直接审理刑案。[1]

黎圣宗时期一个独到的创造是在监察和司法机关体系中设立六科（Luc khoa，包括吏科、户科、礼科、兵科、刑科和工科）。按照黎朝官制，每科居首位者包括一员都给事中（Do cap su trung，正七品），一员给事中（Cap su trung，正八品），还有一些帮办衙吏（吏科、礼科及工科各有 21 人，户科、兵科各有 51 人，刑科有 32 人）。[2] 吏科各职官虽然品秩不高，但颇得重视并被授予较多权限。按规定，在朝堂上议论政事时，吏科官可以最先上奏并可与六品衔文武官员并列。[3] 吏科的主要职责是从专门方面监察六部，同时配合处理事务并与御史台监察官吏、司法工作（审查刑狱、案件）并调查人民生活。

各科、台职官都得到黎廷的特别重视和更加细致的遴选。按照规定，被选者皆“廉洁、勤敏、坚定、正直，有政绩”，需进士出身。在任职满一年后，都御史对其取得的成绩进行考察、评价并上奏皇帝以决定是否正式补任。[4] 根据 1487 年谕旨颁行规定，在商议政事时，各科、台官员可以首先上奏，随后才轮到六部、六寺，各官分别获颁公、侯、伯爵及五府都督名号。[5]

除了御史台和中央六科，黎朝在地方上还设立了各级监察系统，包括侅道监察御史（Cai dao Giam sat ngu su，在中央负责各承宣的御史官，从结构上来说每个承宣有两员）以及在 13 个承宣的宪察使司（Hien sat su ty）。所有这些形成一个既相互连通配合又相互分权制衡的系统——一种在国家的审查活动中对应监督、双重监察的机制。这都是为了充当皇帝的“耳目”，协助其监察、评判所有活动并促使各级政权部门良好运转，监察系统的存在不仅没有削弱而且加强了皇帝的权力。

1　见范德英：《黎圣宗朝（1460—1497）政权组织中的监察体系》，《一段历史研究之路（2001—2006）》，河内：世界出版社 2006 年版，第 371—373 页。［Phạm Đức Anh (2006), *Hệ thống thanh tra, giám sát trong tổ chức chính quyền triều LêThánh Tông (1460–1497)*, in trong *Một chặng đường nghiên cứu lịch sử (2001–2006)*, Nxb. Thế giới, Hà Nội］

2　阮朝国史馆：《钦定越史通鉴纲目》（第一册），河内：教育出版社 2007 年版，第 1139 页。

3　《大越史记全书》（第二册），河内：社会科学出版社 1993 年版，第 454 页。

4　阮朝国史馆：《钦定越史通鉴纲目》（第一册），河内：教育出版社 2007 年版，第 1191 页。

5　《大越史记全书》（第二册），河内：社会科学出版社 1993 年版，第 502 页。

三、地方政权机构

以上由三部分构成的权力机构（行政、军队、监察）同样在明朝和黎初朝的地方政权组织中得到应用。1380 年，明太祖设立名为省的行政单位，这是首次在中国出现。近一百年后，尽管知晓该行政单位的存在，但黎圣宗没有学习之，而是设立了承宣（thua tuyen，也称之为道或处），这也是首次在越南出现。1471 年，在扩展兼并了一部分原属占城的南方领土后，黎廷将全国分为 13 个承宣[1]和奉天府（京师升龙）。有趣的是，黎初朝有 13 个承宣，相对应的是明朝有 13 个省。在中国的每个省，明廷建立了三个独立的机构系统（称之为三司），包括承宣布政使司（简称布政司）负责行政—民事，都指挥使司（简称都司）管理军队以及提刑按察使司（简称按察司）负责治安和司法。而这一时期，黎朝相应的三个机关的名称只有些许差别：承宣布政使司（承司），都总兵使司（Do tong binh su ty，都司）以及清刑宪察使司（Thanh hinh hien sat su ty，宪司）。至此，大越所属各地方的最高级政权在名称及组织机构方面全部实现统一（不像之前那样还有府、路、州、寨各种称谓）。没有单独设置各承宣的首要官职，黎廷是希望最大程度地限制弄权危机和对中央政权的离心倾向。为加强遥控监察和指导，皇室交付朝臣按照已经颁行的统一标准在各司（都、承、宪）委派职官。这些职官直接向皇室报告工作并承担职责。

在承宣以下，黎廷统一设置为府，由知府（Tri phu）居首职。每府包括若干在平原地区的县（由知县管辖）或山区的州（为首的是知州）。基层普遍的行政单位是社［或京都的坊（phuong）、庄（trang）、册（sach）；山区的峒（dong）］。根据 1490 年的洪德版图，大越领土分为 13 个处（承宣此时改为处），包括 53 个府、149 个县、50 个州、36 个坊、28 个乡、7 090 个社、394 个村、658 个庄、47 个沙洲、450 个峒、472 个册。[2] 可以说，黎初朝时期地方政府组织结构中与中国的最

1　包括海阳、山南、山西、京北、安邦、宣光、兴化、谅山、宁朔、清化、义安、顺化和广南。

2　《洪德版图》，西贡：国家教育部，1962 年版，第 53 页。［*Hồng Đức bản đồ* (1962), Bộ Quốc gia Giáo dục, Sài Gòn］这是 1490 年完成的有关黎圣宗时期大越版图的书册的越文译本。

根本的区别在于设立了社作为基层行政单位。在中国，社只是供奉土地公的地方，完备的行政体系设立至县级，[1] 并由此对各村、保、甲进行严密管理。

黎廷特别注重基层行政机构，特别是社一级。1466 年，黎圣宗改自陈朝以来的社官（Xa quan）为社长（Xa truong），同时根据每个社的规模规定社长数量。据此，超过 500 户的社选五个社长，300—500 户选四个社长，100—200 户选两个社长，60 户以下选一个社长。[2] 在此之前，陈朝也曾区分过大社、小社，但没有明确规模。同黎太祖（1428—1433）时期的分类方法有所不同的是，黎圣宗时期社的规模不是基于人丁数[3] 而是基于户数。乡社的组织和管理以家庭户为单位，这样做的前提是肯定自己对儒教核心原理的忠诚之心，将家庭视为社会的基本因子。家庭也是大越传统小农经济基础中的生产单位。此外，通过强调家庭户，皇室希望依靠乡土回归传统、道理、悠久的生活方式，“重返上古时期的淳风”[4]。

到 1490 年中，黎朝颁行条例分旧社，设新社。据此，一些大社（500 户）通过增添 100 户进而分立为多个新社，而公共财产（主要是公有土地）则按户数比例划分。[5] 这样，社就成为农村的主要行政单位（全国有 6 851 个社，332 个村）。[6] 与 55 年前相比（根据 1438 年阮廌在《舆地志》中的记载）村数增加了 38 个，社数减少了 2 877 个（近 30%），这就是在联乡规模之上基层行政单位精简方案的结果，目的是为了便于集中和统一管理。在大越农村到 15 世纪末已普遍存在包括多个附属村落的乡的类型，并且与乡长并存的还有新出现的名为村长（Thon

1 林汀水：《中国历代行政区划制度的演变》，福建地图出版社 1986 年版，第 79 页。

2 汉喃研究院：《十五至十八世纪越南典制和法律的若干文本》（第一册），河内：社会科学出版社 2006 年版，第 294 页。[Viện Nghiên cứu Hán Nôm (2006), *Một số văn bản điển chế và pháp luật Việt Nam thế kỷ XV–XVIII*, Nxb. Khoa học Xã hội, Hà Nội, Tập 1] 这是大约 15—18 世纪后黎朝时期编撰的有关越南各部法律和一些典制文本合集的越语译本。

3 1428 年，黎太祖按照人丁数将社分为三类：10—49 丁为小社，50—99 丁为中社，而超过 100 丁为大社 [《大越史记全书》（第二册），河内：社会科学出版社 1993 年版，第 297 页]。

4 多人合著：《黎圣宗（1442—1497）——个人与事业》，河内：河内国家大学出版社 1997 年版，第 167 页。

5 汉喃研究院：《十五至十八世纪越南典制和法律的若干文本》（第一册），河内：社会科学出版社 2006 年版，第 300 页。

6 《大越史记全书》（第二册），河内：社会科学出版社 1993 年版，第 507 页。

truong）的官职。[1]

关于社长职名，这是首次出现在越南历史当中，国家对其数量、选拔标准乃至于权限、职责、赏罚机制都颁行了统一规定。最初颁行的条例是 1462 年的令旨，此后在 1466、1483、1487、1488、1490 及 1496 年又不断进行了补充。按照规定，社长的数量每社从一人到五人不等（根据社的规模），包括社正（Xa chinh）、社史（Xa su）、社司（Xa tu）各职。社长的选拔对象应出于儒学行列，包括一些虽然没有及第但有能力、识字、出身良善家庭、有品行、"可为风化典范"的监生、生徒。社长还应当在 30 岁以上，做事谨慎、勤勉。有些人虽然满足上述条件，但如果正忙于军务，有些人属于老弱病患，或者有些人存在血缘关系，或与在任社长通婚，都不能选用。法律严禁并严惩一些贪婪、投机、不学无术、拉帮结派破坏乡社内部团结的奸徒。当然，在由国家规定了一些标准的同时，社长还应得到社内民众的信任，在经过选拔和得到上级审批后才正式成为社长。

虽然没有委派或直接干预选拔工作，但通过一些"例"和条件、标准，使得国家可以挑选一些满足各项要求的社级政权的首领。依靠这种方法，国家可以在尊重但更多是利用乡社选举传统的基础上，灵活引入一些法律的规定从而使得遴选出的首领既是乡民的代表，又可代表国家权力进行农村管理。

四、官制和官吏系统

在各级政权部门的健全过程中，黎初朝也同明朝相似，十分注重官吏工作。对黎初朝时期官制的评价是相当完整，从选拔、补用环节，到官吏的待遇、纪律。

为选拔各级官吏队伍，黎朝使用了各种传统方式（任子、保举……），但最主要的仍是科举。这是与越南之前历朝历代最根本的差别。根据我们的统计，在越南的儒学科举历史上，从 1075—1919 年，大越各朝代组织了总共 183 场科试，录

1　多人合著：《黎圣宗（1442—1497）——个人与事业》，河内：河内国家大学出版社 1997 年版，第 167 页。

用了 2 893 名进士及相当的人才。黎初朝（1428—1527）是越南儒学科考及教育史上最兴盛的阶段，总共组织了 31 场科试，选拔了 1 005 名进士（占儒学科试总数的 16.9% 和进士的 34.7%）。[1] 特别是对黎圣宗（1460—1497）统治时期进行单独计算，黎朝平均每三年举行一次科试，总共举行了 11 场科试，录用了 502 名进士（占越南儒学进士总数的 17.4%）。同样根据这一统计，在黎初朝的 1 005 名进士中，最少有 896 人在考中后即被授予补任官职，占比 89.15%。培养—选拔—补用官吏（国家政策）以及学习实践—及第—出来做官（儒士的奋斗动机）这两个过程的交汇点形成了推动君主时期越南儒学科举和教育发展的合力。黎初朝也可以被视为越南历史中长久存在的一种“教育为科举以及科举为教育”的基础的开端。

黎初朝时期的考功制度（又称作考科法）十分严密，并像明朝那样得以落实。这些规定的目的是为了日常性地定期检查，对官吏的工作能力、成绩、品行进行评判，据此作为升降、调动或罢免各官职的基础，同时对全体部门重新进行组织、安排。考科年限为：三年一次初考，六年一次再考，九年一次通考。这为国家审核各职位以及整体官吏体系提供了较为充足的时间，借此也可以提出一些合理的调整。另外一方面，日常的检查、评判工作也使得国家可以及时升迁奖赏一些有突出功劳的人员或淘汰一些较差的职位，整顿和肃清官吏队伍。特别是黎圣宗时期的考科制度提出了三条评判地方官吏的标准：① 是否关爱民众，② 是否得民众信赖，③ 该地民众是否流落他乡。[2] 对于边远地区的官吏，倘“其能抚字有方，催科不扰而岁足。满六年，许迁善地（平原地区或京师）”。倘治理无方，六年后再重新定夺。[3]

黎初朝时期政权部门规模相较同一时期的中国而言更加轻便和简略。从总体来看，黎朝政权组织借用了明廷的模式，但各部分从未完全照搬而是通常会剔除一些

---

1 我们的统计依据的是吴德寿的《越南历朝科榜（1075—1919）》，河内：文学出版社 2006 年版，第 60—318 页。［Ngô Đức Thọ (2006), *Các nhà khoa bảng Việt Nam (1075–1919)*, Nxb. Văn học, Hà Nội］该书集合了有关 1075—1919 年越南全部 2893 名进士的姓名、年龄、籍贯、科试及录取等级形式、职务履历等等方面相对丰富的信息。

2 《大越史记全书》（第二册），河内：社会科学出版社 1993 年版，第 447 页。

3 同上书，第 433 页。

不必要的部分。根据《大明会典》，无法得知中华朝廷的官员总数，[1]但其数量绝对要数倍于越南黎朝的五千人。[2]明朝各中央机关和官吏分布于整个北京和南京的分支机构中，各部门双人任职。中国的地方行政单位（各府、县、州）数量也数倍于越南。在中国的中央和地方有相当多的直属机关（各院、所、卫、局、司等等）是黎廷的官制中所没有的。在一些重要机关，明廷设置左右两员职官（左右都御史、左右副都御史、左右参政、左右通政等等），在黎朝只设置一员，甚至没有设置（左右尊政、左右尊卿……）。加以“修饰”是理所当然且必需的，因为从经济、政治抑或领土疆域、人口各方面来看，越南与中国的差异都很大。

根据我们对洪德二年（1471）九月颁行的《黎朝官制》进行的统计，如表 2 所示，黎朝官员总数（品秩从正一品到从九品）包括 291 个职名（官号），这十分接近我们从《大明会典》中统计出的同一时期中国官职名称 335 的数量。[3]在对上述两个材料中职官名册进行细节比较后，可以得出一些十分有意思的信息。黎朝的 291 个官职中只有 123 个出现在明廷的官制中（占 42.3%），另外 168 个官职未见于这一时期的中国（占 57.7%）。存在差别的这一半以上的官职主要集中在低级官职上。如果进行统计的话，从四品以上存在差别的比例为 30.3%（20/66），从五品以下的比例是 65.8%（125/148）。追寻存在差异的黎朝各职官的沿革，可以看到，有一些存在于唐代至元代（中国）的官制中，另外一些由李—陈朝（越南）新设置。这两部分都为黎朝所直接（从中华以及李—陈朝）或间接（从中华通过李—

1　我们没有找到任何材料可以提供明朝官员的总数。通过在中文百度网站的搜索，可以了解到，明朝洪武年间（1368—1398），文官数是两万人，武官数是七万八千人。正德年间（1505—1521），文官数未变，但武官增加至八万人。嘉靖时期（1522—1567）和万历时期（1573—1620），明廷整顿制度，官员数逐步削减，随后维持住文武官员八万上下的水平。不过该数据材料仅供参考，还需进一步的证明。

2　根据《天南余暇集》（*Thien Nam du ha tap*），黎朝官职总数有 5 370 人。具体各类统计包括：京师各职文官有 339 人，各职武官有 1 910 人，各职从官 446 人，外放各职文官有 926 人，各职武官有 845 人，各职从官有 41 人，各职袭流官 787 人，总数为 5 294 人。这一数字未包括属于 27 处的土官，按照官制，对其人数没有限制。[见汉喃研究院：《十五至十八世纪越南典制和法律的若干文本》（第一册），河内：社会科学出版社 2006 年版，第 324—336 页]

3　《大明会典》共有 228 卷，完成于弘治十五年（1502），但主要内容是洪武时期（1368—1398）的官制。各文官官职名册列于吏部，资格目，卷十，第 193—201 页；武官官职名册列于兵部，官制目，卷一一八，第 1705—1706 页。（李东阳、申时行：《大明会典》，文海出版社有限公司印行）

陈朝）接受。[1] 但最主要的仍是一些黎朝独自设立的官职。如负责管理黎廷陵寝的各职官（陵官）在越南其他各朝代以及清以前的中国官制记录中都未发现相当的官号。[2] 或者在底层各官职中，有管理具体工作的如管理牢狱（狱承，正八品到正九品），各屯田、桑植、谷米所（所使、精苗使，都是从八品），负责堤防（河堤，从九品），各百作局（局正，正八品到从八品），各渡口和贸易集市（渡长和市长，都是从九品），各庙宇、道观（观正，从九品），教坊司（司正，正八品），各同文署、雅乐署（署正，正九品）等等都只设立于黎朝时期的越南。

表 2 黎初朝与明朝职官数比较 [3]

顺序	品秩	黎朝职官（a）			明朝职官（b）			差别（a 与 b 比较）	
		职名数	占比（%）	其中武官职	职名数	占比（%）	其中武官职	官职数	比例（%）
1.	一品	9	3.09	3	18	5.37	4	1	0.60
2.	二品	17	5.84	10	12	3.58	3	8	4.76
3.	三品	19	6.53	9	21	6.27	6	4	2.38
4.	四品	21	7.22	12	21	6.27	4	7	4.17
5.	五品	33	11.34	18	44	13.13	10	15	8.93
6.	六品	41	14.09	21	59	17.61	9	27	16.07
7.	七品	36	12.37	10	49	14.63	0	20	11.90
8.	八品	53	18.21	4	53	15.83	0	39	23.21
9.	九品	62	21.31	1	58	17.31	0	47	27.98
合计		291	100	88	335	100	36	168	100

关于各官员的品秩，越南和中国的职官系统都分为九品（一品至九品），每品分两级（正和从）并且呈圆锥形结构，品秩越高，官职数越少。不过，上面的统计也显示出一些差别。黎朝的官制中属于极品行列的职官（正一品，从一品）要少

1 太尉、少尉、提领、提督、都校点、中尉等等不见于明朝官制，但普遍存在于中国的唐、宋、元朝以及越南的李—陈朝。

2 根据黎朝官制，负责陵寝的各官职其品秩颇高，包括：陵正（Lang chinh，正三品）、陵副（Lang pho，从三品）、陵承（Lang thua，正四品）。

3 范德英：《10—19 世纪的越南国家组织模式》，河内：河内国家大学出版社 2015 年版，第 104 页。

于明朝（9/18）。这里包含作为荣誉封赏给大臣，并非实职的官位。实际上，黎朝很少有官吏获封此类品爵。这一时期，黎廷设置了更多八、九品的官职（115/291，占 39.52%，相比之下，明朝官制中是 111/335，占 33.14%）。这其中有不少职位的设置，明廷是为了入流或复起而黎廷就是设官、封品。比较相当的各官职，越南的职官通常要低一到五个级别，特别是外任各职（地方官）。[1] 从这些区别中还可以看出，黎朝的主张是希望建立一个精干、实用和高效的部门。黎廷实际上注重的是低级官吏队伍，是由这些人直接负责处理各项具体事务。另一方面，黎朝倾向于较少设置各大臣官职以削弱官员队伍的权力，同时为国家减少各项开支（俸禄、土地、侍从等等）的沉重负担。还有一点区别是，明朝的品秩体系主要为文官部门保留，武官只设六层品级。[2] 根据《大明会典》，只有 36 个高级武官职位（占 10.7%）拥有品秩。同一时期，黎朝官制为所有武官确定了从正一品到从九品的品秩，总共有 88 个职位（占 30.2%）。可以说，同行政部门相比，武官和军队在黎朝也得到了相当的重视。

五、一些认识

在同一时期的东亚地区以及世界范围内，明朝（1368—1644）的政治体制被视为是一个具备许多优越性的模型。明朝成功地建立起一个高度集权的国家体制和完整的法律体系。这是使得明朝能够成为中华历史上最为强盛的朝代的根源之一。不仅如此，这一模型还对周边各国产生了深刻、广泛的影响。东亚地区各国，如大越、朝鲜、日本等，尽管处于不同的水平，但都接受了明朝政治模型的影响。

黎初朝是在大越国家迫切要求建立新的政治体制的背景下建立的（1428）。李—陈时期（11 至 14 世纪）国家的模式尽管在相当长的时间里曾为国家取得不

1　比如：明朝的左右都督职是正一品，尚书正二品，都御史正二品，在黎朝，相当的各职位品秩分别是从一品、从二品和正三品。明朝各省长官，承政使职为从二品，都指挥使为正一品，按察使为正三品，而越南各承宣职官分别是：承政使从三品，都总兵使正三品，宪察使正六品。明朝的知府是正四品，但黎朝的相当职位要低了四级，即从六品。

2　李东阳、申时行：《大明会典》第一一八卷，文海出版社有限公司印行，第 1707 页。

少成就，但此时已不再适应。胡季犛（Ho Quy Ly）的改革旨在尝试寻找一个新的前进方向，然而却在1407年战争中停了下来。此时，经过二十年的属明时期（1407—1427），大越已经逐步接触到中华统治的模式。虽然对于取得的战争胜利满怀自豪，但黎初朝的皇帝们没有过于陶醉而是冷静地接受了明朝政治模式对于王朝和国家来说必需的要素和使用价值。

当时，黎圣宗并未否认自己在建设大越国家的过程中参考了明朝的官制。[1]后世的不少越南和中国的史学家也承认如此。但这里也出现了不够客观和准确的看法，将模仿与全部照搬混为一谈。从总体来看，黎朝政权组织只是在形式上、外壳上与明廷模式相似，从本质上来说是有差别的。黎初朝的国家体制的设计轻便可用，只是接受了一些业已稳定的、看上去符合的要素。另外一方面，黎廷仍保留了一些来自大越旧模式的还具备使用价值的元素并创造性地补充一些新的带有朝代特征的细节。因此，在明朝时期已经出现的内阁、督察院以及各省级行政单位，黎廷并没有将其应用于大越。当时，黎廷创造性地在监察机关系统设立六科，或将社作为基层行政单位等等，这些措施也被惠特莫尔（J.K. Whitmore）肯定为“我们可以看到明太祖的方法被富于想象地运用到越南的特殊条件中”[2]。

当然，从整体上来说，黎初朝的国家体制不是对中华模式的机械模仿，而是在完全不同的经济、社会和文化传统的基础上进行了设计、建设和实施。黎初朝国家模式的活力和影响范围在越南历史中已经体现出其真实的价值。

从整个历史朝代来看，越南的政治结构在不同程度上都有对中华制度的模仿和参考。考虑到越南和中国之间在地理、历史和文化方面的密切联系，这一点是很难回避的。不过在接受的过程中，越南各政权似乎都确立和遵守了一定的原则。这里的模仿主要是在形式方面，而实际上是不断在规模上进行裁减，在细节上进行调整。在建构国家体制时，部门机构和官制通常是首先借用。但在这整个过程中，越南各政权，比如以黎初朝为代表，依旧要建构一个存在一半以上结构差异的部门官吏系统。越南各政权的接受方式通常十分慎重，逐步进行充分筛选并提高其中一些

1 阮朝国史馆：《钦定越史通鉴纲目》（第二册），河内：教育出版社2007年版，第1070—1071页。

2 J.K. Whitmore (1968), *The Development of Le Government in Fifteenth Century Vietnam,* Sđd, p.227.

稳定的价值。这一点使得越南国家部门组织通常要排在后面，甚至会慢上数个世纪。该历史阶段的推迟，特别是与中华模式间存在的一些差别是必要的。这符合越南的实际条件，在面积、人口、经济—社会或其他许多要素存在差异的情况下，越南是无法与中国类比的。

黎初朝时期的国家体制不是唯一的但却是最为典型地受到中华模式影响的情况。不过很有可能，它为观察越南政权如何模仿和运用外来模式提供了一个最为清晰的例子。

荷兰东印度公司在大越国的军事活动研究（1642—1651）

黄英俊　文　阳　阳　译*

【摘要】1601—1638年期间，在越南南北政权并立时期，荷兰东印度公司为谋求在印支半岛建立贸易站，曾试图与南方阮主政权建立贸易与外交关系，但却以失败告终。之后，荷兰东印度公司决定将战略方向转向北方政权，受到了北方郑主的热烈迎接，并被赋予了商队通商特权。北方郑主之所以能够与荷兰东印度公司形成某种形式的军事同盟，一个重要的原因是双方都希望借助对方的力量实现对南方的征讨。但由于双方配合并不得当，荷兰东印度公司先后三次派遣舰队与北方军队会师都遭到失败，从而导致北方郑氏与荷兰东印度公司同盟关系的破裂。此后，荷兰东印度公司仍决定单独对南方发起军事行动，直至1651年双方达成了和约。

【关键词】军事活动；荷兰东印度公司；郑主；广南阮主

荷兰东印度公司付出了近四十年的努力（1601—1638）力图与南方政权建立贸易与外交关系，但却以失败告终。之后，荷兰东印度公司决定将战略方向转向北方政权。1637年春，荷兰商队到达几帼，作为郑主的郑梉热烈迎接，并赋予商队通

*　黄英俊（Hoàng Anh Tuân），越南国家大学—人文社科大学教授；阳阳，广西民族大学东盟学院副研究员。

商特权，还将领队查尔斯·哈丁克（Hartsink）认作养子。[1]郑主希望荷兰东印度公司加入军事联盟，至少能够作为武器供货商，以助力北方南征。根据荷兰东印度公司的资料，郑梉放出消息：如果公司转而与北方通商，则将考虑赔偿其在南方的损失。[2]在迎接领队哈丁克时，郑梉开门见山地表达了与公司结为军事同盟并南征的意愿。哈丁克委婉地拒绝了，因为结盟的决定权掌握在驻巴达维亚的东印度公司总督手中。[3]1637—1641年，荷兰东印度公司想方设法拖延北方政权关于缔结军事同盟的要求。然而，丝绸贸易在作为商贸站点的几帑日益兴旺，这使得远在巴达维亚的总督及总部一再妥协，最终与北方达成军事同盟，加入南征大军。

一、荷兰—南方政权之间矛盾升级（1642）

1638年，荷兰东印度公司总部决定撤出作为商贸站点的会安后，其与南方政权的关系迅速恶化。之后数年，尤其是在公司与几帑愈发紧密的联系中，双方矛盾升级，而与此同时，公司与北方政权的军事同盟关系也逐步成型。由此，公司也不得不继续面对在南方的亏损。1641年11月26日，2艘荷兰东印度公司的商船玛丽亚·德·梅迪西斯号（Maria de Medicis）与古登·布伊斯号（Gulden Buijs）自台湾返回巴达维亚途中遭遇风暴，在南方远海海域沉没。幸存的82人上岸后被南方官员逮捕并囚禁于会安，船上的商品、金银以及18门火炮则被没收。阮主从人质中指派2名炮手前往伺候，又打发3名华人返回巴达维亚报信。[4]总督收到消息，

1 VOC 1124, Daghregister van Carel Hartsinck van de negotie gedaen met't schip Groll naer Toncquijn van 31 Jan.-7 Aug., 1637, fos. 5379; VOC 1124, Translaet missive van den coninck van Tonquin aen den Governeur Generael [1637], fos. 80-81; VOC 1124, Acte waerbij den coopman Carel Hartsinck van den coninck van Tonquin tot sijngeadopteerde soon verclaert ende aengenomen wert, [1637], fo. 85. 关于荷兰东印度公司与大越国的外交，请参见：Hoàng Anh Tuân, “Mạng lưới thương mại Nội Á và bang giao Hà Lan — Đại Việt (1601-1638),” Nghiên cứu Lịch sử, 6/2011, tr. 22-35。

2 VOC 1120, Instructie door gouverneur Hans Putmans aen Abraham Duijcker naer Quinam medegegeven, 21 Feb., 1636, fos. 225-231.

3 VOC 1124, Daghregister van Carel Hartsinck.

4 Dagh-register Batavia 1641-1642, 1246, 641. 另见：Thuận Hóa, “Những cuộc đối đầu giữa nhà Nguyễn và người Hà Lan,” Xưa và Nay số 42B (8/1997), tr. 11-12。

尤其是得知幸存者被阮主囚于会安一事后，遂决定发兵攻打南方。[1]

1642 年初，船长雅各布・范・利斯维尔特（Jacob van Liesvelt）曾驾船前往南方沿海地区挑衅叫战，一度导致矛盾升级为实际冲突。在从北方返回巴达维亚的途中，随船的郑主使臣要求利斯维尔特突入岘港劫掠平民。其时利斯维尔特并未获知 2 艘商船沉没的消息，在派出 30 名船员携带武器装备登上陆地掳走不少人口之后，扬长而去。被劫持的人质向利斯维尔特透露了商船沉没、船员被囚一事，利斯维尔特随即折返岘港，以便准备与阮主谈判人质交换事宜。[2]

而在南方，荷兰人肆无忌惮劫持人质的消息被上报给阮主，世子阮福濒旋即率领 35 支战船布防于沿海地区。[3] 对于世子提出的谈判建议，利斯维尔特作出回复，派出艾萨克・戴维斯（Isaacq Davids）作为谈判代表。双方同意释放所有人质，而利斯维尔特留下了对方谈判代表团中的 1 名官员与 1 名通晓日语的随员。然而，世子并没有履行承诺，反而提出进一步要求：释放扣留的谈判人员，并交出阮主使臣。世子发出最后通牒，称若不照办将处死所有囚禁于会安的荷兰人质。利斯维尔特严词拒绝，并威胁称一旦荷兰人质被害，将向南方发起疯狂进攻以示惩罚。双方僵持不下之时，利斯维尔特接到荷兰人质密报，称世子将率领 300 艘战船偷袭荷兰舰队。谈判僵持数日，利斯维尔特决定返回巴达维亚，将南方谈判人员一并带回。[4]

双方各执己见。南方政权控诉利斯维尔特在非交战期间明目张胆地劫掠平民，而阮主在商船沉没后立即打发 3 名华商返回巴达维亚向总督报信，幸存的荷兰人并非遭到囚禁，不过是由会安日本人町町长（头领）代为监管。阮主表示在得到总督回复前不会作出最后的决定，而且强调按照王国惯例，其对于在南方海域的沉船拥有囚禁幸存者和没收全部商品的权力。即使不考虑这条惯例，单是针对公司与南方政权不共戴天的仇敌——北方政权公开合作的行为，就足以使阮主采取上述强硬措

1 VOC 665, Resoluties Gouverneur-Generaal en Raden, 12 Apr. 1642; MacLeod, De Oost-Indische Compagnie als Zeemogendheid in Azië, Vol. II (Rijswijk: Blankwaardt & Schoonhoven, 1927), pp.319–320; 另见：W.J.M. Buch, "La Compagnie des Indes Néerlandaises et l'Indochine," BEFEO 36 (1936), pp.174–175。

2 Dagh-register Batavia 1641–1642, pp.124–126.

3 另可参见：《大南实录》（第一卷），河内：教育出版社 2000 年版，第 55—56 页。

4 Dagh-register Batavia 1641–1642, 124–126; Buch, "La Compagnie" (1936), p.172.

施。会安日本人町町长基于个人利益的考虑，也公开表示支持阮主的立场。

那么，阮主统治下的广南国内部到底发生了什么？综合荷兰东印度公司方面留存的零散甚至是互相矛盾的资料来看，2 艘商船的幸存者确实在会安接受日本人町町长的监管。其中有 3 名荷兰人受命进入阮主府邸服侍，其余人等收到 6 包大米和 6 000 铜钱。这些荷兰人在四起的谣言中惶惶不可终日：有的判断阮主迟早会允许他们返回巴达维亚；而有的则认为，随着荷兰与北方政权缔结军事同盟，荷兰与南方的关系会愈发紧张，他们最终都会被处死。客观来看，在利斯维尔特劫掠南方人口一事发生之前阮主对待幸存者的态度，说明其并不想引发与荷属东印度公司的军事冲突。[1]

利斯维尔特离开南方返回巴达维亚后，阮主召集 12 名荷兰人入府。阮主怒斥利斯维尔特对南方平民的暴行，无视其为避免冲突费尽心思与总督沟通的努力。阮主表示，在允许 3 名华人返回巴达维亚报信后，也考虑过要释放全部荷兰人，而如今必须要等待总督对此事回复后再作决定。看到阮主态度踯躅，荷兰人中便有主动请缨者，称将携带阮主书信交予总督并说服其与南方冰释。阮主应允古登·布伊斯号船长乔里斯·韦尔滕（Joris Welten）带领 50 名荷兰人前往巴达维亚，剩下一众皆引颈以待。[2]

然而，荷兰东印度公司与南方关系持续恶化，众人的期待不过是又一场悲剧的开始。韦尔滕率众乘船离开会安仅两天后，在占婆海域遭遇葡萄牙舰队的进攻，由于没有装备武器而被迅速击沉，过半船员殒命，18 人跳海死里逃生。[3] 葡萄牙舰队驶离后，幸存的荷兰人游到占婆海岸，这一过程中又有 4 人因体力不支而丧命，剩下人等获救后得到占婆国王召见，其中 13 人进入朝臣府邸侍奉，另有一名荷兰人朱里亚恩·德·罗登（Juriaen de Rooden）被献给高棉帝国，之后被放回巴达维亚。[4]

---

1 另可参见 Buch, “La Compagnie” (1936), tr. 170－171。

2 VOC 1140, Missive van de gevangens uijt Quinam aen den gouverneur Paulus Traudenius, 19 July, 1642, fos. 295－8.

3 Generale Missiven, II, pp.190－191.

4 VOC 1141, Verclaringh van den corporael Juriaen de Rooden aengaende de crueliteijt bij de Macaose Portugeesen aen de 50 Nederlanders bij den coningh van Quinam gelargeert gepleeght, fos. 138－140.

二、荷兰—北方政权军事同盟（1642—1643）

荷兰人对南方政权的仇视与日俱增，阮主释放 50 名荷兰人质一事不仅没有得到巴达维亚方面的积极反馈，反而引致恶意揣测。总督及总部在获悉商船沉没等一系列事件之后，一致决定与北方政权结盟以对付南方。[1] 结盟的目的在于解救荷兰人质、寻求赔偿，更重要的是重建荷兰东印度公司在南方一系列遭遇中受损的威信。1642 年夏，扬·范·林加（Jan van Linga）率领 5 艘战舰 [2] 搭载 222 人受命配合郑主进攻南方，着力在驶入岘港湾之时围捕南方人口作为人质，并派人将总督的书信转交给阮主。与此同时，另一封书信则寄送给会安的荷兰人质，要求他们配合海上舰队实施越狱突围。总督指示林加借口公司将考虑停止在北方的活动以劝服阮主释放人质，但如若阮主拒绝，那么林加将获准处死半数已被围捕的南方俘虏，并将剩下半数交给北方政权。[3]

自 1642 年 5 月 31 日，荷兰舰队开始劫掠、围捕南方沿海地区人口。荷兰士兵在广义登陆，纵火焚烧了 400—500 间民房，劫持了 38 名平民。为了增加俘虏数量，利斯维尔特突发奇想，带领 20 名士兵脱离大部队乘小船前往会安附近海域的劬劳占（占婆岛）抓人。当地民众接到官方警告称荷兰人凶狠好战，遂发起偷袭，致使利斯维尔特及其 10 名部下当场毙命，另外 10 人也因重伤不治而丧命。[4] 人员遭受重创一事并没有阻止林加按照原计划与阮主进行人质交换谈判，但谈判未果，林加只得率众前往净江口与郑梉会师进攻南方。[5]

然而，北方军队并没有如约在净江口集结，大吃一惊的林加满怀失望地指挥舰队北上至北部湾。在寄送给郑梉的书信中，林加极力夸大其在南方的努力以及对北

1　VOC 665, Resoluties Gouverneur-Generaal en Raden, 12 Apr., 1642.

2　分别为 Kievit 号、Meerman 号、Wakende Boei 号、Zeeuwsche Nachtegaal 号、Brack 号。

3　Buch, “La Compagnie” (1936), 174－175.

4　MacLeod, De Oost-Indische Compagnie, II, 320.

5　VOC 1140, Reports, resolutions, declarations, diaries, and documents of Captain Van Linga during the voyage from Batavia to Quinam, fos. 347－395.

方失约的沮丧，郑梉则辩称北方军队于当年 4 月抵达净江，但因未见荷兰军队的踪影才撤军返回。[1] 而今其正制订次年春季（1643）的攻打计划，要求荷兰军队如约而至共同南征。林加与郑梉就发兵计划取得初步统一后，便带领舰队前往台湾的安平古堡。[2]

实际上，总督及总部在林加启航前下发给舰队的指示中就已经考虑到北方军队失约的可能，一旦如此，林加获准指挥舰队北上，或继续在南方沿海地区劫掠，然后驶往台湾。1642 年夏的会师失败后，巴达维亚方面开始质疑郑主结盟的目的，尤其是对于北方相关提议中的不明之处愈发疑惑。尽管如此，荷兰东印度公司对于在南方的损失耿耿于怀，对于阮主政权更是咬牙切齿，向南方复仇的计划也已成形。总督明智地认识到，此时任何对南方的让步都会使郑主心烦意乱，进而影响公司在几帮欣欣向荣的丝绸贸易。

1642 年 12 月，荷据台湾时期长官保罗·特罗登纽斯（Paulus Traudenius）在写给郑梉的信中表达了对于会师失败的遗憾，并承诺次年初将有一支 5 艘战舰组成的舰队进入南方配合南征。[3] 1643 年春，这支舰队 [4] 搭载 290 名士兵（130 名陆军与 160 名海军）在艾萨克·约翰尼斯·拉莫提（Johannes Lamotius）指挥下自台湾驶往南方。特罗登纽斯指示拉莫提在驶至太平河口附近的一座岛屿 [5] 时鸣枪，以便告知北方，而荷兰驻几帮的商馆长安东尼奥·范·布鲁克汉斯特（Antonio van Brouckhorst）[6] 将会提供进一步的出兵指示。如若 10 日内北方没有发兵迹象，则拉莫提必须率领舰队在东北季风停止前返回巴达维亚。[7]

1　《大越史记》中并未提及 1642 年夏季南方出兵一事。

2　VOC 1140, Reports, resolutions, declarations, diaries, and documents of Captain Van Linga during the voyage from Batavia to Quinam, fos. 347–395.

3　VOC 1146, Missive van Traudenius in't Casteel Zeelandia aen den coninck van Toncquin, 15 Dec., 1642, fos. 722–723.

4　分别为 Kievit 号、Wakende Boei 号、Zeeuwsche Nachtegaal 号、Wijdenes 号、Zandvoort 号。

5　原文名称为 Fishers，原作者直接引用相关史料中的名称，很可能是无法与现有岛屿及其越南文名称进行对应。

6　原文为 Antonio van Brouckhorst。

7　VOC 1146, Instructie voor Lamotius vertreckende over Toncquin ende Quinam naer Batavia, 12 Jan., 1643, fos. 720–721.

拉莫提抵达太平河口时面对的是另一次失望，北方并没有如约做好出兵准备。停留数日后，拉莫提决定返回巴达维亚，郑梉因此勃然大怒。郑梉要求留下3艘战舰等待南征，但拉莫提拒绝，郑梉退而要求瓦肯德·波伊号（Wakende Boei）以及50名炮手留下准备夏季南征，拉莫提妥协了。然而数日后，南丁格尔号（Zeeuwsche Nachtegaal）与基韦特号（Kievit）由于东北季风停止而被迫返回北方，对此郑梉暗自欣喜，而巴达维亚方面却以为舰队已遭遇不测而笼罩在忧心忡忡的阴云之中，拉莫提也因为无法指挥舰队及时返航以及留下瓦肯德·波伊号而备受指责。[1]

第二次会师仍旧以失败告终。然而，巴达维亚方面还是派出舰队加入1643年夏季的南征。[2]总督在当年春季寄给郑梉的信中表示，荷兰舰队将按时抵达净江口配合南征。这封信由荷兰驻长崎的商馆长扬·范·埃尔塞拉克（Jan van Elseracq）在从巴达维亚返回日本的途中捎带到几帮。总督的书信以及埃尔塞拉克的到访使得郑梉安心落意地准备南征事宜。

1643年农历三月，郑梉指挥10 000人组成的大军以及一支浩浩荡荡的舰队向南进发。在等待与荷兰舰队会师期间，北方陆军对南方堡垒组织了多次进攻，但皆以失败收场。1643年末郑梉写给总督安东尼·范·迪门（Antonio van Diemen）的信中显示，北方军队暗中在沿海沙地布下木桩，利用涨潮诱敌深入，但南方军队识破计谋固守阵地，而北方军队又围剿不得。加之气候恶劣，荷兰舰队又迟迟不至，死亡人数不断增加，郑梉不得不在1643年8月鸣金收兵，返回升龙城。[3]

与此同时，在巴达维亚，由于基韦特号、瓦肯德·波伊号和南丁格尔号尚未返回，总督只得征用韦德内斯号（Wijdenes）、瓦特洪丝号（Waterhond）、务号（Vos），并派出200名士兵随船前往。然而，这支舰队直到6月底才离开占碑港

1　VOC 1145, Missive van Antonio van Brouckhorst aan Governor-General Antonio van Diemen, 1 Oct., 1643, fos. 99–103.

2　VOC 1145, Resolutien bij Johan van Elseracq ende sijnen raedt op de custe van Toncquin ende in Japan genomen 30 Meij, 10 Junij en 23 September, 1643, fos. 146–149; Buch, "La Compagnie" (1936), 182.

3　关于1643年夏郑主出兵南征，请参考《钦定越史通鉴纲目》（第二卷），河内：教育出版社1998年版，第253页；《大越史记全书》（第三卷），河内：社会科学出版社1998年版，第237页；VOC 1149, Getranslateerden brieff van den Toncquinsen coninq aen den gouverneur generael, 1643, fos. 683–685.

驶往净江口。总督授意，如若郑主对如此规模的舰队表示不满，主将彼得·贝克（Pieter Baeck）可以3艘战舰尚未返航导致原计划受阻为由进行辩解。总督认为，基韦特号、南丁格尔号和肯德·波伊号随北方出征，再加上后3艘战舰，取胜南方易如反掌。此外，总督还嘱咐贝克，一旦郑主提出停战，应见机而行。[1]

1643年7月7日，荷兰舰队在距离净江口约5里处遭遇一支由60艘战船组成的南方水军，双方交战厮杀。韦德内斯号在交战中起火，贝克以及大部分士兵阵亡。跳海逃生的士兵被南方军队俘虏后处死。其余2艘战舰严重受创，瓦特洪丝号舰长扬·恩特森（Jan Erntsen）也在交战中死亡。[2] 这2艘战舰面对南方水军的强大火力落荒而逃，驶往北部湾，而北方军队就驻扎在附近，甚至都能听到火炮喧嚣之声。7月19日，逃亡北部湾的2艘战舰遇到了荷兰东印度公司的米尔曼号（Meerman），[3] 其正将从北方采购的丝绸运往日本。[4] 负责北方贸易活动的安东尼奥·范·布鲁克汉斯特（Antonio van Brouckhorst）获悉荷兰舰队惨败的消息，便立即写信给几帑站点，指导其如何应对郑主。待一切安排就绪，布鲁克汉斯特才随米尔曼号继续前往日本。7月末，幸存的2艘战舰不顾世子郑柞反对，启航返回台湾。[5]

荷兰东印度公司在东北亚贸易站点的负责人预计，贝克舰队的失败将破坏公司在越南北方的丝绸贸易，而且将引发北方政权对荷兰海军实力的怀疑。在巴达维亚，总督及公司总部也面临如何承认在南方的失败又保存公司颜面的两难局面。1643年10月，荷兰驻长崎商馆长的书信送达给郑梉，信中通过强调海战中南方水军有7艘战船被击沉、800名士兵殒命的战果来拔高瓦特洪丝号与务号的“胜利”。为了安抚郑梉的不满，埃尔塞拉克公开指责荷兰舰队未能如约抵达净江口的行为是

1 VOC 666, Resoluties Gouverneur-Generaal en Raden, 11 Mei 1643.

2 Thực lục, T.I, tr. 55－56; C.C. Van der Plas, Tonkin 1644/45, Journaal van de Reis van Anthonio van Brouckhorst (Amsterdam: Koninklijk Instituut voor de Tropen te Amsterdam, 1955), pp.18－25.

3 原文为 Meerman。

4 VOC 1145, Missive from Van Brouckhorst to Governor-General Antonio van Diemen, 1 Oct., 1643, fos. 99－103.

5 VOC 1144, Daghregister gehouden bij den ondercoopman Gobijn, 13 July－30 Oct., 1643, fos. 694714; Van der Plas, Tonkin 1644/45, pp.18－25.

“不能接受的”，而且信誓旦旦地称舰队指挥将受到“荷兰王国”的相应惩罚。[1]

与上述预计恰恰相反，几帮站点的贸易依然如火如荼，貌似郑梉仍旧期待与公司合力南征。因此，郑梉在回到东京后立即召见荷兰商人艾萨克·哥比恩（Isaacq Gobijn），其在7月布鲁克汉斯特前往日本后就留下作为联络人并由世子郑柞监管。郑梉听取了关于荷兰舰队在南方海战的详尽报告，之后便应允哥比恩随基韦特号与瓦肯德·波伊号去往台湾。[2]

荷兰战舰离开北方后，郑梉向总督寄送了一封长信，正式向“荷兰王子”通报巴达维亚派出的舰队会师失败以及北方军队进攻南方堡垒遭受重创等情况。郑梉对基韦特号与瓦肯德·波伊号上的士兵诸多非议：

> 吾以为总督以舰队士兵相助，然皆无踪影。吾供应周全，以期留于北方之荷兰舰船随吾军出战于日丽，吾敬重舰上军士，缘仰其众骁勇善战，然其实非肝胆冲锋之辈，终无所助益。吾下令出战，彼等迟缓拖沓，驱舰绕行至深水，远离陆地，怯懦之态令南方军众耻笑！[3]

郑梉再次提到荷兰士兵遭到南方军队耻笑的“真实情况”后，以言辞激将总督：

> 如此，总督应举兵五千随舰队南征，以取全胜。总督应调精兵遣强将，而非经商之人。南方之众所居亦远离海岸，总督纵遣战舰二十，亦无济于事，须遣步兵登陆相助是也。[4]

对于郑梉软硬兼施的言辞，总督及总部视若无睹，仅仅三次会师失败后便决定

1 VOC 1148, Missive van Van Elseracq [in Nagasaki] aen den grootmachtigen coninck van Annam, Chotsingh, 30 Oct., 1643, fos. 138–139; MacLeod, De Oost-Indische Compagnie, Vol. II, p.322.

2 VOC 1144, Dagregister Gobijn, 13 July–30 Oct., 1643, fos. 694–714.

3 原文引自 VOC 1149, Getranslateerden brieff van den Toncquinsen coninq aen den gouverneur generael, 1643, fos. 683–685。原作者翻译为越南文，译者进行转译。

4 VOC 1149, Getranslateerden brieff.

终止与北方的军事同盟关系。在导致荷兰东印度公司与北方缔结军事同盟破裂的原因中，以下三点是至关重要的：

首先，巴达维亚方面低估了南方的军事实力。总督在下发给南征舰队的指示中，多次提到阮主政权投降后舰队指挥应采用的谈判条款或关于缔结和约的建议。1642 年夏季攻势失败，利斯维尔特以及 20 名士兵在会安附近海域阵亡，巴达维亚方面仍然深信荷兰东印度公司拥有雄厚的海军实力并引以为傲。1643 年，总督依旧向舰队指挥贝克下达了关于南方投降后与阮主如何交涉的指示。

其次，巴达维亚方面的态度也使得舰队指挥及士兵自傲轻敌，在南方海域掉以轻心。1642 年夏，利斯维尔特之众在劬劳占殒命正是因为草率行事；1643 年夏，贝克在毫不设防的情况下横行在广南海域。根据 1643 年夏贝克麾下士兵的公开证言，在遭遇南方 60 艘战船偷袭围剿时，韦德内斯号很快就着起火来，瓦特洪丝号与务号分别只有 8 门火炮和 6 门火炮满足使用条件，其余火炮都无法使用。[1]

最后，北方政权对于军事同盟所要达成的目标缺乏明确表态，而郑梉对于相约会师南下征讨一事的态度也是含含糊糊，这些都导致荷兰东印度公司与北方的军事同盟关系破裂。郑梉的含糊态度致使荷兰两支舰队（包括 10 艘战舰与 500 士兵）于 1642 年夏驶往南方，又于 1643 年春无功而返。1643 年随北方军队战于净江的荷兰炮手们发出了大相径庭的言论，他们描述郑梉乃是畏首畏尾之人，南方军队已兵临城下却不敢下令还击，这与郑梉关于北方军队英勇奋战的豪言壮语恰恰相反。荷兰炮手们催促郑梉下令进攻，郑梉却推脱称不想以同盟军的性命冒险。不仅如此，其还坐等荷兰舰队前来发起海上攻击，因此，当荷兰舰队并未如期而至时，其干脆鸣金收兵，任由基韦特号与瓦肯德·波伊号搁浅，转眼便兵败如山倒。[2]

三、荷兰单独对南方的军事行动（1644—1651）

荷兰连续两年（1642、1643）讨伐南方皆以失败告终，之前数十年又在南方损

1 Van der Plas, Tonkin 1644/45, pp.18–25.

2 Buch, “La Compagnie” (1936), p.184.

失了大量人力、财力及物力，这令荷兰人对于阮主政权愈发憎恶。在这一背景下，巴达维亚方面决定继续对南方使用军事手段，但由于对郑主的含糊态度业已失望，遂决意单独发起南征。

总体来看，荷兰单独南征的主要目的有三：一是进行报复，同时挽回因在广南海域连续失败而受损的声誉；二是解救仍被囚于会安的荷兰人质；三是在条件允许的情况下向南方政权索要赔偿。

1644 年，亨德里克・迪尔茨・范登格拉夫（Hendrik Dircsz. van den Graeff），又称普拉特沃特（Platvoet）受命指挥 2 艘战舰[1]与 115 名士兵封锁并进攻南方海域。按照指示，舰队将追捕在南方进行贸易的商船，并尽可能地抓捕南方平民为人质。1644 年 6 月，舰队从巴达维亚启航，行驶约 1 个月后遇见了从柬埔寨返回巴达维亚的基韦特号、莱韦里克号（Leeuwerik）、道费恩号（Dolfijn）与瓦肯德・波伊号。在柬埔寨，荷兰舰队与当地军队展开了一场激战。荷兰舰队指挥亨德里克・哈鲁斯（Hendrik Harouze）战死，众舰损伤惨重，不得不向海上撤离。普拉特沃特与舰队临时指挥西蒙・雅各布斯・多姆克斯（Sijmon Jacobsz. Domkes）经过短暂的商量，决定带领全部 6 艘战舰进入占婆国。其时占婆国王与荷兰东印度公司交好，甚至将公司驻金边商馆长彼得・范・雷格莫雷斯（Pieter van Regemortes）收为养子。[2]之后，多姆克斯又指挥这 6 艘战舰向南方沿海地区进攻。1644 年 7 月 24 日，基韦特号、莱韦里克号、里洛号（Lillo）与哈林号（Haring）在南方沿海游弋，封锁并攻击多个沿海目标，但由于南方沿海地区人烟稀少，其并未形成有规模的袭击。荷兰舰队吸取了之前数次失败的经验，并未冒险登陆作战。荷兰舰队在南方偏北地区游弋数日无果后，启航驶往台湾。[3]1644 年出兵之后，巴达维亚方面并没有再次正式派遣舰队征讨南方。尽管如此，荷兰东印度公司与南方之间的敌对关系并未缓和。公司舰船继续受命追捕在南方海域进行贸易的商船。

1651 年，双方签订和约，交换人质的进程终于启动。1643 年末，仍有 19 名荷

1　为 Lillo 号与 Haring 号。

2　Buch, “La Compagnie” (1937), p.221.

3　Buch, De Oost-Indische Compagnie en Quinam: de Betrekkingen der Nederlanders met Annam in de XVIIe eeuw (Amsterdam/Paris, 1929), pp.100－103; L.C.D. Van Dijk, Neerlands vroegste betrekkingen met Borneo, den Solo Archipel, Cambodja, Siam en Cochinchina (Amsterdam: J.H. Scheltema, 1862), pp.328－329.

兰人质被监禁在会安。一年后，这一数字减少到 14 名。荷兰东印度公司在台湾囚禁了 17 名来自南方的俘虏，还有一部分则关押于公司的其他站点。[1] 被囚于会安的荷兰人仍然想方设法写信给巴达维亚、台湾以及暹罗的站点，要求公司尽力与南方交换人质。[2] 这些信件成为阮主与公司之间的间接联系，呼吁双方回到谈判桌上以结束对双方都不利的敌对状态。然而，尽管这些荷兰人质的信件得到公司管理层的回复，但仍无足轻重，难以改变双方紧张的局面。[3]

1644 年，教士亚历山大·德·罗德的努力为人质危机带来了一线转机，其得到当时的阮主阮福澜的准许，成为人质交换的中间联络人。会安的荷兰人质按照德·罗德的建议写信给总督，这封信于 1644 年 7 月 26 日送达巴达维亚。[4] 而被关押在台湾的南方人质也写信给安平古堡的负责人法兰索斯·卡隆（François Caron），请求释放其中一名人质随船返回南方，以便说服阮主放人，剩下的南方人质则愿意留在台湾，直到荷兰人质被释放。[5] 接下来的进展表明，公司管理层并不重视人质交换一事，与南方的敌对关系也无甚改善，这一情形一直持续到 1650 年代初。

巴达维亚方面是否认为唯有武力才能解决其与南方政权的问题？抑或巴达维亚方面认为与南部调解将损害公司声誉？荷兰与南方政权的关系中存在诸多不为人知之处，由此带来的疑问仍悬而未决。然而，整个 1640 年代中，与公司在印支半岛的贸易与外交活动直接相关的事件，倒是提供了一些证据，让我们或多或少了解影

1 Dagh-register Batavia 1643-1644, 25.

2 VOC 1140, Missive van de gevangens uijt Quinam aen den gouverneur Paulus Traudenius, 19 July, 1642, fos. 295-298; VOC 1164, Translaet missive door de gevangene Nederlanderen in Quinam op 13 July, 1647 aen den president Pieter Antonissen Overtwater geschreven, 13 July, 1647, fos. 469-470; VOC 1170, Brieven door den praesident PieterAntonisz. Overtwater desen jare 1648 aen de gevangene Nederlanderen in Quinam geschreven mitsgaders de becomen antwoort daerop, 1648, fos. 477-480.

3 VOC 1164, Missive geschreven door den president Pieter Antonissen Overtwater aen de gevangenen in Quinam, 30 Mar., 1647, fo. 465; VOC 1170, Brieven door praesident Overtwater aan de gevangene Nederlanderen in Quinam geschreven, 1648, fos. 477-480.

4 VOC 1148, gevangene Nederlanderen in Quinam aen den governeur generael Van Diemen, 26 July, 1644, fos. 522-523.

5 VOC 1149, Translaet request der gevangene Quinangers aen den gouverneur Francois Caron in dato 20 Nov., 1644, gepresenteert, fo. 634.

响巴达维亚方面对南方问题进行决策的因素。首先要提到的就是荷兰东印度公司与柬埔寨的紧张关系。由于公司与高棉王室之间的矛盾日益尖锐化，1643 年 9 月，荷兰驻金边站点商馆长彼得·范·雷格莫雷斯（Pieter van Regemortes）以及大部分人员或被监禁或被杀害，站点也被洗劫一空。1644 年，总督派遣哈鲁斯率领一支 5 艘战舰组成的舰队，沿湄公河逆流而上进攻金边，结果惨败，哈鲁斯也在交战中丧命。次年，高棉国王向巴达维亚寄送一封充满挑衅意味的战书，致使双方本已紧张的关系更是一触即发。[1] 与此同时，公司与北方政权的军事同盟破裂，双方关系跌入低谷，但尽管如此，荷兰在几帑站点的贸易活动却没有停止，北方的丝绸源源不断地运往日本市场，为荷兰人带来丰厚的利润。“南方问题”成为北方最为敏感的话题，巴达维亚方面明显在尽力拒绝与南方和解，避免刺激北方政权。最终，在荷兰东印度公司管理层的眼中，与南方之间最为核心的人质交换问题也变得愈发无关紧要。1645 年，6 名荷兰人质成功逃离会安，被囚人质仅剩 5 人。1650 年，人数减少到 3 人。[2] 这可能是公司并不急于与南方政权和解的原因，毕竟和解意味着公司与北方政权渐行渐远的关系将彻底陷入冰封。

四、荷兰—南方政权的和约（1651）

1648 年，阮福濒成为新一代阮主。南方政局的变化为其与巴达维亚方面和解带来曙光。阮福濒上位后不久就宣布将释放所有荷兰人质，如果荷兰东印度公司也能表达善意，其将与之签订和约以结束双方的冲突状态。巴达维亚方面接受了这一决定。实际上，1640 年代末，位于荷兰的 17 人董事会曾多次催促巴达维亚方面在适当的时候结束与南方的敌对关系，这一局面已经使公司损失惨重。在 1650 年向巴达维亚递送的文书中，荷兰方面再次提醒总督应履行上述职责。[3]

---

1 H.P.N. Muller, De Oost-Indische Compagnie in Cambodja en Laos (The Hague: Nijhoff, 1917), pp.348, 352, 355; MacLeod, De Oost-Indische Compagnie, Vol. II, p.317; Carool Kernsten, Strange Events in the Kingdoms of Cambodia and Laos (Chiangmai: White Lotus Press, 2003), pp.1–17, 47–49.

2 Generale Missiven, II, 391.

3 Van Dijk, Neerlands vroegste betrekkingen, p.119; Plakaatboek Vol. II, p.143.

1650 年初，阮主仍旧继续表达出和解的善意。同年，阮主座下的大臣写信给巴达维亚华人甲必丹潘明岩，托其向荷兰东印度公司表达将释放荷兰人质并签订和约的意愿。1651 年 1 月，巴达维亚方面释放了部分南方人质，显示出与阮主政权和解的诚意。同年 4 月，“南方问题”开始被巴达维亚方面提上日程：总督卡尔·维尼瑞尔（Carel Reniers）指派威廉·弗斯特根（Willem Verstegen）代表公司与南方政权就和约条款进行磋商，其曾负责荷兰驻日本的站点。同年 6 月，巴达维亚方面向会安的荷兰人质递送书信，要求他们向阮主报告总督及总部的决定。同时，巴达维亚通过潘明岩联系上那位大臣，告知总督特使弗斯特根将在年末访问南方。

弗斯特根的出访非常成功。其于 1651 年 4 月从巴达维亚出发，7 月抵达北方。在几帑，觐见了郑梆，以便改善双方业已僵化的关系，同时还巡视了站点的贸易活动，[1] 之后，前往台湾。北季风来临时，弗斯特根从台湾启程前往南方签订和约。进入南方海域后，委派亨德里克·巴伦（Hendrick Baron）上岸向地方官员通报特使来访一事，得到隆重礼遇。巴伦返回船上时，10 名南方官员紧随其后，告知阮主正翘首以待特使来访，南方沿海地区民众也接到官方通报，组织了盛大的欢迎仪式。南方官员面见弗斯特根后，便引巴伦进入阮主府邸。数日后，阮主指派的一名朝臣跟随巴伦回到船上，与弗斯特根商讨和约条款。整个过程十分顺利。弗斯特根将 33 名南方人质交还，并向阮主呈上总督的礼物。1651 年 11 月 27 日，弗斯特根拜访阮主府邸，成为座上宾。阮主也将剩下的 3 名荷兰人质交还，并赋予公司在南方自由进行贸易活动等多项特权，允诺在会安寻一地势有利之处给荷兰建立贸易站点。12 月 8 日，双方达成和约，其中包括 10 项条款。[2] 接下来数日，会安日本人町町长协助弗斯特根购买一处房产，以便重建于 1638 年被关闭的站点。完成这些使命后，弗斯特根返回巴达维亚，巴伦则带领数人留下负责站点活动。[3]

1 VOC 1182, Rapport van Willem Verstegen, wegens sijn besendingh na de Noorder quartieren, besonderlijck van Toncquin, Taijouan ende Quinam, 20 Jan. 1652, fos. 71–126.

2 VOC 1187, Accoort ende verbont tussen d'edele Comp. ende den coninck van Quinam gemaect, 9 Dec., 1651, fos. 506–508. 关于合约内容，请参见：Buch, De Oost-Indische Compagnie, pp.112–113。

3 VOC 1182, Rapport van Willem Verstegen, wegens sijn besendingh na de Noorder quartieren, besonderlijck van Toncquin, Taijouan ende Quinam, 20 Jan., 1652, fos. 71–126.

1651 年的和约结束了荷兰东印度公司与南方政权之间长达十年的敌对状态。然而好景不长，就在弗斯特根返回不久，重新修好的关系又急转直下。有传言称弗斯特根返回巴达维亚的乘船上搭载了北方使臣，阮福濒遂下令紧急彻查此事。南方官员赶到港口之时，船已启航，日本人町町长表示已经清查过整船，并未发现任何北方人。然而，阮福濒不以为然，下令逮捕并处死巴伦以及其他 4 名站点人员，最终又在行刑前撤回处死的命令。1652 年 1 月，巴伦等人携带公司财产乘坐中国帆船返回巴达维亚。阮主在寄给总督卡尔·维尼瑞尔的信中含糊其辞，称尽管特使弗斯特根走后发生了不幸之事，其仍然认为自己有责任履行与公司签订的和约。而在巴达维亚，公司管理层却认为会安发生的事件释放出消极的信号，总督将阮主威胁站点人员的行为视作有辱公司的“卑鄙行径”。巴达维亚方面毫不犹豫地抛弃了这份还没来得及履行的和约，而且还公开宣布对南方开战。17 世纪下半叶，荷兰人与南方一刀两断，集中力量与北方发展贸易与外交关系。[1]

结语

17 世纪，在与大越国建立关系的西方势力中，荷兰东印度公司可谓是最密切且最持久的一个角色。1601—1638 年，荷兰费尽心思与南方政权建立正式的贸易和外交关系，但结果徒劳无益。自 1637 年起，荷兰人将目光转而投向北方。1637—1641 年，荷兰东印度公司与几帑日益紧密的联系导致其与南方 40 年来阴云笼罩的关系在 1640 年代初升级为公开冲突。在这一背景下，公司与北方政权缔结军事同盟，共同南征。然而，公司三次派遣舰队与北方军队会师失败，这引致同盟破裂，而公司仍然单独对南方发起军事行动，一直持续到 1651 年。

荷兰东印度公司在大越国的军事活动，从一个侧面反映了荷兰人 17 世纪在东亚地区的贸易战略。荷兰凭借强大的经济及海上军事实力，迅速在广义上的南亚地

1　VOC 1188, Rapport van den oppercoopman Hendrick Baron wegen de Quinamse constitutie, 2 Feb., 1652, fos. 628-633; VOC 1188, Daghregister van den oppercoopman Hendrick Baron, 15 Dec. 1651-2 Feb., 1652, fos. 634-648.

区建立了稳定的贸易网络，收获了丰厚的利润，大越国正是这一网络中的重要站点。1637 年之前，荷兰东印度公司谋求在南方的会安港建立贸易站点，以便收购中国的丝绸运往日本市场。而 1637 年之后，公司寄望于利用北方的丝绸贸易进入日本的白银市场。正是追逐利润的野心推动公司在整个 17 世纪 40 年代与南方、北方进行军事互动。

贰 城市历史研究

河内城市研究：以历史文化空间的角度

武文君 文 钟 珂 译*

【摘要】河内建成于1010年。自李公蕴1010年定都河内之后，河内作为首都正式成为越南的政治行政中心，至今已有1 000多年的历史。但是产生河内的历史比这个时间还要早几千年，而且这一地区作为政治行政中心早在李公蕴定都前的500年就已经初现雏形了。在此漫长的过程中，河内城市发展的历史大体可分为三个阶段："河内—升龙"时期、"河内—地方"时期和"河内—地区"时期。这三个阶段共同形塑了目前河内城市的基本面貌和结构，也为研究河内的历史文化或发展问题提供了必要的视角。

【关键词】城市发展；历史文化；河内

河内建成于1010年。自李公蕴1010年定都河内之后，河内作为首都正式成为越南的政治行政中心，至今已有1 000多年的历史。不过产生河内的历史比这个时间还要早几千年，而且这一地区作为政治行政中心早在李公蕴定都前的500年就已经初现雏形了。那又是哪一个河内呢?

---

* 武文君（Vũ Văn Quân），越南国家大学—人文社科大学历史学系博士；钟珂，副教授，广西师范大学越南研究院专职研究员。

一、河内发展历史上的各个“阶段”

到目前为止，河内的发展历史大致可以划分为三个“阶段”：第一个阶段，可以将其称为“河内—升龙”时期；第二个阶段，可以称为“河内—地方”时期；第三个阶段，则可称为“河内—地区”时期。

（一）第一个阶段：“河内—升龙”时期

“河内—升龙”时期指的是河内与古代的升龙京城有关的那段时期。这是河内发展过程中最关键、行政管理最稳定、历史最悠久的时期，版图涵盖了现在的红河以南的河内市的各郡，范围包括还剑郡、二征夫人郡、巴亭郡、栋多郡、西湖郡的大部分和纸桥郡、青春郡、黄梅郡的部分区域。这些核心区域大多被“固化”在行政单位中，但也有部分区域往周边“扩张”，因此在河内升龙城和周边村庄之间形成了一个“缓冲区”。

公元6世纪，抗梁起义成功之后，544年春，李贲自称“李南帝”建立“万春”国，之后开始在河内市中心区域修建城墙、建开国寺（即西湖镇国寺的前身）。因此，从公元6世纪中叶开始，越南人已经发现了河内市中心区域的战略地位。从公元7世纪到10世纪初隋唐都护管辖时期，中国封建政权也将都护府迁至此地，修建城池（例如621年建成子城，789年建成罗城，866年建成大罗城）。曲氏及杨氏等地方政权定都大罗城。因此，在李公蕴定都河内之前，今天的河内市中心区域曾作为万春国、隋唐都护府以及曲氏、杨氏等政权的行政管理中心。随着国家行政机构和军队的集中、居民人数的不断增加，以及经济的发展和文化的融合，河内的都市化进程得以不断发展演变。

1010年，经过越南人民1 000多年的不懈努力，越南开始建立独立统一的国家，这为李公蕴将首都从华闾迁至大罗城提供了条件，而迁都这一做法建立在“发展”的执政思维之上，即以定都河内城来提升防御能力。河内市的中心区域正式开始承载作为独立后越南国家首都的历史使命。在李陈朝及之后的封建时期，升龙的行政区划基本沿袭了之前大罗城的版图，按民间的话来说就是：“洱河从北流至东，金牛、苏沥在河边。”

在李朝时期，河内的行政级别称为“路”（1010 年，越南全国从 10 道变为 24 路），但升龙城不属于任何“路”，而是直属中央政权。在陈朝时期，河内的行政级别仍然称为“路”（或称为“府”），此时升龙城不属于任何“路”，仍然直属中央政权。虽然没有关于首都行政区域名称和范围的相关历史记载，但是根据陈朝按照李朝于 1230 年设定的左右两侧共 61 个坊的数量和一些已经得到确认的坊，我们可以得知河内的行政区域就在以前的大罗城范围之内。到 1466 年前黎时期，河内被正式命名为中都府（1469 年改为奉天府），管辖区域包括永昌和广德两县，每个县有 18 个坊。这种行政结构一直保持到 18 世纪末期的莫朝和黎郑王朝，其中唯一的一个变化是，1541 至 1546 年间永昌县改名为寿昌县。

在西山朝和阮朝时期，越南首都迁至顺化省富春。刚开始仍然保留了由寿昌和广德两县组成的奉天府。到 1805 年，奉天府改名为怀德府，广德县改名为永顺县，隶属北城（1831 年，当时将河内设为省时，怀德府还包括慈廉县）。1831 年，明命帝进行行政改革，废除了北城和嘉定城（南部），然后设置中央直辖省，成立河内省，升龙城成为河内省的首府。在空间范围上，永昌县（寿昌县）相当于今天河内的东部地区，主要包括还剑郡的大部分地区和二征夫人郡的部分地区；广德县（永顺县）相当于今天河内的北部和西部地区，范围包括西湖郡、巴亭郡和栋多郡的部分区域。

1888 年，河内被割让给法国。法属殖民时期，在行政规划方面，河内市的中心区域包括了以前的寿昌县。至于河内的郊区，根据 1899 年 7 月 14 日的决议，设立河内外城区，该区域包括河内市郊外的永顺县、河内省慈廉县（怀德府）和青池县（常信府）的部分乡村。因此，在阮朝时期，河内市的范围仍然包括寿昌县和永顺县。从 1945 年八月革命到 1961 年，河内市区第一次得到了较大范围的扩张，尽管有部分地区扩大后变成河内市的郊区，但河内市基本保持了法国殖民时期的行政区域空间。

因此，“第一阶段”即“河内—升龙”时期，在河内市行政区域空间里，或者说在河内市形成和发展的大部分时间内，都保持了稳定的历史文化空间。这就是如今的河内市中心，从 61 个坊缩小为 36 个坊。大约从 18 世纪末到 19 世纪初期，河内市被划分为数百个坊、寨、乡、村以及两个县和一个府。在整个中世纪时期，河内市的行政区域空间是形成和展现升龙城城市风貌，特别是形成城市文化特征的决定性因素。

（二）第二阶段："河内—地方"时期

"河内—地方"时期并非一个固定的术语，主要用于指作为中央直辖行政单位的河内地区，范围包括河内市的城区和郊区。如果说市内的区域逐渐向周边地区"扩张"并没有改变"河内—升龙"时期的行政区域范围，那么郊区就是在过去半个世纪里一直不断伸缩变化的部分。自 1961 年到 2008 年的近半个世纪以来，河内市的行政区域进行了四次大的调整：

第一次调整在 1961 年。这是河内市行政区域空间第一次发生重大变化的节点。八月革命之后，河内被选定为越南民主共和国的首都，当时基本保留了法国殖民时期河内市的规模。在解放后的最初几年，河内的行政区域规划没有进行任何重大的调整。然而，作为首都，河内市的定位是发展成为"国家政治文化中心、一座工业城市和一个经济中心"，这使得扩大河内市的管辖范围成为客观需求。

为了规划改造和扩大河内市的管辖范围，根据 1959 年 9 月 12 日的会议精神，越南劳动党中央执行委员会政治局出台了第 98-NQ / TW 号关于改变和扩大河内市的决议（1960 年 1 月 4 日）。1961 年 4 月 20 日，越南民主共和国国会通过了扩大河内市的决议，决定将河东、北宁、永福、兴安四省的部分地区并入河内市。经过调整后，河内市由四个城区（分别是还剑郡、二征夫人郡、巴亭郡和栋多郡，范围覆盖寿昌县、永顺县或者说相当于法国殖民时期的河内市即"河内—升龙"地区）和四个郊区（分别是紧邻红河的青池县和慈廉县，以及红河另一侧的嘉林县和东英县）组成。这个行政区域空间保持了 18 年（即 1961—1979 年）。

第二次调整在 1979 年。在南方完全得到解放之后，受社会主义机械化大生产观念和其他许多因素的影响，越南全国对行政区划展开了大规模的调整。在这种情况下，河内市的行政区域也相应作了调整。

越南社会主义共和国国会于 1978 年 12 月 29 日通过决议，批准重新划分河内市范围（此外，还重新划分了胡志明市、河山平省、永福省、高谅省、北太省、广宁省和同奈省）；接着，将河山平省和永福省的一些县、乡、镇、公社并入河内市。

其中包括河山平省的巴维县、福寿县、石室县、丹凤县、怀德县、陕西乡和河东乡，以及永福省的朔山县和麋泠县的大部分地区。调整后，河内市辖区变为4个城区、10个郊县（分别是：嘉林县、东英县、朔山县、麋泠县、青池县、慈廉县、怀德县、丹凤县、石室县、福寿县和巴维县）和2个乡（分别是河东乡和山西乡）。这样的行政区域空间保持了12年（即1979—1991年）。

第三次调整在1991年。在不断扩大行政区域12年之后，河内市在管理上出现了许多问题，这些问题在20世纪80年代困难时期和严重的经济危机中表现得尤为明显。因此，越南共产党中央政治局于1989年11月25日发布第170-TB/TW号通知，明确提出以下内容：

（1）河内市目前的辖区范围不合理，郊区范围太大。郊区的面积是城区的49倍，郊区的人口是城区的两倍，河内市具有明显的农业特征，但是河内市政府和人民委员会的管辖范围却覆盖了工业和农业两个领域、城市和农村两个区域，这与河内作为首都的性质和地位不符。

之前将发展河内成为工农业经济城市、强调自我平衡发展需求作为扩大首都河内市地界的理由，但如今已不再适合。

（2）在新形势下，为了创造对河内市进行管理和建设的有利条件，使其成为名副其实的首都和全国政治经济科技文化中心，政治局同意调整河内郊区的边界，重新确定河内市的行政界线，调整范围包括：四个市内郡，分别是巴亭郡、二征夫人郡、还剑郡和栋多郡；四个郊区，分别是东英县、嘉林县、青池县和慈廉县。

本着这种精神，越南社会主义共和国第八次国会通过决议（1991年8月12日第9届会议），批准了对一些省和中央直辖市行政区域的调整。其中对河内市的调整是：将麋泠县迁回永福省，将山西乡和5个县（即怀德县、福寿县、丹凤县、巴维县和石室县）迁回河西省。至此，河内市的行政区域基本恢复到1961年扩大时期的状态（仅增加了朔山县）。这样的行政区域空间保持了17年（即1991—2008年）。

第四次调整在2008年。截至2008年，河内市的行政区域范围大致相当于47年前第一次调整扩大时的规模。工业化和都市化的发展方向要求扩大河内市的行政范围。在政治局的倡议下，越南社会主义共和国国会于2008年5月29日通过决议，决定调整河内市及周边省份的行政区划。据此，将拥有自然面积 219 341.11 公顷和 2 568 007 人口的河西省并入河内市；再将拥有自然面积 14 164.53 公顷和 187 255 人口的永福省麋泠县并入河内市；然后将和平省梁山县的 4 个乡的自然面积和人口并入河内市。

调整行政区域后，河内市的自然面积为 334 470.02 公顷，人口数量为 6 232 940 人，覆盖范围包括还剑郡、栋多郡、巴亭郡、二征夫人郡、西湖郡、纸桥郡、黄梅郡、龙编郡、青春郡等以及东英县、慈廉县、朔山县、嘉林县、青池县、巴维县、彰美县、丹凤县、怀德县、美德县、富川县、福寿县、国威县、石室县、青威县、常信县、应和县、麓泠县，河东市和山西市，以及同春乡、进春乡、安平乡、安中乡等地。河内市北接太原省和永福省，南临河南省和和平省，东濒北江省、北宁省和兴安省，西部与和平省和富寿省相连。

因此，除了对“河内—升龙”地区核心部分的调整以外，通过对行政区域的四次调整（既有合并也有分割），河内郊区的发展可以划分为几个“次阶段”，即嘉林县、东英县、慈廉县和青池县将近半个世纪以及朔山县将近三十年的稳定时期；河西省各县和麋泠县曾经属于河内市的时期；以及 2008 年 8 月 1 日河内市合并后的全新时期。

（三）第三阶段：“河内—地区”时期

对河内或者说对首都的区域规划已经开展多年。经过多次调整，2008 年 5 月 5 日，政府批准通过了《河内首都地区至 2020 年的建设规划以及到 2050 年的愿景》这份文件。该计划明确指出了许多重要问题：

（1）规划范围：河内首都地区包括河内市和 7 个省份（分别是河西省、永福省、兴安省、北宁省、海阳省、河南省、和平省）的整个行政区域，自然面积约为 13 436 平方公里，辐射半径为 100—150 公里。研究范围包括红河三角洲地区、北部重点经济区以及在《河内首都地区至 2020 年的建设规划以及到 2050 年的愿景》中提到的与该地区社会经济发展相关的地区。

（2）河内首都地区的空间发展问题：首都地区的空间划分为两个主要区域：① 核心都市区及附近地区；② 均衡发展区。

（3）核心都市区及附近地区的设定：核心都市区设置在首都河内市，主要发展方向为：增加经济发展类型，控制人口和土地的增长，建立国家大型金融商业中心、高科技科研培训机构和大型文化中心。周边25—30公里的邻近区域支持中心城区的发展和扩大，这一区域介于首都河内与邻近省份之间的交叉融合发展区。这些地区的作用是创造绿化带，为首都提供农副产品，同时发展小型手工业、传统手工艺村和生态文化旅游服务等产业。

围绕河内市为发展核心的均衡发展区，范围在30—60公里内，可以划分为三大区域。位于河内西部的均衡发展区属于半山地地形，自然景观丰富，具有发展旅游区、度假胜地和文化村的巨大潜力。东部和东南部均衡发展区覆盖了红河三角洲和北部沿海地区的平原各省，包括北宁、兴安、海阳和河南四省。该地区位于连接首都河内和北部海港的经济轴线上，具有发展农业和工业的潜力。北部和东北部均衡发展区包括红河北部地区以及沿18号公路走廊等区域，主要是永福省的半山地地区，这里的丘陵地带具有形成都市工业服务区的潜能。

由此，关于首都地区发展规划的问题经过多次调整后已经相对清晰，即它不属于河内市的行政地域空间，但却与河内市存在密切联系。从历史上来看，首都地区是距离升龙城最近的地带，属于升龙四镇（北宁的京北镇、海阳的海阳镇、兴安河南的山南镇、永福的山西镇），并且这些地区将来在首都的区域结构中会变得更加紧密。

二、关于研究河内的一些问题

（一）共同点：国家政治行政中心

每一种历史地理文化空间在各种因素的影响下都会形成属于自身的特点。河内是一个历史地理文化区，因此具有鲜明的历史地理文化特征。其中，河内最具特色也最有意义的特征在于，它是国家政治行政中心。在河内升龙城的历史发展过程中，尤其是从李公蕴于1010年在此定都之后，河内升龙城几乎一直作为国家的政治行政中心，直到今天它仍然承担着这样的角色，这被看作河内升龙城最大的特点，因而衍生出一系列影响到城市生活方方面面的特点。在城市管理和发展过程中，我们可以从许多方面看到这些因素的影响：

作为国家的政治行政中心，河内升龙城是整个国家政治行政体系中中央机构的所在地，因此，中央和地方政府之间的管理对象一直存在交叉混合现象。河内升龙城尽管属于特殊级别，但仍然是国家行政体系中的一级，接受国家中央政权的管理，但与其他地方政府不同的是，管理活动的“直接”性表现在空间接近的意义上，这在前面已经陈述过。但是中央政府也是河内升龙地区的管理对象。管理对象在许多方面的交叉混合，尤其是在管理土地和居民这两个方面，既存在便利，也存在困难。对城市的管理和发展是发挥或抑制哪一方面的管理力度，取决于如何有效地处理中央与地方之间的关系，这在整个河内升龙城的发展历史上一直都是一道难题。

如何处理中央与地方的关系是管理和发展河内升龙城的根本问题。在一个集权统一的国家，中央与地方之间的关系是自然形成的。中央和地方之间存在权力扩散和集中的关系，反之亦然。但是，像河内升龙城这样的国家政治行政中心，情况则大不相同，两者的关系相对特殊。

河内升龙城具备作为国家政治行政中心的特点。凭借这一角色，河内升龙城成为政治体系中中央机构的所在地。在封建时期，各朝代中央朝廷都设置在这里，而现在则是党、国会、政府等中央机构和越南祖国阵线中央机关所在地。在管理方面，我们可以从城市生活的方方面面看到中央和河内的交汇融合。总体来说，这种关系可以划分为两条主线：

首先，“河内—地方”是中央政府的特殊管理对象。国家通过行政系统对全国各地进行管理，而这种行政体系在越南历史的早期就已朝着集权方向发展了。作为历史发展的需要，中央集权政府通过行使自身的权力来管理和支配全国各地，维护国家的稳定和统一。在越南历史上，这是主导的发展趋势。在这种总体背景下，河内升龙城作为一个地方政权，也像其他所有地方一样，受到中央政权的严格管理。然而，作为国家的政治行政中心，河内升龙城是中央政权管理的特殊对象。该地区由于对中央和整个国家的重要作用，加上在空间管辖上几乎没有差异，所以中央对其的支配和控制能力比对其他地区更为便利。

其次，中央也是河内升龙城的管理对象。无论是在古代封建时期还是在当今的政治体系中，中央政权都将管理机构设置在河内升龙城，因此自身也自然而然成为河内升龙城城市生活的一部分，这决定了这座城市区别于其他城市的特殊性。因此，在许多方面中央政府也是河内的管辖对象，这其中首先是对人民的管理。

实际上，由于行业管理和领域管理的原则存在交叉融合的现象，所以在其他地方和城市中也都存在类似的情况，但是没有哪个地方比河内升龙城表现得那么明显而突出。其他地方主要管理本地的人口，但是河内升龙城则必须管理整个政治体系的中央机构（即人民）。河内升龙城承担了比其他任何地方都更重要的任务，这不是由人口的多少决定的，而是取决于该地区人口的特征和性质。

在管理和发展河内升龙城的过程中，处理中央和地方的关系就必须要从这种关系的特殊性出发。这意味着要回到最初的命题：河内升龙城作为国家政治行政中心的作用。管理河内升龙城不仅是管理一座城市，也是管理国家政治行政中心，所以发展河内升龙城的同时也是在发展国家政治行政中心。在这种情况下，要实现管理和发展城市这两个目标，首先要确保整个政治体系管理部门的绝对安全，而且经济文化的发展既能满足其自身需求，又要具有强大的影响力和向国内外传播影响的能力，这种模式还必须成为管理与发展的典范。达到以上要求或目标，仅凭河内升龙城本身是无法实现的。从历史实践来看，在管理和发展河内升龙城的过程中，处理中央和地方的关系积累了一些合理有效或不合理而无效的经验教训，这些经验教训最终都归纳为一个观点，即中央和地方的领导必须深刻认识到管理和发展河内升龙城的共同责任，并且必须建立起能够充分发挥中央和地方职责的机制。该机制既能体现中央和地方之间的协调性，又能体现中央和地方的具体责任。为此，必须明确划分中央和地方的职责，否则，将导致一系列不良的后果。

首先，不明确两者的职责会导致中央与地方之间对责任的认定产生分歧。中央政府认为这是地方的责任，而地方却反过来认为那是中央的责任，最终导致无人担责。但这不是责任本身的问题，而是机制的问题。在封建时期，纵观整个国家法律体系，从李圣宗时期的《国朝刑律》到后来的法律文件，京城适用什么法律，哪些属于朝廷的事务、哪些属于地方的事务，以及中央朝廷与地方政府在管辖处理同一件京城事务时是如何进行协调的，都规定得十分清楚明白。

其次，不明确两者的职责会导致中央和地方互相“推诿”彼此的责任，有可能造成地方对中央的“依赖”。这个问题表现在两个方面：首先，由于这种机制，地方政府不能施展自己的主动性，反而常常观望等待中央政府作决定，更为消极的是，可能会对中央政府存在“诚惶诚恐”的心态。而事实也如此，靠近中央政权一般会带来两种截然不同的结果，即既能得到中央政权的“庇护”，但同时也会被中央政权“监督”。因此，在管理和发展河内升龙城的过程中，想要合理有效地解决中央和地方的关系，就必须要从这座城市的特殊性出发，必须要具体直接地对中央和地方之间的共同责任有深刻的认识，并在此基础上建立一种机制来发挥中央和地方政府各自的作用，包括河内升龙城与中央建立关系后的特殊优势，以此来满足管理与发展国家政治行政中心的要求和目标。

研究如何处理好河内升龙城与整个国家之间的关系也是在管理和发展河内升龙城的过程中必须面对的基本问题。实际上，各管辖单位与各地之间存在一定的关系。在中古时期或是在交通和通信条件不发达的情况下，这属于地域上邻近地区之间的关系。后来，随着交通和通信联络方式的发展，特别是在当今的信息时代，这种关系日益加深，已经超出了地理距离上的限制。但是，地区之间的关系要么在一定的空间范围（如中古时期）内终止，要么由于具体的利益（如近现代时期）而不具有普遍性，或者因为自身或整个国家民族的利益而自然而然地受到约束。

相反，河内升龙城作为特殊的地方政府，是国家的政治行政中心，它与全国各地都存在着普遍而自然的约束关系，同时与整个国家民族以及特定地区的存在和发展紧密相关。这种关系既有向心性（即向河内升龙城聚拢），又有扩散性（从河内升龙城扩展出来）。从这个意义上来讲，河内升龙城是形成国家联盟和民族团结的纽带。因此，在与全国各地的关系中，河内升龙城既要与每个特定地区建立关系，又要与各地紧密联系在一起。

（二）研究河内的视角

如上所述，现在的河内市是三个发展阶段的融合体。如果要研究河内的历史文化或发展问题，则必须要首先明确这一事实。

1. 对河内升龙城的研究

河内的核心是“河内—升龙”这一时期，因此对河内的研究，特别是对历史文化方面的研究，也要集中在这段时期。作为越南的政治行政中心，河内拥有数千年的历史，到后来逐渐发展成为全国的经济文化中心。河内是整个国家和民族几乎所有重大历史事件的发生地、见证地和始发地，也是越南文化汇聚、凝结、传播之地。从某种意义上来讲，它代表了越南民族历史文化的形象。

但是在“河内—升龙”这一“阶段”，也可以根据各区域在城市生活中的地位、角色和功能划分成更小的区域。我们知道，作为首都，对河内升龙城的传统规划从一开始就分为政治行政区和民间经济区两个区域，这两个区域在河内升龙城的历史发展过程中相对保持稳定。1 000 年左右的时间足以塑造每个区域各自的特征，因此，我们可以从中划分出以下两个次区域。

（1）西湖及附近区域。

这是一个既带有自身特点，又与河内升龙城存在密切关系的次区域，基本上该区域位于大罗城之外，即郊区，但仍是毗邻河内升龙城的政治行政中心和第一大民间经济区。它近到可以感受到河内升龙城的城市文化元素，但同时又属于城郊村庄，仍然保留着农村文化传统。另一方面，虽然市区常常发生变动，特别是在人口方面，但西湖沿岸地区则相对稳定。在老城区很难找到一个有数百年历史的家族，但是在西湖周边地区拥有几百年历史的家族却不少见，数量甚至比想象中更多。从某种意义上来说，研究西湖沿岸地区，特别是对其文化的研究，正是从农村与城市、传统与现代的结合中寻找河内升龙城的文化形象。

（2）老城区。

这是需要重点研究的对象。河内老城区是一处具有上千年时间积淀的历史空间。一种文化遗产通常都是物质文化遗产和非物质文化遗产的结合体，有时是物质文化遗产的因素占的比重大一些，有时则是非物质文化遗产方面的比重大一些。在河内老城区，虽然物质文化遗产占比不太大，但是古代建筑是最具有历史文化价值也最重要的部分。相反，河内老城区的非物质文化遗产却表现在方方面面，占比非常大，种类丰富，构成了这个地区历史文化空间的精髓。这就是为什么尽管在河内老城区没有很多古代的建筑物，也没有历经几百年历史的老房子，但是河内老城区却无一例外地给河内人、越南人甚至国际友人留下了深刻的印象。在构建河内老城区空间精髓的各种因素中，历史是最重要的组成部分。河内老城区的历史与河内市的历史一样悠久。也就是说，它从河内开始都市化的时候就已经逐渐形成、发展和存在，时间大约是从北属时期的宋平大罗城时期开始形成。李公蕴定都河内之后，在河内升龙城的城市结构中，政治行政区和民间经济区这两个区域范围大小时有变化，但其核心区域几乎没有改变。对于政治行政区，它的核心区域是阮朝时期的河内市中心。对于民间经济区，它的核心区域就是老城区。经过几千年历史的洗礼，老城区伴随着河内升龙城一起诞生、发展和变化。河内老城区的文化遗产价值就是凭借这些历史积淀而得以不断发展、创造并充满吸引力的。

2. 对“河内地区”或“首都地区”的研究

对“河内地区”或“首都地区”的研究是一个非常紧迫的问题，具有深远的现实意义。从历史上来看，河内升龙城与四镇之间的关系给首都地区的管理和发展积累了许多经验教训。如今，在都市化发展的压力下，随着许多现实问题的出现，要求我们要明确首都地区的管理政策，并推动首都地区的管理机构与相应的机制结合起来。

只有在此基础之上，我们才能确保首都地区的地方政策与区域政策不冲突。设置的组织管理机构，既要确保各级地方政府在实现本地的目标和总体规划时政策上要保持一致性，同时又要发挥各级地方政府在解决当地问题时的自主权。

叁　史料研究与介绍

柬埔寨 1947—1991 年档案文献的收藏与利用

游　览*

【摘要】作为战后中南半岛上一个地区影响力十分有限的国家，柬埔寨在印度支那甚至是东南亚地区冷战国际史和国际关系史的研究和叙述中却是一个颇为重要的角色：其特殊的军事地理位置[1]及较长时间里复杂多变的政局曾吸引着冷战阵营各方的注意，而外部因素的干涉和介入对该地区局势及国际关系的影响也是一直以来研究者们最感兴趣的问题。随着最近若干年来相关国家档案文献的陆续解密开放，我们得以在原始资料的基础上对其中的一些历史片段进行描述和还原，特别是在20世纪90年代中期以后，随着柬埔寨国内局势趋于稳定，国家部门逐步得以恢复重建，柬埔寨国内的档案文献的价值也开始不断为学者所认识。本文根据笔者在柬埔寨实地考察的经验，对柬国内主要档案文献的开放及利用状况进行一些介绍，以供感兴趣的研究者参考。

【关键词】档案文献；柬埔寨；冷战

一、已有研究及材料利用状况

总体来看，在相当长的一段时期里，对于“二战”后柬埔寨历史的研究，国内

*　游览，华东师范大学社会主义历史与文献研究院讲师。原文发表于《冷战国际史研究》2014 年第 18 辑。

1　郭树枋主编：《中南半岛军事地理》，军事科学出版社 1989 年版，第 111 页。

外学术界都没有予以足够多的重视。在笔者所能查阅到的较早时期的英文出版物资料中，研究者们更愿意把注意力放在对整个印度支那地区特别是越南问题进行的考察上，较少有专门针对柬埔寨王国（1953—1970）和高棉共和国（1970—1975）进行的研究。但这一状况随着柬埔寨共产党势力的壮大及其在 1975 年 4 月武力夺取政权而得以改变，金边的共产主义政权随即成为印度支那问题研究的一个重要内容。研究者们开始利用公开的政府机构的分析报告、新闻媒体的采访引述以及少量获得的来自柬共的文件对柬埔寨或印支地区的共产主义活动进行观察。[1] 这一关注一直延续到第三次印度支那战争的爆发，共产主义政权之间在印支地区的矛盾冲突一时间成为西方学术界特别是国际关系研究者探讨的热点。[2]

不过真正从冷战国际史的视角，也即在利用多边档案材料的基础上对冷战时期的柬埔寨进行的考察还是在最近十余年中较多出现的。随着美、英、法等国档案文献的大量公开，一些通过多边档案研究柬埔寨或印支地区国际关系史的成果得以面世。[3] 除了传统意义上对双边关系进行的讨论外，还有不少研究是在反思冷战背景下大国介入印支地区的政策，尽管并非都以柬埔寨本身作为唯一的研究出发点，但这种较为宽广的视角以及多方材料论证的方法无疑为

---

1 Joseph C. Kun, *Communist Indochina: Problems, Policies, and Superpower involvement*, Washington: Center for Strategic and International Studies, 1976; Timothy Michael Carney, *Communist Party power in Kampuchea (Cambodia): Documents and Discussion*, Ithaca, N.Y.: Southeast Asia Program, Dept. of Asian Studies, Cornell University, 1977; Joseph J. Zasloff, *Communist Indochina and U.S. Foreign Policy: postwar realities*, Boulder, Colo.: Westview Press, 1978.

2 Malcolm Salmon, *The Vietnam-Kampuchea-China conflicts: Motivations, Backgrounds, Significance*, Canberra, Australia: Australian National University, Department of Social and Political Change, 1979; Basu Sanghamitra, *Kampuchea as a factor in the Sino-Soviet conflict, 1975–1984* , Calcutta: Firma KLM, 1987; Chang Pao-min, *Kampuchea between China and Vietnam*, Singapore: Singapore University Press, 1985; Martin Stuart-Fox, *Vietnam in Laos: Hanoi's model for Kampuchea*, Claremont, Calif.: Keck Center for International Strategic Studies, 1987.

3 Christopher Brady, *United States Foreign Policy towards Cambodia, 1977–1992: a question of realities*, New York: St. Martin's Press, 1999; Kenton J. Clymer, *The United States and Cambodia, 1969–2000: a troubled Relationship*, London; New York: Routledge, 2004； Edward C. O'Dowd, *Military Strategy in the Third Indochina War: the last Maoist War*, New York, NY: Routledge, 2007; Andrew Harrison, *Not a military war: the French Experience in Indochina*, Bromley, Kent, UK: Galago, 2009; Peter Lowe, *Contending with Nationalism and Communism: British policy towards South-East Asia, 1945–1965*, Basingstoke, New York: Palgrave Macmillan, 2009.

我们了解冷战时期印支半岛局势中的柬埔寨提供了许多有用的信息和思考的角度。

而在中国学术界，关于柬埔寨战后历史的研究状况迄今尚没有大的改观。作为冷战期间印支局势的一个重要影响者和参与者，中国方面曾根据政策需要安排国内的一些高等院校和机构组织研究队伍对印度支那问题进行过持续性的跟踪关注，[1]但随着国际形势的变化，这些机构或其相关研究工作相继停止。除此之外，近几年来利用英文档案文献对柬埔寨相关问题进行的研究也只有少数尝试。[2]不过值得一提的是 2004 年以来，中国外交部开放的数目可观的档案文献为我们从中方视角探讨中柬关系的一些问题提供了宝贵契机，一些成果已然面世，其学术价值和意义十分值得关注。[3]

综上所述，目前国内外关于冷战时期柬埔寨问题的已有研究成果，其使用的文献材料绝大部分还是来自柬埔寨境外。实际上，随着民主柬埔寨的颠覆以及继任政权对前红色高棉领导人罪责追究行动的展开，已经有部分学者得以接触到柬埔寨各个时期形成的文献资料，在综合利用多方材料的前提下，一些初步的研究成果也已面世。[4]不过总体上而言，目前我们所能见到的利用柬文材料所作的研究著述绝大

---

1 包括广西壮族自治区社科院印度支那研究所、云南省社科院东南亚研究所、暨南大学东南亚研究所等。

2 韦宗友：《论日内瓦会议后美国与柬埔寨关系的演变》，《东南亚纵横》2006 年第 4 期；潘一宁：《越南战争时期美国对柬埔寨中立的干涉（1956—1971）》，《南洋问题研究》2010 年第 3 期；代兵：《日内瓦会议与老挝、柬埔寨的中立》，《社会科学研究》2008 年第 3 期；何慧：《1973 年的柬埔寨危机与中美合作》，《国际观察》2006 年第 3 期。

3 翟强：《中柬“特殊关系”的形成（1954—1965）》，《南洋问题研究》2013 年第 3 期；翟强：《周恩来与中柬合作关系的建立（1954—1965）》，《南开学报（哲学社会科学版）》2014 年第 1 期。

4 Ben Kieman, *The Pol Pot Regime: Race, Power, and Genocide in Cambodia under the Khmer Rouge, 1975 - 1979*, New Haven: Yale University Press, 2008; Benny Widyono, *Dancing in Shadows: Sihanouk, the Khmer Rouge, and the United Nations in Cambodia*, Lanham: Rowman & Littlefield Publishers, 2008; Steve Heder, *Cambodian Communism and the Vietnamese Model*, Bangkok, Thailand: White Lotus Press, 2004; Boraden Nhem, *The Khmer Rouge: Ideology, Militarism, and the Revolution that consumed a generation*, Santa Barbara, California: Praeger, an Imprint of ABC-CLIO, LLC, 2013. 2014 年 3 月出版的英文著作 *Brothers in arms: Chinese aid to the Khmer Rouge, 1975- 1979* 出自康奈尔大学东亚及东南亚项目学者 Andew Mertha, 他的这本书的可贵之处在于利用了柬埔寨文献中心的相关柬文档案揭示了中国对民柬的援助活动。但该书在中文材料的收集和利用上略显不足和单薄。

部分所关注的还是民柬时期发生的大规模人道主义灾难，[1] 关于冷战时期柬埔寨对外关系及军事政治活动的研究十分罕见。究其原因，主要应当是柬埔寨各个阶段所形成的档案文献无一例外地遭到了严重破坏。尽管这种蓄意毁灭历史记录的行为所造成的损失是无法逆转的，但这并不意味着所有的历史痕迹都已经被抹去以至于我们无法再从冷战史研究的角度收集到所需的一手材料。下面介绍的就是柬埔寨境内的两个主要的档案文献保管机构及其文献收藏情况。

二、柬埔寨国家档案馆

柬埔寨国家档案馆（National Archives of Cambodia）是柬埔寨政府层面收集、保管、提供档案文献利用的国家部门。该档案馆由法国殖民政府于 1863 年设立，目前的馆舍在 1924 年完工，1953 年柬埔寨独立后移交柬政府管理。此后，1953—1975 年，柬埔寨政府陆续向档案馆移交部分档案进行保管，直至红色高棉执掌政权。在民主柬埔寨时期，由于柬共奉行清除知识分子的政策，档案馆馆员几无幸存，馆舍被挪作仓库，大量档案及目录被清空甚至用来生火。随着民柬政权在 1979 年垮台，柬国家档案馆也于 1980 年重新开馆，其中剩余的档案曾临时由越南方面保管，直到 1995 年以后才逐步恢复整理。

也正是由于在红色高棉时期遭受过严重破坏，柬埔寨国家档案馆的馆藏有相当大的缺失。特别是 1954—1970 年间柬政府大批未来得及移交的部门文件几乎都毁于民主柬埔寨执政时期。因而，研究者们今天所能看到的这一时期的文献材料一部分是来自柬国家档案馆收集的公开出版物，这其中包括西哈努克的“人民社会同

1　这一类型著述数量较多，比较典型的是在柬埔寨文献中心支持下出版的一系列书籍：Meng-Try Ea, *Victims and perpetrators?: testimony of yong Khmer Rouge comrades,* Phnom Penh, Cambodia: Documentation Center of Cambodia, 2001; Ysa Osman, *The Cham Rebellion: Survivors Stories from the Villages*, Phnom Penh, Cambodia: Documentation Center of Cambodia, 2006; John D. Ciorciari, *The Khmer Rouge tribunal*, Phnom Penh, Cambodia: Documentation Center of Cambodia, 2006; *Vanished: stories from Cambodia's new people under Democratic Kampuchea*, Phnom Penh, Cambodia: Documentation Center of Cambodia, 2006; Ian Harris, *Buddhism in a dark age: Cambodian monks under Pol Pot*, Honolulu: University of Hawaii Press, 2013.

盟”时期、朗诺政权时期甚至是红色高棉时期的政府公报、领导人演说、党的活动计划、会议议程等等，总量在 4 600 余件。另一部分则是西哈努克的一名法国助手和顾问 Charles Meyer 捐赠的一批柬文出版物和照片等。

而关于波尔布特政权时期留下的档案材料，柬埔寨国家档案馆所保存的数量最大的一个系列是来自民柬贸易部的文件，总量超过一万余页。涉及民主柬埔寨对外贸易（主要是中国、朝鲜等）的协定、谈判记录和货运清单等等。目前这批档案的复印件在柬埔寨文献中心（The Documentation Center of Cambodia）同样也可以见到。此外，在柬国家档案馆里还保存着若干中文档案，主要是中国援助民柬厂矿企业设计图纸，不知出于何种缘故得以留存至此。同红色高棉相关的还有一部分是 1979 年种族灭绝法庭对前柬共领导人罪行的审判记录，其中包括大量幸存者的证词。对于外国学者来说，这批已被翻译成英文的档案在利用上是非常便利的。

另外一个值得注意的内容是柬国家档案馆收集的超过一万余张照片资料，主要时间跨度集中在 1950 至 1960 年代，包括西哈努克等同中国、苏联、越南等国领导人会见、参加活动的场景，有一些图片相当珍贵，在一定程度上弥补了文字资料遗失的缺憾。

需要说明的是，目前柬埔寨国家档案馆同美国、法国、日本等多个国家的政府和大学有着合作关系，在外界的帮助下档案馆已经初步建立了一套法语数据库检索系统，以上各类文件材料，利用者都可以通过馆内相关设备进行检索。不过由于经费人员不足，目前柬国家档案馆并没有能够将所有文字及图片资料目录都输入计算机系统，且无法提供完整的纸质目录。这要求利用者在具备一定高棉语水平的情况下能够较长时间留馆查阅。

三、柬埔寨文献中心

作为柬埔寨一个非官方的文献收藏机构，柬埔寨文献中心（The Documentation Center of Cambodia）的规模似乎比不上国家档案馆，但其影响力却不可小觑，而其中的一个重要原因显然是其国际化的背景。在 1994 年 4 月美国国会通过“柬埔寨种族灭绝法案”（Cambodian Genocide Justice Act）后，美国国务院设立了柬埔寨种族灭绝调查办公室，负责调查红色高棉时期发生的种种暴行。该办公室授权耶鲁大学组织调查柬埔寨种族灭绝项目（Cambodian Genocide Program，简称 CGP），着力进行相关档案文献的收集整理和历史研究。而柬埔寨文献中心则是 CGP 项目在金边于 1995 年 1 月设立的地区办公室，其负责人 Youk Chhang 本人即是红色高棉种族屠杀的幸存者。

柬埔寨文献中心所承担的两个主要任务，一是负责对公众进行关于红色高棉政权的历史教育，另外则是为仍在进行当中的红色高棉罪行审判工作收集资料，提供证据。这决定了其性质并非严格意义上的学术研究机构。因此我们可以看到，凡是涉及红色高棉政权的各种文字、图片、影像资料都会汇聚于此，内容十分庞杂。当然，这种功能定位也是其在国际上争取支持的一个有利条件。

不过也正是凭借其国际背景和影响力，该中心才得以能够从各方征集到大量材料，即使是柬埔寨政府及国家档案馆，也都会积极配合他们提出的档案文件的索要请求。目前，柬文献中心已经对超过 155 000 余页文字档案及超过 6 000 张图片进行了编目整理，但还有超过 40 万页材料及大量其他类型资料尚未得到处理。面对如此数量巨大但价值参差不齐的资料库，需要研究者有充分的准备和耐心去细细筛选。下面，针对柬埔寨文献中心最具代表性也是最有研究价值的若干系列稍作说明。

广义上来说，柬埔寨文献中心收集的核心材料大致可以分为两类。一类是 1975—1979 年波尔布特政权时期形成的材料，主要来自民柬政权时期的干部及官员，同时还包括柬共犯人的供认材料及民柬同外国交往的材料。另一类是 1979 年民柬政府垮台后形成的文献材料，主要包括民柬时期幸存者的申述记录以及各种保留下来的具体物证。

关于前一类文献，主要是在越军和柬埔寨救国民族团结阵线于 1979 年 1 月攻占金边后由柬埔寨人民共和国相关部门发现并接管。具体来说包括：

柬共党内通信记录。比如民柬低级官员向上级的汇报，上级给下级的指示，对相关协助或信息的请求等。这部分档案基本上为打印稿，其中一些打印在官方

信笺上，大部分都是在白纸上直接打印。这些柬共党内通信，有时被称为“红色高棉电报”，它们是由越南专家于 1979 年发现并被迅速送往柬埔寨人民共和国内务部（现更名为柬埔寨内政部）文献室严密保管，后被移交给柬埔寨文献中心。

供认材料记录。这是馆藏次之重要的民柬档案。这些供认报告通常包括犯人的供词以及柬共审讯者的报告，其中一些出自刑事法庭。一些特别的供认报告空白处留有柬共高级官员的批示，上面最多的是红色高棉安全部门头目康克由的记录。这类档案中大部分招供者来自位于金边的 S-21 监狱。这批材料于 1979 年被发现和确认，柬共干部在撤离时将这些文件留在了 S-21 监狱办公室。康克由后来在法庭上供认，他并没有被告知越军进攻如此迅速以至于没有时间去销毁这些档案。而 1983 年农谢见到他时也曾抱怨，柬共党内各部门档案均遭焚毁，唯独这部分档案被保留了下来。目前这批档案是保存下来的档案证据中数量最大也是最重要的一部分。柬埔寨人民共和国官员后来整理并将这批档案保存在 1980 年成立的种族灭绝档案中心和博物馆。此外，还有部分供认材料来自民柬安全部门“圣特波”（Santebal），它们是由一批越南专家于 1979 年在金边 240 号大街的一栋私人别墅中发现的。如同“红色高棉电报”一样，它们被送往柬埔寨人民共和国内务部保管，后被移交柬埔寨文献中心。

委员会记录和报告。来自民柬政治、军事委员会的报告构成了波尔布特时期的第三类档案文献。这些记录来自柬共中央委员会、常务委员会、地区委员会以及一些军事部门的会议。此外，柬共领导层发表的为数不多的公开声明也包括在内，其中最值得注意的是 1976 年初柬共代表大会发布的一个宣言，其中的记录得以保存。这些档案对于弄清柬共集团内部特定人物的职权掌控情况以及如何确立党的领导人的精神权威颇具价值。部分委员会记录来自“圣特波”并涉及柬共军事部门的行动。其他一些记录则涉及柬共最高决策机构常务委员会的会议。常务委员会的部分记录保存在柬埔寨国家档案馆，它们是柬埔寨人民共和国人民革命法庭在审讯工作结束后移交的。其余常务委员会的记录保存在柬埔寨文献中心。

柬共人物简历。1975—1979 年间形成的第四类档案包括柬共犯人以及柬共党内成员的简历。柬共官员记录了来自 S-21 监狱以及其他拘禁机构的犯人的简历信息。同时，还记录了那些加入柬共的个人情况简历。柬埔寨文献中心保存了上千份附带照片的犯人简历以及超过 19 763 份柬共干部和士兵的简历，其中不少也附带照片。这些材料主要来自监狱和“圣特波”档案系统。

外事档案。外事档案提供了柬共时期一些深入隐藏的证据。柬埔寨文献中心目前藏有超过 1 000 页由柬共官员同中国或越南官员共同签署的报告。这些档案记录了柬共同中国、越南以及其他国家的贸易往来以及外国向民柬提供民用和军用物资的信息。这些保存在文献中心的档案是柬埔寨内政部通过柬埔寨国家档案馆移交来的复制件。

宣传材料。柬共时期发行的三种主要刊物《革命青年》《革命旗帜》《旗帜阵线》的原件在柬埔寨文献中心都有保存。这几种刊物是柬共在 1975 至 1979 年间以月刊形式针对官员在全国范围内发行的。其中包括党的领导人的建议和训诫，有关柬共在各个领域取得胜利的新闻，有时还有诗作。除了柬共时期的期刊外，还有大约 95 部电影以及科教片。和党刊一样，这些电影的内容主要是对柬共成员的指示以及广泛宣传政权取得的胜利。这些影像材料被发现于民柬电影制片部门，后由柬埔寨人民共和国（后为柬埔寨文化美术电影部）保存至 1998 年，遂被送往法国进行修复。此外，还有六部电影由东德 DEFA-Studio 公司协助柬埔寨制作，这几部电影显示了民柬政权一些残酷的历史信息，包括一些民柬广泛存在的犯罪行为的视听证据。

日记与笔记。民柬时期还存在大量其他档案材料，比如 520 名柬共干部、士兵及其他官员的个人笔记和日记。包括康克由、“圣特波”头目、S-21 监狱主审官员等在内。这些笔记和日记的叙述往往长达数百页，记录了柬共政权下的每日经历，在一些情况下对大量的犯罪行为进行了记录。柬埔寨文献中心从机构或私人手中收集了大部分此类手写笔记和日记。它们大多由民柬时期幸存者在返回其原先住所或工作场所时发现的。

后一类材料大多形成于 1979 年 1 月以后，它们多由波尔布特时期幸存下来的受害者及亲历者提供，具体包括：

幸存者诉讼。在民柬政权瓦解之后，柬埔寨人民共和国曾在各地组织收集受害者、目击者的检举控诉材料以及一些犯罪者的自首坦白材料。这些材料曾帮助发现了大量红色高棉的秘密监狱、审讯中心和处决场所。柬埔寨人民共和国相关部门曾长期对其进行封存保管，直到 1997 年由柬人民革命党领导人谢辛移交文献中心。目前柬埔寨文献中心保存着其中 116 万余页的大部分。此外，幸存者诉讼的部分材料还来自一些其他国际机构或人权组织，其中包括由越南政府提供的部分越裔居民的申述文件。

1979 年审判文件。1979 年金边革命法庭所进行的针对红色高棉的审判活动也留下了数量可观的材料。这其中包括各种证词、调查者的报告、审判过程的记录和罪刑裁决等。这批档案于 1996 年移交给文献中心保管。不过由于这场审判的政治色彩浓郁，当年的法庭在未能掌握充分证据的情况下即宣告波尔布特—英萨利集团的罪行，因此，不少研究者对这批档案的可靠性抱有怀疑。

采访记录。由一些学者、记者和文献中心的工作人员所整理的访谈记录构成了另一种类型的材料。这些调查采访活动大多数开始于 1979 年以后，受访者除了幸存下来的人之外，还包括不少前红色高棉的高级干部和官员。这些采访活动目前还在进行当中，其所形成的文字材料既为审判工作提供了众多有用的证据信息，也保留下来一批可贵的口述史材料。不过，对这部分资料的利用，也需要研究者进行仔细考证比较，从而确定其准确性和真实性。

绘图报告。由于红色高棉时期形成的秘密处决地点太多，因此为确定它们的具体位置和信息，除了收集相关证词和记录进行实地考察外，还需要通过全球定位系统、法医鉴定等科技辅助手段。目前，该项工作已经测绘和鉴定了柬埔寨境内超过 19 440 处集体墓穴和 167 所监狱以及大量受害者遗骸。由此形成的报告文献除了用于审判工作外，也被不少学者用作研究红色高棉时期的反人类罪行。

以上即为柬埔寨文献中心馆藏文献的核心内容，其中绝大部分为高棉文材料。而中心通过各种途径收集来的其他的英语、法语、越南语的文献档案同样不少，并且其数量也在不断增长。但正如前面所提到的那样，柬文献中心对档案材料的编目处理速度完全赶不上其材料收集的速度，尽管目前中心已经建立了一个包含 8 万余条目录的数据库，但也仅是一个比较初级的关键词检索系统，利用者往往很难查阅到所需档案的详细信息。并且，根据笔者使用的经验，其中还有不少的错误和疏漏可能会直接影响到调卷。在这种情况下，前往柬埔寨文献中心的研究者最好事先有所准备，可以先利用其数据库进行初步筛选，以便有的放矢申请查阅自己最需要的内容。

四、需要重点关注的材料

对于冷战国际史及国际关系史的研究者来说，柬埔寨档案文献存在的最大问题就是严重缺失损毁的事实。这对于研究冷战时期柬埔寨的内政及外交活动来说无疑是非常不利的因素。但这并不意味着相关的研究工作无法再开展下去。在上面介绍的各类档案文献中，有若干相对集中的系列有着较高的利用价值，完全值得我们充分发掘。

首先，作为民主柬埔寨政权唯一较为完整保存下来的部门档案，其贸易部档案表现得尤为珍贵。特别是其中涉及大量同中国、朝鲜等社会主义国家进行贸易谈判的记录，对于我们了解这一时期中国对民柬的援助政策及两党关系非常关键。

其次，柬共各委员会的报告记录及其党刊。长期以来，学术界对于柬埔寨共产党内部政治结构变化以及其推行的各项经济、思想、教育等方面政策始终缺乏实证性研究。而这批材料无疑为我们提供了一个非常直观的观察视角。

再次，就是对相关人员的口述采访史料的收集。一方面这是对文字材料不足的补充，另外一方面，目前柬埔寨的确有这个条件可以接触到一些前红色高棉的高级干部和官员并且他们通常也愿意接受研究者的采访。根据笔者的经历，研究者可以通过柬埔寨文献中心同相关人员会面，因此只要安排妥当，完全可以寻找到一些原先参与过外交或党内对外联络工作的柬共成员进行采访，进而可能会有意想不到的收获。

最后，根据来自柬埔寨国家档案馆的消息，柬埔寨人民共和国时期（1979—1989）的档案文献正在解密与整理当中，未来若干年间会逐步对外开放。这对于我们补充了解红色高棉，研究越柬关系以及中国同印支国家关系，无疑是个令人振奋的消息。

关于冷战时期柬埔寨档案文献的大致状况即是如此。尽管大量历史材料的湮灭为研究工作制造了不少困局，但我们仍相信史实可以被逐步还原，包括中国、越南等国在内所保存的相关材料或许是我们最后的希望。尽管有些话题仍是敏感的研究禁区，但历史的真相终究会被揭开，这是历史研究者的责任，也是对20世纪柬埔寨民族悲剧的一个交代。

越南国家档案馆及馆藏简介

黎皇灵　文　游　览　译*

2013 年 7 月底，华东师范大学冷战国际史研究中心一行三人对越南胡志明市和河内的越南国家档案馆进行了调研。目前，越南国家档案馆中开放程度较高的是分别坐落在胡志明市的第二国家档案馆和河内的第三国家档案馆。根据调研了解，在这两个档案馆进行档案查阅的一般程序是，越南本国人持身份证或外国人持越南当地机构的介绍信，办理读者证。两个档案馆的档案目录大部分已电子化，读者可以在阅览室内通过数据库查阅目录，然后申请调阅卷宗。对越南本国人来说，只要密级不高的档案，查阅和收集并无太大障碍，但通常情况下，卷宗审核的周期较长，从申请调阅到批准阅览要一周甚至更长时间。

一、越南第二国家档案馆有关越南共和国时期（1954—1975）对外关系档案介绍

总理府办公室档案（Phong Phu Thu Tuong Quoc Gia Viet Nam）：主要分为 1948—1955 年、1963—1975 年两个阶段。其中前者为越南临时中央政府时期形成的文

* 黎皇灵（LE HOANG LINH），越南河内师范大学历史系讲师；游览，华东师范大学社会主义历史与文献研究院讲师。原文发表于《冷战国际史研究》2016 年第 21 辑。

献。包括自 1948 年 5 月越南临时政府筹组开始到 1955 年间总理府以下所设各部门形成的档案材料。在此涉及外事方面的文件主要包括以下内容：有关越南及外国代表团往来活动的卷宗；外事委任书卷宗；联合国会议卷宗；波城会议卷宗；西贡—堤岸大区领导人外事活动卷宗等。其中细目多为保大政府同美国、东南亚、日本、法国等国家地区的外交往来记录。比如以 1954 年有关日内瓦会议的材料较多，相对集中的就有近三十余份，每份从上百页至数十页不等。1955 年至 1963 年间，吴庭艳独揽国家元首及政府首脑大权，因而期间总理府的外事材料空缺。在吴庭艳政府垮台之后，1963 年 11 月 4 日，阮玉寿出任临时政府总理一职，总理府档案中有关外交事务的材料也得以再次出现。此后直至 1975 年南越政府瓦解，其间形成的档案文献被归入第二阶段的总理府办公室档案。大致来说，主要可分为两类：一类是越南共和国政府同友邦的交往、援助、合作（如法国、美国对南方的军事和经济援助、与日本的关系、与中国台湾地区的关系等）；另一类是越南共和国政府对北方共产党政权以及国际共产主义的分析判断（如越共与南方政权及联合国的关系、苏共和中共访问北越的情况、中共与其他国家的外交关系等等）。具体来说包括以下若干卷宗：越南共和国各代表团、政客出访各国、各宗教组织的材料；越南共和国同各国谈判、签署协议的材料；越南共和国驻各国大使活动材料；越南共和国对外政策材料；参加国际会议材料；越共的外交活动材料；外交部每周情况汇报；北越军队活动材料；各国越侨活动形势材料；高棉边界问题材料等。

第一届总统府办公室档案（Phong Phu Tong Thong De Nhat Cong Hoa）：从 1954 年 6 月保大将权力移交给吴庭艳，委任其成立越南共和国起至 1963 年 11 月吴庭艳被处决止，这一时期的文献汇集成第一届总统府办公室文件。其中外事部分主要包括以下卷宗：南越外交部及各领事馆官员会议材料；南越参加国际会议材料；南越驻各国大使活动材料；南越驻美国及联合国大使密电材料；各国际组织、各国驻南越使馆及越南共和国与美、英、加、柬、老、泰等国外交关系材料；驻国际委员会交涉代表团关于越南人民军反对美国以武器、人员介入越南，更换非军事区通行证的材料；驻国际委员会交涉代表团关于执行日内瓦协定信件副本；驻国际委员会交涉代表团两年来活动报告；驻国际委员会交涉代表团抗议武元甲的材料；驻国际委员会交涉代表团关于非军事区、越共活动的报告；国际委员会关于越南战场军事形势的综合材料副本等等。其中 1955 年至 1956 年主要为日内瓦会议的文件，特别是关于国际委员会的材料很多。1956 年以后大量出现的是南越政府同美国、中国台湾地区、日本及东南亚国家的外交活动和经贸往来的文件，每年年底都有南越同各国关系的外交报告。

革命军人委员会办公室档案（Phong Hoi Dong Quan Nhan Cach Mang）：在 1963 年 11 月 1 日吴庭艳遭处决之后，4 日，由杨文明为主席的革命军人委员会接管政权。此后至 1965 年 6 月间形成的文献被归入革命军人委员会档案。这一时期由于政局不稳，形成文件多为南越对内政策，外交方面仅限于少量同美国以及中国台湾地区的经济、军事交往。

国家领导委员会办公室档案（Phong Uy Ban Lanh Dao Quoc Gia）：1965 年 6 月 14 日，由阮文绍担任主席的国家领导委员会开始履行政府职能。此后至 1967 年 10 月间形成的文献被归入国家领导委员会档案。同革命军人委员会执政时期的状况类似，这一时期的外事交往档案同样较少，仅限于与同韩国以及中国台湾地区等的交往。

第二届总统府办公室档案（Phong Phu Tong Thong De Nhi Cong Hoa）：从 1967 年 10 月 31 日至 1975 年 4 月 30 日，南越政府分别经历了阮文绍、陈文香、杨文明三任总统。其中阮文绍对政权的控制占据了绝大部分时期。在此期间形成的各类文件统归第二届总统府办公室档案。这一时期档案一个突出特点是同越南战争局势的变化紧密相关，特别是外交部关于越共的进攻、北越在联合国的活动及外交工作的材料；南方临时革命政府的外交工作的材料；北越、南方解放阵线同瑞士、澳大利亚等建立外交关系的材料；越侨在老挝、越南共和国军事代表团在柬埔寨活动材料等数量十分可观。具体来说，从 1970 年以后南越政府的外交文件中对形势政策的分析内容大大增加，如 1969—1970 年外交部情报局关于美国对东南亚的政策报告、1971 年外交部关于北越大使馆在老挝的活动的报告、1971 年中共与泰国的关系、1971 年中共与美国的关系、1970—1972 年总统府关于北越进攻柬埔寨的报告、1967—1974 年南越同日本外交关系、1967—1975 年总统府关于中共与他国关系总结等等。

二、河内第三国家档案馆有关越南民主共和国政府对外关系文件介绍

总理府档案（Phu Thu Tuong）：第三国家档案馆总理府卷下保管档案总量为24 358条，其形成时间为1945年至1985年，主要类型包括中央及地方各政府机构的工作计划、抗战会议记录、抗法战争的报告、各政府机构的行政工作记录以及大量有关抗美战争的文献。涉及对外关系方面，从1945年至1954年间，一共209条，比较多的是老挝抗法材料、柬埔寨抗法材料、对华侨政策材料。其中关于华侨问题的材料众多，1951年后几乎北越每个省都有相关的报告。从1950年起越南同中国及各民主国家建交文件开始出现，包括相互建立通信联络机构、向苏联中国派遣留学生等等。值得注意的是驻中国南宁、云南、广东等地领事馆每个月都会提交分析报告。此外，每年都有北越对东南亚的分析报告，包括对老挝、柬埔寨、缅甸的情况分析，并且从1954年开始出现援助老挝的材料。此外，1954年关于日内瓦会议的材料一共有34条。1954年至1978年间，一共3 025条。从1955年起每年都有中越进行谈判合作的议定书，以及大量中国在工业、农业、教育等方面援越的材料。此外，每年都会有越南关于援助使用情况的总结报告。另外部分比较多的是北越同各社会主义国家及日本、英国、法国等经贸合作材料。值得注意的是从1961年大量出现援助老挝，同老挝的经济合作材料。1978年至1985年间，一共3 065条。绝大部分都是越南同各社会主义国家间经济、文化、教育等合作的文件以及北越同老挝、柬埔寨的援助合作文件。1979年与中国相关的材料只有两份（关于1979年外交部防御中越边境冲突的公文以及总理府外贸部要求中国撤出驻海防代表机构的文件），此后中国从档案材料中消失，而关于柬埔寨的材料大量出现。直至1985年才出现了和中国相关的三份文件（书记委员会关于调整与中国关系的草案、书记委员会外交部关于展开与中国外交活动的申请书和公文、1985年气象局代表团访问中国的报告）。

国家计划委员会档案（Uy Ban Ke Hoach Nha Nuoc）：另一个有较多涉外文件的

系列是国家计划委员会的卷目。其总量为 4 270 条，形成时间为 1955 年至 1995 年。1955 年至 1975 年间，一共 1 000 条。主要包括两个部分，一是苏联、中国、东欧各国向越南提供的援助；二是越南政府各部使用援助的总结情况报告。其中值得注意的是大量越南参加经互会的活动材料。1975 年至 1995 年间，一共 1 086 条。在 1979 年关于中国的材料消失后，取而代之的是苏联、东欧各国对北越的经贸援助，其中关于苏联的最多。而中国再次出现是在 1991 年。

肆　中国与周边其他国家研究

“丝绸之路”名称概念传播的历史考察

邬国义 *

【**摘要**】19世纪末、20世纪初，通过译著的介绍，在汉文文献中已谈到丝绸之路。自20世纪20年代起，在中文相关译作中采用了“古丝商之路”“蚕丝贸易通路”“运丝通路”等不同的称呼；至迟于20世纪20年代末，已开始使用“丝路”“丝道”等译名。从30年代初起，由于斯坦因、赫文斯定等在西北新疆等地探险活动的直接推动，以及中西交通史学科的形成和发展，又与这一时期“开发西北”的呼声与思潮相联系，缘此诸因，经学人的译介引进和报刊传媒的作用，“丝路”的名称和概念逐渐在中国传播开来，并为国内学界所接纳和采用。最初称谓尚不统一，呈现出命名多样化的状态，之后渐而趋向集中于“丝路”“丝道”的名称。一些学人陆续采用了这一外来的新概念和新名称，并成为学术表述的一种概念工具。1940年代之后，得到了相当普遍的运用，流行于学术界和一般的报刊传媒中。最具标志性的是“丝路”“丝道”的名称及具体介绍还直接写入了中学的史地教科书中，成为一种官方定型化的标准话语，其概念和内涵也得以在这一时期基本定型。这一时期已约定俗成地称为“丝路”或“丝道”，其概念业已进入大众视野，传播普及到了广大的学生和普通民众层面。不少论著进而展望丝路的未来，论述其在经济、文化方面重要的战略意义。虽说此后政局发生重大变化，其名称和基本概念仍保留并传承了下来。由此学术史的梳理，比较清晰地勾勒出“丝绸之路”

* 邬国义，华东师范大学历史学系教授。

名称和概念在20世纪上半叶的译介、传播进程，展示出其发展的主要线索和基本样貌。

【关键词】丝绸之路；名称；概念；传播；历史考察

作为中西交通往来的丝绸贸易之路，虽说在历史上已经存在了近二千年，然而“丝绸之路”这一概念本身，则是19世纪70年代以来外国学者首先提出来的，而在汉文文献中，“丝绸之路”这一名称的最初采用及其传播，却也是一个不易说清的问题，有不少似是而非的说法，还有待于澄清、说明与解释。另一方面，国外学者对此也极感兴趣，很希望搞清楚中国本土是何时开始使用“丝绸之路”这一名词的。如法国学者布尔努瓦夫人（Lucette Boulnois）在《法国对丝绸之路的研究》中即表示：在这一问题上，“大家很希望知道，中国史学家们确切地是在什么时候自己开始使用‘丝绸之路’这个外来名词的，它今天在中国出版物中已获得了极大的成功！”[1] 基于上述内外两方面的双重需要，从学术史的角度，由原始资料出发，深入发掘相关文献，考察这一外来名词如何传入中国及其译介、传播具体的历史进程，显然很有必要，并具有十分重要的意义。

一、“丝路”名称最初的译介传入与接受

关于“丝绸之路”名称的提出，学术界一般认为，是德国著名的地理学家李希霍芬（Richthofen）在其1877年出版的《中国：个人旅行的成果和在此基础上的研究》（*China: Ergebnisse eigener Reisen und darauf gegründeter Studien*）第一卷中正式提出的。

那么，中国人是什么时候开始使用“丝绸之路”这样一个名称的呢？其传播进程又是如何的呢？据笔者所见，在汉文文献中最早谈到丝绸之路的，为1899年出版的日本桑原騭藏著，樊炳清等翻译的《东洋史要》一书，其中说：

1　〔法〕戴仁编，耿昇译：《法国中国学的历史与现状》，上海辞书出版社2010年版，第378页。

支那之于世界，实蚕丝产地也。蚕丝所制之缯彩，美丽坚固，夙投他国嗜好。经支那以西诸国民之手，次第传西方。盖自上古最远之时，已开贩路于波斯、印度。亚历山大东征以来，更输入欧洲罗马。市人得之，珍重不置。缯儿支那音同瑟儿，故指行贾之者曰瑟列司，盖绢商之义也，指其地曰瑟里加，绢布产地之义也。[1]

书中谈到“已开贩路于波斯、印度”云云，虽说还比较笼统，但所说为“丝绸之路”无疑。此后，国人在叙述丝路的历史时，往往大多采纳、沿用了这一相关论述。较早如1909年出版的陈庆年编《中国历史教科书》、沈曾荫编纂的《最新中国实业史》，包括后来王桐龄《新著东洋史》、金兆丰《中国通史》，乃至吕思勉《中国制度史》等，[2]大多采用了上述论述。

在20世纪初期，虽或有论著谈及贩丝之道，但未见明确提出“丝路”的名称和概念。1905年梁启超撰写的《世界史上广东之位置》，在“东西交通海陆二孔道”一节中讲道：古代东西交通之孔道有两，其一曰北方陆路，其二曰南方海路；并称：汉代张骞通西域，“实为东亚（西）两文明接触之导线”，指出“当时我国输出品之大宗曰丝绢，其销场广及于罗马，罗马国中，至金、绢同重同价。其末叶之生计界，因此蒙非常损害。此西史所明著也”。[3]梁启超据“西史”所说，较早谈到了东西交通两道及与罗马的丝绢贸易问题，但也仅止于此。

现尚不清楚由李希霍芬最早提出的Seldenstrassen（丝绸之路）一词首次传入中国的时间。不过，在传教士创办的《万国公报》上，很早就报道过他在中国的调查活动。1903年，鲁迅在《中国地质略论》中也提道：“德人利忒何芬Richthofen

1 〔日〕桑原鷺藏著，樊炳清译：《东洋史要》卷上第四篇《佛教东渐》第四章《东汉与西域诸国之关系》，东文学社1899年版，第26页。原文见桑原隲藏著：《中等東洋史》卷二第四篇《佛教の東漸》第四章《東漢と西域諸國との關係》，東京大日本圖書株式會社1898年版，第122、123页。

2 分别见陈庆年编：《中国历史教科书》，商务印书馆1909年版，第8页；沈曾荫：《最新中国实业史》，畿辅实业学堂1909年版，第107页；王桐龄编纂：《新著东洋史》（上），商务印书馆1922年版，第85页；金兆丰：《中国通史》，中华书局1937年版，第649页；吕思勉：《中国制度史》，上海教育出版社1985年版，第31页。

3 中国之新民（梁启超）：《世界史上广东之位置》，《新民丛报》1905年第3卷第15期。

者”入中国考察，历时三年，“作报告书三册”云云。[1] 据现掌握的资料，中国人最早获得李希霍芬《中国：个人旅行的成果和在此基础上的研究》原著的，是当时留学德国的张星烺。其父张相文是近代著名的地理学家，1909 年创建中国地学会，并任会长。1911 年，张星烺在《地学杂志》第 2 卷第 16 期上，撰文专门介绍了李氏的著作：

> 支那　此书德文名 China，为德国已故男爵李希德和芬（Freihen Ferdinandvon Richthofen）所著。凡四巨册，每册约八百页，幅长一尺（英尺），宽八寸。所附图画，不可胜计。每册价三十六马克，共一百四十四马克。（约合中国七十五元）
>
> 支那地质图　此亦李氏所著，附于前书者也。……其篇次为山东、盛京、直隶、山西、陕西、河南、甘肃、四川八省。共二册……发行所为德国柏林。（Dietrich Reimer Buchverlag Berlin）

上述两书，即李氏著《中国》及所附两册中国地质地图集。张氏称：“此二书鄙人幸于柏林书肆中购得之，粗阅一过，为之舌挢不下者久之”，“真所谓体大思精、绝世之作也”。指出我国凡稍治西文者，莫不闻知李氏之名，“然其著书之原委，或有未能详知者，今请略言之”。虽说此文中并未涉及李氏提出的丝绸之路问题，但通过其介绍，无疑使国人比较清楚地了解到该书的基本内容。他还希望有人能将此书翻译出来，作为中国有益的参考。

最早谈到德国史家赫尔曼《中国与叙利亚间之古代丝路》一书的，则是刊于 1917 年《地学杂志》第 8 卷第 11、12 合期黄昌寿译的《亚欧交通之历史》。其中说：

> 亚尔褒特赫尔门曰：中国与小亚细亚之交通甚古，惟其交通乃系间接而非直接……考其互相交通之路，大概先由叙利亚海岸，经美索不达米亚，横穿波

1　索子（鲁迅）：《中国地质略论》，《浙江潮》1903 年第 8 期；又见鲁迅：《集外集拾遗补编》，《鲁迅全集》（八），人民文学出版社 1981 年版，第 4、5 页。

斯，及阿富汗斯坦北部布哈尔，至费尔干而分歧。一越兴都库什山脉而入印度，为普通之路。一越开白尔岭入印度。尚有一路，从费尔干之北、俄领亚细亚之南部，经西土耳其斯坦，至伊斯色克库尔附近达于古尔卡 gulcha（在费尔干省首府浩罕东约五百里）。

又称："亚尔褒特赫尔门氏之名著《中国与叙利亚间古代之绢贸易》云，经塔里木河流域之东西贸易，西纪前一百十五年以来，达于隆盛之域，又足征也。"文中还简略记叙了海上交通路线，谓"前此东西货物之交易，专由陆路。迨亚历山大时希腊商人与素负胆略之马昔里亚出身之希腊国人等，始由印度航海……自亚历山大之印度洋记录出，希腊人与罗马人对于东方之见闻范围愈益扩充矣"。[1]

文中所说亚尔褒特赫尔门及其名著《中国与叙利亚间古代之绢贸易》，即阿尔伯特·赫尔曼所著《中国与叙利亚间之古代丝路》一书。不过，原书名 *Die alten Seidenstrassen* 并未译作"古代丝路"，而被译作"古代之绢贸易"。尽管如此，以上所录确是迄今尚见的赫尔曼这一专著及有关丝绸之路描述最早的资料。

之后，对赫尔曼著作稍详的介绍，已在 20 世纪 20 年代。1923 年《史地学报》第 2 卷第 5 期曾刊载"史地界消息"，地理类有《古代华人西域地图之再造》，文中介绍说："最近德人海尔孟 Albert Hermann 披露一文，题曰《中国古代之中亚与西亚地图》（*Die alten Chinesischen Karten von Zentral und Westasien* 载在 1919—1920 年德国《东亚杂志》*Ostasiatishe Zeitschrift* 第八卷第 185 至 198 页）"，称海氏志在蒐辑元古代汉文典籍，"据以再造中亚与西亚地图，且进而解释其假定焉"。海尔孟即赫尔曼。文中并附有地图，称"上图略示海尔孟君根据隋裴矩（605—606 H.D.）《西域图记》而再造之地图"，并注明此"图中直线即自中国赴远西之三大道"，也即丝绸之路的三条道路。[2] 又，同年《史地学报》第 2 卷第 6 期所载"史地界消息"历史类有《纪元后七百年时之东西商路》，也指出："近德人 Dr. A. Hermann 出其积年之研究，著一论文，名 *Die Verkehrsuege Zwischan, China, Indien, und Romum*

1 《地学杂志》1917 年第 8 卷第 11、12 合期；后又转载于《东方杂志》1918 年第 15 卷第 5 期。但此译作未标原文出处，故不清楚原文的作者和原刊何处。

2 《史地学报》1923 年第 2 卷第 5 期。此文"译自美国《地学季报》今年四月号"。

100 Nach Chr. Geb，于 1922 年由 Leipzig 之 J.C. Hirrichs'sch Huchhandlung 出版，论东西通商之事。"[1] 此文摘录自英国皇家《地学杂志》，进一步详细地介绍了赫尔曼有关东西商路的考证研究成果。通过上述译介，国人对赫尔曼的著作及其对丝路的考证研究有了初步的了解。

事实上，20 世纪 20 年代起，中文文献中已陆续出现"古丝商之路""蚕丝贸易通路"等不同的称呼。如 1922 年《史地学报》第 4 期刊登了美国克兰普（Frederich G. Clapp）著，张其昀译的《黄河游记》，其中讲道：甘肃省会皋兰于 1909 年建成黄河铁桥，"桥上行旅往来络绎不绝，为世界最大孔道之一（古丝商之路），凡自西安西赴新疆、青海及中亚细亚者胥由于是"[2]。文中称之为"古丝商之路"，还是一个较泛的称呼。1927 年《东方杂志》刊登了德国考古学家兰柯克（Albert von Lecoq）著，武堉干翻译的《东方与西方：德人新疆考古的新发见》一篇译作。此文原载 1927 年 11 月伦敦 *The Sphere* 图画周刊，自述其在新疆考古的经过。文中指出，中国的丝输出印度、波斯以及带希腊风情的东方国家，又论述西方希腊艺术对东方的影响，"这种新艺术便藉赖一种新信仰，由这条蚕丝贸易通路传播到中国、日本；不过因其他各种势力之羼入，颇多修正罢了"[3]。文中所说"蚕丝贸易通路"，即 Seldenstrassen"丝绸之路"的意思。

值得提出的是，1929 年《地学杂志》第 1、2 期刊登了英国赖提摩尔（Owen Latimore）讲，田嘉绩译《亚洲腹地之商路》。此文原名 *Caravan Routes of Inner Asia*，系 1928 年 11 月 5 日他在英国皇家地理学会的讲稿，讲述关于蒙古及中国新疆的地理及商路。其中论述说：公元 1 世纪中，"强武之匈奴部落，曾据巴里坤塔格岭一带（Bar Kol Tagh），扼由甘肃至哈密、吐鲁番、乌鲁木齐商路之冲者甚久，遂迫华人另辟艰难险阻之'丝道'，即由罗布淖尔荒野以至南部中国土耳其斯坦之大道也"。还讲到，"现时中国土耳其斯坦之通行大道，即沿天山之南北二道；至于沿阿尔泰之'游牧进行方向'及由罗布淖尔荒地经过之'丝路'，已陷于

1 《纪元后七百年时之东西商路》，《史地学报》1923 年第 2 卷第 6 期。

2 《史地学报》1922 年第 1 卷第 4 期。原文载美国《地学季报》（*The Geographical Review*）1922 年正月号。

3 《东方杂志》1927 年 24 卷第 23 期。

废弃矣”。[1] 可注意者，文中同时使用了“丝道”“丝路”的名称。这是目前笔者所见最早使用该词翻译的例子。另，1929 年《辅仁学志》第 1 卷第 2 期德国柯劳斯（F.E.A. Krause）著，从吾译并注的《蒙古史发凡》，在注中引有参考文献：“哈曼博士（A. Hermann）《中国叙利亚间的老丝道》1910. pp.18-20”，将赫尔曼的原书名 *Die alten Seidenstrassen* 译作《老丝道》。[2] 姚从吾留学德国柏林大学多年，时任波恩大学东方研究所讲师，姚译作“丝道”比之前“绢贸易”显然更准确到位。以上数例，可证至 20 世纪 20 年代末，在相关译文中已开始使用“丝路”“丝道”的名称。

与此同时，在中国人自撰的论著中，也开始出现了有关丝绸之路的论述。如武堉干不仅翻译了前述德国兰柯克的一篇译作，还撰写了《中国国际贸易史》，1928 年由商务印书馆出版。在“导言”中便引述了赫尔曼《中国与叙利亚间之古代丝路》一书。该书第二章“与罗马之贸易”中，更详细作了具体论述，如论及魏晋南北朝对外贸易时说：

> 在此期中，中国与罗马之主要商品，其由中国输入罗马者，仍以丝为最重要。……在西历五二七至五六五年时（梁武帝大通元年至陈文帝天嘉六年），罗马皇帝交斯第尼（Justinian）之主要对外政策，即在“重开华丝通路”。盖此等运丝通路，前为波斯萨珊王朝（Sassanid）所阻塞，而罗马君主因欲恢复华丝贸易之通路，乃不惜与阿卑色尼亚之王结盟，强迫波斯重开，此其重视中国之丝，可见一斑焉。未几运丝道路通后，罗马之景教徒来中国者渐多；而中国养蚕制丝之术，亦遂由此辈景教徒，自西域陆路方面，潜传以至罗马，此实开欧洲育蚕制丝之权舆焉。（参考 T.F. Cartor: *The Invention of Printing in China* 第十二章第 87 页）[3]

文中多次说到重开“华丝通路”“运丝通路”、欲恢复“华丝贸易之通路”及

1 《地学杂志》1929 年第 2 期。原文载英国皇家地理学会创办的《地学杂志》1928 年 72 卷第 6 期。

2 《辅仁学志》1929 年第 1 卷第 2 期。

3 武堉干：《中国国际贸易史》，商务印书馆 1928 年版，第 16 页。

“运丝道路”等。其论述所参考的书籍，综计有 Sochill（苏希尔）：*China and the West*（《中国与西方》），H.G. Wells（威尔思）：*Outline of History*（《世界史纲》），日本桥本增吉《东洋史》转引 Yule（玉尔）：*The Oldest Sea—Route to China*（《中国最古老的海上航线》）书中所述，以及 T.F. Carter（卡特尔）：*The Invention of Printing in China and Its Spread Westward*（《中国印刷术之发明及其西被史》）和日本内田寿《支那贸易事情》等论著。

由上所举，可证自 20 世纪 20 年代起，在中文相关译作中已采用了“古丝商之路”“蚕丝贸易通路”等不同的称呼；而至迟于 20 世纪 20 年代末，已开始使用“丝路”“丝道”等译名。相应地，在国人所撰的论著中，也出现了“华丝贸易之通路”“华丝通路”“运丝通路”“运丝道路”等不同的记载，这可以说是中国知识界最初接受外来的“Seldenstrassen”或“Silk road”“Silk Route”的名称和概念，并见之于译著或论著中早期接受状态的反映。因此，并非如之前学者所说的那样，推测“应该可能是在 20 世纪 30 年代就开始用”此名词，甚或认为直至 20 世纪 30 年代，仍未见到使用“丝绸之路”这一名称。只是在新中国成立以后，“我国学者开始使用了这一名称”。[1] 总之，揆之史实，实际的情况显然比我们原先认知的要早得多。

二、外来探险家西北考察活动的推动

如果说，在 1920 年代末以前，“丝路”“丝道”的名称还仅是零星地出现在专业杂志上的话，那么，到了 1930 年代初以来，有关“丝路”“丝道”的说法已在不少译著、论文中出现，尤其是 1935 年之后，已逐渐流行于学术界和一般的报刊传媒中。

1　以上诸说，分别见贾应逸：《丝绸之路初探》，《新疆大学学报》1980 年第 4 期；刘文锁：《丝绸之路：内陆欧亚考古与历史》，兰州大学出版社 2010 年版，第 2、3 页；钱冠宇：《徐文堪谈西域研究》，上海《东方早报》2015 年 3 月 8 日；袁剑：《丝绸之路、地方知识与区域秩序——“丝绸之路”的概念、话语及其超越》，《陕西师范大学学报》2017 年第 4 期。

从译著方面来说，1931年，天津《大公报·文学副刊》第159—163期刊登了觉明（向达）译的《斯坦因第三次中亚考古略记》。斯坦因称自己1915年7月中旬，始启程赴俄属帕米尔及妫水上游，自阿拉山谷迤逦而下，“循马立努斯（Marinus）所云中国向西之古丝道而行”，当时他以继续“追寻古代中国与中亚交通往来之商道军路，藉考古所得与夫中国史书上之一二纪载，互相印证，竟克觅获此道”。[1]从1931年第4期起至1933年间，《地学杂志》曾连载德国考古学家勒哥克（Albert von Lecoq）著，陶谦译述的《中国土耳其斯坦地下的宝藏》。在“叙论”中，便多处论述到“丝道”的问题：“如是佛教和它的艺术，因此达到中国土耳其斯坦的各国，以后并沿着著名的‘丝道’向东方走；在北则沿天山，在南则沿昆仑。”又从历史的角度，指出当一个强大的王朝据有王位时，“中国必被迫地在丝道经达各国的地方，沿途设置防营，加以保护，并且中国对于附庸的无数小邦，每具有极大的权威”。[2]1934年，蒙藏委员会又出版了完整的郑宝善重译本，题名《新疆之文化宝库》。在“导言”中分析指出：“佛教之文化既输进新疆，更继续东进，经旧日之丝路（昔日欧亚交通，中国丝绸运往欧洲，即系此路）”云云。书中还讲到，“新疆确为东西贸易市场之中心，丝路之经过，或在天山之南，或在天山之北，皆为中国与印度、波斯及东罗马帝国之货物交易场”。[3]两种译本均有“丝路”“丝道”的相关论述。

在这段时期中，“丝路”的名称得以有较多的传播，从现实因素来说，与国外著名的探险活动家斯坦因、斯文·赫定的几次考察活动直接相关。

1930年代以来，在报刊上即有一系列斯坦因、斯文·赫定等探险活动的报道。从当时前后报道来看，多已谈到“中国运丝赴罗马之故道”“中国运丝往欧洲之路”等，均与“丝路”密切相关联。如《大公报》1930年7月17日，标题为《斯坦因新疆调查团已取道印度出发，觅纪元前中国罗马相通之故道，深饶历史价值之一种艰险事业》，开头说：“加尔各答六月三十日合众社讯　奥人斯坦因爵士Sir

---

1　天津《大公报》第1931年1月26日、2月2日、10日及16日。

2　《地学杂志》1931年第4期。

3　〔德〕勒库克（Aloert von Lecoq）著，〔英〕巴维尔（Barwell）译，郑宝善重译：《新疆之文化宝库》，南京蒙藏委员会1934年版，第2、3、6页。原书1926年8月柏林出版，此又转译英国伦敦1928年巴维鲁的英译本。

Aurel Stein 本日自此间出发赴新疆，探觅耶稣纪元前中国运丝赴罗马之故道。”[1]同时，其他如 1930 年《时事月报》第 4 期“新疆考查团何多”，报道说：“此次斯氏前往，系在探觅耶稣纪元前中国运丝赴罗马之故道云。”[2]《湖北省政府公报》有类似报道。[3]

对斯文・赫定的探险活动也有多种报道。1933 年 10 月 22 日《大公报》报道说：瑞典著名探险家斯文博士于昨晨由平出发，赴新疆探险，将渡戈壁直趋哈密，“视察塔里木河下游，以期发现二千年前中国运丝绸至罗马之故道”[4]。次日又称：赫氏此次探险，“想寻觅两千年前中国运丝绸到罗马的故道，为直通海岸的汽车路线，以古稀的高年，在异国作万里的长征，这是何等伟大的壮举！”[5]之后《大公报》更有一系列的跟踪报道。其他如《时事月报》《申报月刊》等均有这方面的报道。直至 1935 年还在《斯文・赫定行踪》中称：“瑞典探险家斯文・赫定奉我国铁道部命勘察西北交通路线，其所注意之路有古代中国运丝往欧洲之路”云云。[6]

受此推动与影响，当时还翻译出版了斯坦因、斯文・赫定的两种考古探险著作。一是斯文・赫定著《亚洲腹地旅行记》。作为著名的瑞典考古探险家，斯文・赫定曾负笈柏林大学，是德国地理学家李希霍芬的弟子。他写过一部叫作 *My Life as an Explorer* 的书籍，记述了他在亚洲腹地尤其是在我国新疆、西藏一带探险考察的经历和见闻。1924 年此书脱稿后很快风靡世界，以多种文字出版。在 1930 年代，该书已有两种中译本。一为孙仲宽译本，书名《我的探险生涯》，为西北科学考察团丛刊之一，1933 年出版。一为李述礼译本，书名《探险生涯亚洲腹地旅行记》，开明书店 1934 年 3 月初版，一年后即再版。李译所据为德文本，前有徐炳昶的序。两种译本中均谈到了“运丝大道”。如李译本论述说：“楼兰是一座边境的堡垒，是亚洲腹部古道，特别的介乎东方的中国与西方的波斯、印度、叙利亚和罗

1 《大公报》1930 年 7 月 17 日。

2 《时事月报》1930 年第 3 卷第 4 期。

3 《斯坦因新疆调查团已取道印度入新》，《湖北省政府公报》1930 年第 106 期。

4 《新疆探险，斯文・赫定由平出发，拟探觅通新疆汽车路线》，《大公报》1933 年 10 月 22 日。

5 《天生的福人》，《大公报》1933 年 10 月 23 日。

6 《时事月报》1935 年第 12 卷第 2 期。

马之间‘运丝大道’旁边之一个前站。”[1]

二是斯坦因著《斯坦因西域考古记》。此书原名 *On Ancient Central-Asian Tracks*（《中亚古道探访记》），它与斯文·赫定的自传《我的探险生涯》齐名，并称“中亚二记”。该书先后也有两种不同的译本。早些有王竹书翻译的《新疆南路探访记》，连载于 1934 年《边铎月刊》《天山月刊》。此书共 21 章，王译似乎未刊登完。[2] 更出名的是向达译本《斯坦因西域考古记》，1936 年由上海中华书局出版。在第九章中指出，中国之同中亚以及辽远的西方直接交通，“因而开了这一条古道，就是由于古代的丝绢贸易”。又说“西历纪元前后中国织物之残遗，其所以引起特别注意，乃是因为这些东西就是在最古的丝道上保留至今的”。书中还谈到“以及向西自中国至大夏的古丝道”。[3]

两书出版后，受到了当时读者尤其是青年学生的欢迎。徐炳昶在李译本“序”中便推荐说：“我希望这个译本不久能成了全国青年学生最爱好的读物，那对于国民精神的振发，将有不可限量的良好的影响了。”[4] 陈豪楚推介两书说，两书现已译成中文，这是很可喜之事，称道“两种译本的文字，同样地忠实可靠，青年读者将藉此书而与这位世界著名探险家握手”[5]。吴绳海在《介绍几本暑假中可读的书：亚洲腹地旅行记》中则称它“在暑期中是极适当的读物”[6]。上述两书的出版与推介，无疑对于丝绸之路的介绍和传播起了重要作用，自然也扩大了“丝路”在社会上的影响。

有关探险的演讲活动则进一步推动了“丝路”在社会上的影响。如斯文·赫定曾多次在国内作考古探险活动的演讲。1930 年，他最早在中国地学会的一次讲演中，便谈到“楼兰当古代东西交通大道，罗马及波斯丝贩多至其地”[7]。在 1934 年

1　〔瑞典〕斯文·赫定（Sven Hedin）著，李述礼译：《亚洲腹地旅行记》，开明书店 1934 年版，第 372 页。也见孙仲宽译：《我的探险生活》，西北科学考察团 1933 年版，第 303 页。

2　连载于《天山月刊》1934 年第 1 卷第 1—4 期，《边铎月刊》1934 年第 1 卷第 2 期、第 2 卷第 1 期。

3　〔英〕斯坦因（A. Stein）著，向达译：《斯坦因西域考古记》，中华书局 1936 年版，第 13、108 页。

4　〔瑞典〕斯文·赫定（Sven Hedin）著，李述礼译：《亚洲腹地旅行记》，第 3 页。

5　陈豪楚：《书报评介：亚洲腹地旅行记　我的探险生涯》，《浙江青年》1934 年第 1 卷第 2 期。

6　《教与学》1935 年第 1 卷第 1 期。

7　〔瑞典〕斯文·赫定（Sven Hedin）博士讲，张星烺教授口译，聂崇岐笔记：《罗布淖尔及最先发见喜马拉雅山最高峰问题》，《地学杂志》1930 年第 2 期。

西北勘路活动完成后，当时的报刊还多次报道了中外记者的采访与他本人演讲的情况。如1935年3月18日，清华大学邀其作公开演讲，题目为《新疆公路视察记》，原题作 *Sing-Kiang Highway Expedition for the Government of China*，由侯仁之译述，刊载于《禹贡》杂志。[1] 赫氏后又至上海，“向中西记者报告考察经过”，《晨熹》杂志刊登有关报道，又一次谈道：“三月至库车，发见古城洛伦（译音）[按即楼兰——笔者注]……又古代中国丝绸，亦经此而运送至地中海，转运赴罗马。”[2] 其他如天津《益世报》等也多有转载。

除在国内几次演说外，1936年，斯文·赫定返回欧洲以后，还曾在世界各地演说，对此国内也不乏报道。当时《申报周刊》曾以“德国通信”之名，刊登了华人记者冯列山在德国对他的访问。在《斯文·赫定访问记》中，冯氏称他此次在德国各城演说，“就大受德人热烈的欢迎，入场券售价三四马克起码，而每场仍有人满为患。风头之健，较之中国的梅兰芳先生有过无不及”。采访中谈到欧亚交通的古代“丝路”问题，斯氏回答说：“昔日欧亚两洲交通的旧‘路线’，据我考察的结果，目前极可以改造为汽车公路。”还透露了自己的一个著述计划，说他“此刻所预备写的是一本大书，书名就是《线路》。我打算将全部旅行的经过并对于中国的整个印象都包括在此书中去”。[3] 此《线路》实即是斯文·赫定于本年撰成的 *The Silk Road*（《丝绸之路》）一书，后于1936年以瑞典文、德文分别在瑞典斯德哥尔摩、德国莱比锡出版。

1936年《西北导报》上，又以《欧亚通商之始原，新疆欧亚“丝路”远在数千年前》为题，报道了“斯文博士在挪京演讲”，称他应文化团体之敦请，“讲演在中国新疆一带考古经过，深谢中国当道之赞助，并谓彼在新疆时，曾探得中欧‘丝路’为历史上极有价值之发现，此项‘丝路’负有欧亚交通商务之重要使命，乃为欧亚航海途程未开辟以前，中国丝商运丝赴欧所经之途径”。[4] 同年《外部周刊》

1 〔瑞典〕斯文·赫定（Sven Hedin）演讲，侯仁之译述：《新疆公路视察记》，《禹贡》1935年第3卷第3期。

2 《查勘绥新公路之斯文·赫定到沪详谈考察经过》，《晨熹》1935年第1卷第5期。

3 冯列山：《斯文·赫定访问记》，《申报周刊》1936年第1卷第2期。

4 《西北导报》1936年第1卷第5期。

刊登了《驻那威使馆通讯》(第56号)，报道说，本年1月15日，挪威地理学会请斯文博士在挪京大学演讲，是日赴会听讲者，除当地人士及学者外，挪威国王、王太子及瑞典公使等均被邀前往，本馆王代办及夫人亦准时出席。其中也谈到，“在昔原有所谓‘丝路’，为中华丝茶运往欧洲经行之路线，惟日久湮没，不复可考”，故必须事前实地查勘云云。[1]

以上这些报道及斯氏的演讲活动、记者的采访等，说明丝路已成为引人注目的话题，不仅引起了学界和知识分子的重视，而且扩展到了一般普通的民众和学生，在社会上引起了较为广泛的关注，无疑对当时丝绸之路起了积极的推广作用。

因此之故，在此后时段中，中国学界一直表现出对海外“丝路”研究的热忱与持续的关注。1935年，斯文·赫定从西北探险归来后，编著了三部著作，其中之一即 *The Silk Road*(《丝绸之路》)。在1938年纽约英文版出版后不久，1939年上海《国际月刊》创刊号上，即以《丝路》的书名，介绍了他的这部重要著作：

> 英文本名 *The Silk Roads*，Sven Hedin 用瑞典文原著，美国纽约 E.P. Dutton & Co. 出版，定价美金五元。

文中评论说，斯文·赫定在年近七十时，还受中国政府的聘请领导探险远征队“到新疆，设法调查是否可以沿着那条古时的丝路——古时从西安到撒马尔罕及欧洲去的马车道路——而砌造一条现代化的汽车公路”。称赫定博士决定产生一部“三段曲”，以“写成关于‘丝路’的第三本书”，[2] 对此书作了很高的评价。同年12月，作者“筠”在《图书季刊》又推荐介绍了这一著作：

> *The Silk Road*.(《丝路纪行》)，〔瑞典〕斯文·赫定，Sven Hedin 著，London, George Routledge & Sons, 1938.

1　《外部周刊》1936年第107期。

2　文原：《丝路》，上海《国际月刊》1939年第1卷第1期。

322 p. with 31 plates and a map.

文中介绍，斯文博士此行考察结果，已刊行三种著作，《丝路纪行》述此行沿途的经历、趣闻与感想等，指出："所谓'丝路'者，为秦汉之际丝运入中亚细亚及欧西等地之古道。由洛阳、西安经敦煌出玉门关，以楼兰为中心，而入印度、波斯、西欧各地。"又解释其书名的来源："按'丝路'之名，非中国所沿用，乃见于德国地质家 Baron von Richthofen 'dei Seidenstrasse'，赫氏乃引用之以记其书名。"并称道赫氏以古稀之年，长途跋涉，"查勘此国际交通路线，厥功至伟，至其记叙生动，文笔风美，尤其余事也"。[1]

由上可见当时中国学界对其的重视和推介。其实，不只是广告书评，1939 年文史社编辑的《史地论丛第一辑》，在"编后记"中写道："西北国际路线古已有之。数年前瑞典 Sven Hedin 氏奉国民政府之命实地考察通新疆的道路，乘便探访古代蚕丝贸易的路线，归著《丝路》一书。今闵乃杰女士译《中国与罗马的蚕丝贸易》一文，可与前书对照阅读。"[2] 在当时相关论著中，也往往将国外研究丝路的一些著作列为重要的参考书。如王云五著《编纂中国文化史之研究》，在"外国学者编著之文化史·中外交通与贸易"部分，即列出了赫尔曼的德文论著等。[3] 这些均表现其在学者群体中的影响力，以及当时学界对海外"丝路"研究学术动态的及时关注。

三、中西交通史新学科的形成及与之关系

"丝路"名称、概念的译介与传播，又与 20 世纪 30 年代中西交通史学科的发生、发展密不可分。中西交通史是 20 世纪二三十年代一门新兴的学科，如向达所

1　筠：《*The Silk Road*（丝路纪行）》，《图书季刊》1939 年新第 1 卷第 4 期。

2　文史社编辑：《史地论丛第一辑》，文史社 1939 年版，第 145 页。

3　著录为："HERRMAN，ALBERT：*Die alten Seidenstrassen zwischen China und Syrien*（*Quellen und Forschungen zur alten Geschichte und Geographie*，*Berlin*）... 1910，"《东方杂志》1937 年第 34 卷第 7 期。

说："中西交通史在中国的史学上是一门新兴的学问，现在国内究心于此的很不乏人。"[1]张星烺、冯承钧、向达、朱杰勤、姚宝猷等是其中重要的人物，他们的译著和文章中多有介绍中西交通和丝路的内容。

作为这门新兴学科的奠基者之一，冯承钧翻译了大量法国的汉学著作。我们知道，继李希霍芬之后，法国著名汉学家沙畹在1903年所撰《西突厥史料》（*Documents Chinois Sur Les Turcs Occiden taux*）中，提出"丝绸之路"有陆、海两条，书中指出：

> 中国之丝绢贸易，昔为亚洲之一重要商业。其商道有二，其一最古，为出康居（Sogdiane）之陆道；其一为通印度诸港之海道，而以婆卢羯泚为要港。……Justinian为求丝绢，曾谋与印度诸港通市易，而不经由波斯，曾于五三一年遣使至阿剌壁（Arabie）西南yémen方面，与Himyarites（Homérites）人约，命其往印度购丝，而转售之于罗马人，缘其地常有舟航赴印度也。[2]

沙畹明确提出"丝绸之路"有陆、海两道的概念，冯译本于1932年译成，1934年由商务印书馆出版，最早将此概念比较完整地传递给了中国学界和读者。

在海外研究丝绸之路的学者中，法国汉学家格鲁赛也是重要人物之一。在同年出版的冯译《蒙古史略》第三卷"中国之蒙古帝国"，其中"马可波罗时代之东亚商业"一节讲道：13世纪时，东西交通之陆地大道有二,一为钦察道，二为波斯道，东亚货物由此两道径达欧洲。

此二道或名丝道，皆属陆道。蒙古人之侵略且将海道或香料道重行开辟。前此伊兰之黑衣大食朝及色尔柱朝，对于西方之人皆闭关自守，波斯之蒙古汗则将门户开放，一任基督教之传教士与商人经行海道而赴中国。

再次谈到陆路"二丝道"和海道或香料道，"遂将古代以来阻遏不通之世界海

1　向达著：《中西交通史》，中华书局1934年版，第2页。

2　〔法〕沙畹（Edouard Chavannes）著，冯承钧译：《西突厥史料》，商务印书馆1934年版，第166、167页。

陆通道重再开辟”[1]。冯承钧首先译介了陆、海两道丝绸之路的概念及其具体内容，通过以上冯译的介绍，国人就比较清楚地了解到“丝路”的概念与内涵，对此后中西交通史和中国历史的研究也是颇有影响的。

在中西交通史翻译方面，朱杰勤也是重要的一位。1935 年，他翻译美国路易丝·华勒斯（Louise Wallace Hackney）的《西洋美术所受中国之影响》，其中谈到，征诸历史，“中西之交通实以丝为媒介耳”。在罗马倾覆之后，“丝路久为波斯之沙散里（Sassanian）势力所封闭，西历五二七——五六五年，竟为查士丁尼（Justinian）及其继位者设法打通之，此举殊可称为外交政策最精彩之一段”。[2]次年翻译的查尔斯沃思（M.P. Charlesworth）《古代罗马与中国印度陆路通商考》中，也谈到当时文献中有一短小的旅行记，“为差力士（Charex）地方之以锡度氏（Isidore）所辑成者，所述为运丝之路，而苏马至巴克特里亚之站，亦详载无遗”。文中论述了古代罗马与中国通商贸易状况，并指出，斯坦因在塔里木河流域之米兰（Miran）的发现尤为壮举，“在此荒芜之炮垒中，乃竟有旧丝路之壁画及绘画崛起，且此画品又为印度、希腊美术之混合品，出于此地，人所快睹者”。[3]他还将这些译作集合成《中西文化交通史译粹》，于 1939 年由中华书局出版。

与此相关联，在论述中西文化交流，特别是中国印刷术的发明及其西传时，作为其传播重要途径的“丝路”也常被提及。最早如张德昌 1933 年在《新月》上评论美国学者嘉德（T.F. Carter）《中国印刷术之发明及其西渐》（*The Invention of Printing in China and its Spread Westward*），该书由哥伦比亚大学 1925 年出版，1932 年又出修正版。文中指出印刷术的发明是中国对世界文化一种最重要的贡献，说：印刷术怎样传到西方去的呢？这个问题作者只给了几条可能的途径。作者叙述自汉以来在丝路（Silk way）的大道上——由中国经西域、月氏而达小亚细亚——文化交流的情形。说明中西文化从来不曾间断过。[4]

---

1 〔法〕格鲁赛（R. Grousset）著，冯承钧译：《蒙古史略》，商务印书馆 1934 年版，第 84、85 页。

2 《史地周刊》（广州《军声报》周刊）1935 年 9 月 11 日；又载《现代史学》1937 年第 2 期。

3 《食货》1936 年第 4 卷第 2 期。本文译自《罗马帝国之商路及商业》（*Trade Routes and Commerce of the Roman Empire*）第六章。

4 张德昌：《中国印刷术之发明及其西渐》，《新月》1933 年第 4 卷第 6 期。

其中即用了“丝路（Silk way）”的名称。此书后由刘麟生译述，以《中国印刷术源流史》之名，连载于1936年《商务印书馆出版周刊》。在第三编“中国雕版印刷术之西渐”中指出：

> 东西文化之灌输，实由丝绸为之媒介。……当时罗马帝国需要丝绸，惟中国产有此物，因此欧洲陆路贸易遂辟一新路线，由土耳其斯坦至波斯，由波斯经叙利亚，以达于地中海各国，如腓尼基及巴力斯坦（圣地）诸商港。吾人无以名之，名之曰“丝绸来往之大道”。

文中称“当日东西文化之灌输，固皆借重于此丝绸往来之大路”[1]。此书后有商务印书馆1938年版，文字略有更动。

世界史著作的翻译也是一条重要的途径。1933年世界书局出版了美国卡尔登·海士（Carlton J.H. Hayes）、汤姆·蒙（Parker Thomas Moon）著，伍蠡甫、徐宗铎翻译的《上古世界史》。本书原名*Ancient History*，为美国中学古代史教科书一册，中译本将其分为《上古世界史》《中古世界史》两册出版。在第四篇“远东的古典文明”第十二章“中国与印度和近东的接触”中叙述说：

> 武帝的武功和运丝的路径（Silk Route）前汉的几个皇帝，一面提倡孔教，一面更致力于国土的扩张。武帝这名字，在美国的读者或许不甚熟悉。但武帝的地位的确可与亚历山大、恺撒、查理曼（Charlemagne）等并列。他在位很久（纪元前一四〇年至纪元前八六年），重新克复扬子江的南部，合并高丽的一部，但他最大的武功，是开辟一条到西方去的运丝路径。

在记叙了汉武帝派遣张骞出使西域和军队开辟丝路的历史之后，又指出：“这些武功的结果，不但给中国增加了东土耳其斯坦的地方，并且还使中国在商业和文

---

1 〔美〕卡德（T.F. Carter）原著，刘麟生译述：《中国印刷术源流史》，《商务印书馆出版周刊》1936年新第198、199、200期；又见刘麟生译述：《中国印刷术源流史》，商务印书馆1938年版，第99、103页。

化上，与印度、波斯互相接触。远东从此不再和其余的世界完全隔绝了。”[1]书中更以整整2页多的篇幅，以浓彩重墨十分详尽地叙写了丝绸之路的情况。此种世界史教材一年后即再版，以后又多次重印，由此更扩大了有关“丝路”的传播及影响。

在其他相关译著中，1936年之后仍多有这方面的叙述。如法国裴化行（H. Bernard）著，萧浚华译《天主教十六世纪在华传教志》，上编第一章称：“自从十四世纪末叶，正式的运丝之路，确已被跛王帖木儿在亚洲的西部掐断（一三六九）——大概这是天主教中断的主要原因。”第二章“佛郎机商人初次来华的经过”中说：“他们这次所走的路，并不是早先欧洲人为到远东来所走的‘丝路’”，此时唯一能与中国取得联络的方法只有海路。书中同时还谈到了“香料之路”。[2]丹麦汤姆森（V. Thomsen）著，韩儒林译《蒙古之突厥碑文》导言指出：“例如与东罗马帝国交涉，则俨然为一自主可汗，共通使原因首在昔为嚈哒人所经营之丝道，而今突厥人欲夺取之，至于希腊人，当时正欲包围波斯人也。”[3]法人邵可侣（Jacques Reclus）著，郑绍文译《伊兰尼亚与不达米亚》论述说：“它与世界各处接触，还是近代的事情。当初伊兰人的势力与以后希腊人的领土没有越过这个高的锡尔河流域，穿过山脉，由商人攀登，伸向辽远之中国的‘丝道’就从此处起点。”[4]诸如此类，不一而足。

以上所论，一般都经由欧美的介绍而来，而从传播的来源与途径来说，也有来自日本学者方面的论著。如长泽和俊所说，日本对丝绸之路的研究，是从东方史的塞外史研究开始的，白鸟库吉、桑原骘藏、藤田丰八、羽田亨等学者的研究取得了迄今仍很重要的成就。[5]这些对中国学界也产生了相当的影响。

日本学界一般将丝绸之路称之为“绢の路”或“绢の道”，也有称为“玉绢输

1 〔美〕卡尔登·海士（Carlton J.H. Hayes），汤姆·蒙（Parker Thomas Moon）著，伍蠡甫、徐宗铎译：《上古世界史》，世界书局1933年10月初版，1934年11月再版，第335、336页。

2 〔法〕裴化行（H. Bernard）著，萧浚华译：《天主教十六世纪在华传教志》，商务印书馆1936年版，第35、43、45页。

3 《禹贡》1937年第7卷第1、2、3合期。

4 〔法〕哀利赛·邵可侣（Jacques Reclus）著，郑绍文译：《伊兰尼亚与不达米亚》，上海文化生活出版社1937年版，第46页。

5 〔日〕长泽和俊：《丝绸之路研究的回顾与展望》，《世界历史译丛》1979年第5期。

出之道”的。如1933年三宅米吉著，姚微元译《古代欧亚大陆交通考》，指出玉之一物，中国人自古重视，又说：“蚕原产中国，而绢则早播西域。犹太经典，希腊古籍，均尝载其邦人赞美绢布事。太古于阗人，自中国得绢，复转运至西方诸国。……其后波斯人兴，继续此项通商。大食人（即阿拉伯人）又从海道传播云云。”文中论述了中国与西域交通的两条主要路线，称“此太古西戎入寇之所由，亦即玉绢输出之道也。自张骞通西域后，僧贾之往来，悉循此道，中西交通，乃益频繁矣”。[1]同时期的姚玄华在所撰《西北交通之史的研究》中，便采纳了上述说法，称“此太古西戎入寇之路，亦玉绢输出之路也”[2]。

又如藤田丰八等著，杨炼译的《西北古地研究》，1935年由商务印书馆出版。在《鄯善国都考》中论证新疆楼兰扜泥城位置时，指出此事已有讨论，“除采用信任Hermann主张之《贩绢路由考》与《唐书》之文外，更有进一步考究之必要”[3]。即引证了赫尔曼的著作《中国与叙利亚间之古代丝路》。1938年白鸟库吉著，王古鲁译《塞外史地论文译丛》，在《拂菻问题的新解释》中说：据前引《西域图记》序文，自敦煌至西海共有三道，“其中‘南道’‘中道’系自古以来东西客商时常往来的一定的通商路径，华丝大抵由此输入西域，所以今日的东方学者称之为‘丝路’”。同时分析论证说，“今日的东方学者，如果称‘中道’与‘南道’为‘丝路’，则‘北道’应当亦可呼为‘毛皮路’了”。[4]因而，我们不仅要注意到西方译著对中国学界的影响，同时也应看到中国学界与日本学者互动的一面。

在上述译著引进输入的影响下，20世纪30年代之后，“丝路”“丝道”等名词逐渐在中国传播开来，并为中国学人所接纳和采用。不过，就学界对其的接受采用而言，也有一个逐步渐进演化的发展过程。如前所述，美国学者嘉德20世纪二三十年代撰写《中国印刷术之发明及其西渐》时，还说“吾人无以名之，名之曰‘丝绸来往之大道’”。可见即使在当时的欧美学界，关于丝路（Seidenstrassen，

1 《地学杂志》1933年第2期。

2 《新亚细亚》1933年第6卷第5期。

3 〔日〕大谷胜真：《鄯善国都考》，藤田丰八等著，杨炼译：《西北古地研究》，商务印书馆1935年版，第12页。

4 〔日〕白鸟库吉著，王古鲁译：《塞外史地论文译丛第一辑》，商务印书馆1938年版，第303、304页。

Silk Road，Silk Route，Silk way）的名称，其实尚未有统一的定名。在国内学界同样存有各种不同的称呼，有称之为“蚕丝贸易通路”“运丝赴罗马之故道”“运丝往欧洲之路”“丝绸来往之大道”，或称为“运丝之路”“运丝大道”“贩丝之道”“丝路”“丝道”“大丝路”“老丝路”“旧丝路”“古丝道”等。其他还有诸如“绢路”“绢道”“玉绢输出之道”“毛皮路”“丝茶路”之类的。海道则称之为“香料路”或“香料之路”。从而呈现出命名多样化的繁复样态。这种多样性正表明，一个新名词的产生、传播和被接纳并非一蹴而就，尚需有待时日的考量，而国人对此也有个逐渐接受和自主性选择的过程。

证以相关资料，中国学界在20世纪30年代之后，已开始逐渐使用上述名称。最初名称并不统一，如丝路起初也被称为“蚕丝路”。1931年贺昌群发表《西北的地理环境与探险生活》，文中论述说：“帕米尔高原在古代是东西交通的必经之路，古代乌浒河流域与塔里木河流域的商业、文化的交流，都依此为命脉，西方古地理学者谓之为‘蚕丝路’。”[1]也有称之为“绸缎之路”的，如1933年《北辰》第14期葭水的《戈壁大沙漠的秘密》，其中称：“有所谓‘绸缎之路’的，是汉朝张骞出使大月氏的道路。在Lobnor湖（罗布泊）的附近一带，这时尚可看见当日从中国运绸缎到巴比伦，Tyr，Alexandrie罗马诸城的车马辙迹。”[2]也有称之为“丝路”与“玉道”的，如1937年邵可侣著，郑绍文译《社会进化的历程》，在论述民族“迁徙与商业”时指出，“至于东方则有所谓‘丝路’（Route de soie）与‘玉道’（Route de jaoe）的历史路线”[3]。而在此名称和概念形成过程中，其重要的趋向则是渐而集中于“丝路”“丝道”的名称。

考察这一发展进程，我们可以发现，采用“丝路”“丝道”的名称，较早大多出现在专业性较强的论著中。如前所述，1933年，张德昌在评论嘉德《中国印刷术之发明及其西渐》时，最早直接采用了“丝路（Silk way）”一词。1935年，朱杰勤撰写《华丝传入欧洲考》，也借鉴参考了之前自己的译著成果，文中论述说：

1 《中学生》1931年第16期；又见中学生社编：《发掘与探险》，开明书店1935年版，第98页。

2 《北辰》1933年第5卷第14期。

3 〔法〕哀利赛·邵可侣（Jacques Reclus）著，郑绍文译：《社会进化的历程》，文化生活出版社1937年版，第88页。

“欲考华丝传入欧洲之情况，不可不先探其丝路。据吾所知，丝业及交通之文字，记载盖尠，所希望之证据，惟有于吉金贞石求之。”[1]作为西北科学考察团的成员，1935年陈宗器在《罗布泊与罗布荒原》考察报告中也较早采用了这一名称，其中讨论的内容之一就包括“Silk road”。[2]此文后载于1936年《地理学报》第3卷第1期，其中专门有一节讨论“丝道”，文中交叉使用了“丝路”“丝道”。[3]陈氏曾多次随西北科学考察团到新疆罗布泊、楼兰考察，显然受到斯文·赫定、斯坦因等的影响，并较早接受了这一名称而写入论文中。

姚宝猷也是中西交通史研究的重要学者。1937年他撰写了《中国丝绢西传考》数万字的长篇专论，认为我国丝绢西传，“固先遵陆而后循海也”。他在注释中指出，有些历史学家“谓丝绢在昔当亦曾由此大黄西输之路传入欧洲；并以为罗马帝国对于Armenia，Iberia，Cimmerian，Bosphorus诸地之政策，其决定亦与此丝路有关。其实，丝绢并非由此路西传”。又谈到纪元前后欧人对于丝国，“称其产地之住民或贩卖丝绢之商人为‘赛里斯’（Seres）；称其贩运之路为‘赛里斯之路’（Road of the Seres）”云云。[4]此后他又于1944年出版了《中国丝绢西传考》一书。在中国人自己编著的世界史著作中，此时也出现了“丝路”的说法。如1937年何鲁之编著的《欧洲中古史》，在第七编“欧洲之曙光”——“地理知识与航海术之进步”中叙写说：“时丝路与香料路皆为亚拉伯人所把持，而当时欧洲人又不明亚洲之地理，只笼统称呼以上诸地为印度。”[5]指出欧洲人地理大发现之第一动机，即在寻求通往印度的新路。又，1939年，文原和筠分别在上海《国际月刊》和《图书季刊》推荐斯文·赫定 *The Silk Road*（《丝路纪行》）这一著作时，均采用了“丝路”的名称。

除专业性较强的论著外，在一般著述和报刊中也出现了有关“丝路”的论述。如1936年蒋军章编著的《新疆经营论》，在阐明“新疆在国防上的地位”时指出：

1 《文史汇刊》1935年第1卷第2期。

2 本书编写组编：《中国科学社第二十次年会记事》，中国科学社1935年版，第39、40页。

3 《地理学报》1936年第3卷第1期。

4 《国立中山大学研究院文科研究所历史学部史学专刊》1937年第2卷第1期。

5 何鲁之：《欧洲中古史》，商务印书馆1937年版，第219页。

中国通使西域虽始于汉武帝时的张骞，“但是张骞以前，实已早有往来。中国的丝，汉以前已由西域传往希腊、罗马，外人称为‘丝路’”[1]。在新闻报道中，《申报》1939年1月有一则哈瓦斯电的《苏联赶工修筑公路通至新疆惠远》说：“古昔所谓‘丝路’，乃系印度、波斯各国与中国通商必由之路”，当时驼队均自苏联塔什干城等通至库尔嘉城（即新疆惠远城），“兹为便利交通计，又复决定予以修复”，开始在苏俄境内建造公路。[2]同年11月1日，又有美联社报道《蒋委员长犒奖回军筑路》称，中国西北各省公路多由马氏回军协助筑成，包括甘肃、新疆间直达苏联边境的公路，全线长1 172公里，“所经之处，即为往者之丝道，两旁植有林木，诚一壮观”云云。[3]在上述著述与报道中，便分别使用了“丝路”“丝道”的名称。

通过以上史料的爬梳，可以清楚地看到，从20世纪30年代初起，由于斯坦因、斯文·赫定等在西北新疆等地探险活动的直接推动，以及中西交通史学科的形成和发展，经学人相关论著的译介和引进传入，缘此诸因，“丝路”“丝道”等名称和概念开始在中国传播流行。就其过程而言，起先大多出现在相关的译著、译文中，由此其名称和概念渐渐为人们所熟悉、接受。一些学人在撰写论文和专著时，也陆续采纳使用了这一外来的新概念和新名称。1935年之后，运用这一名称的明显增多，并作为表述学术思想的一种概念工具。至1930年代末期，在一些论著和新闻报道中，也出现了有关“丝路”的论述。不过，实事求是地说，从总体上来看，在国人自己的论著中，采用此称谓在数量上还是不多的，即使是研治中外交通史的学者本身，也还习惯以“中外交通史”“南道”“北道”等词汇来加以表述，而较少采用这一名称和概念。只是到了1940年代以后，这种情况才有了很大的改变。

以上主要从学术史发展的角度，考察探讨了20世纪30年代以来丝路名称和概念的形成与传播。而从更大更为广阔的时代环境而言，应当说丝绸之路的备受关注，又与这一时期“开发西北”的呼声与思潮相联系。尤其是1931年日本发动“九一八”事变，东北沦亡之后，西北的地位更加引起国人的重视。正是在这种历史环境与条件的转折之中，西北的战略地位凸显，而丝绸之路作为西北的重要交通

1 蒋军章编著：《新疆经营论》，正中书店1936年版，第2页。

2 《申报》1939年1月11日；又见同日《新闻报》，标题为《新疆通苏境修筑公路一段业已完成》。

3 《申报》1939年11月1日。

线路，其重要性显得尤其突出，从而引起了时人的强烈关注。由此，对有关丝绸之路的知识、认知与实际传播，也催发了学界与知识阶层乃至普通民众的兴趣。从政治、军事、社会诸层面来说，这些显然也是重要的因素和推动力。由于篇幅关系，这方面的情况就不展开讨论了。

四、“丝路”概念的普遍运用与基本定型化

1940 年代之后，在相关译著与国人的论著中，有关“丝路”“丝道”的记载已经屡见不鲜，并得到了相当普遍的运用。

这不仅体现在持续不断的译著中，如 1940 年出版的德国巴克霍森（Joachim Barkhausen）著，林孟工译《成吉思汗帝国史》中说：“那个有名的‘丝路’，即自西徂东的商队要道，的确也可以同样从波斯或从突厥领土经过。”[1] 美国约翰·干瑟（J. Gunther）著，王一之等译《亚洲内幕》第十章“巨大的中国”称：“甘肃与其省会兰州在战略上很居重要地位，因为它们控制着从中国到新疆与苏联的通商大道，旧日的‘丝道’。”[2] 1941 年，美国拉铁摩尔（Owen Lattimore）著，赵敏求译的《中国的边疆》卷一第六章中论述说：“在历史上这一条路叫作‘丝路’，从甘肃西部到罗布泊，然后又沿昆仑山麓到和阗、莎车、疏勒”，“它在疏勒与‘丝路’会合，完成包围大戈壁的环”。指出张骞发现西域以后，“由于新知识的取得，中国贸易由丝路经中亚细亚，要求新市场，国力渐渐到需要一个殖民地帝国，以及遣派军队征服新土地的结果”。虽说“西方的作家们都以为中国要维持‘丝路’的交通”，但他认为，其实这个贸易多半掌控在中亚细亚商队商人及中间人手里。[3]

在世界史译著方面，1941 年出版了重新修订的美国卡尔登·汉士（Carlton

---

1 〔德〕巴克霍森（Joachim Barkhausen）著，林孟工译：《成吉思汗帝国史》，中华书局 1940 年版，第 25 页。

2 〔美〕约翰·干瑟（J. Gunther）著，王一之等译：《亚洲内幕》（上卷），时与潮社 1940 年版，第 334 页。

3 〔美〕拉铁摩尔（Owen Lattimore）著，赵敏求译：《中国的边疆》，正中书局 1941 年版，第 115、116、323、324 页。

J.H. Hayes）等合著，邱祖谋译的《世界史》，成为一种重要的世界历史教科书。在第四篇第十二章“中国和印度近东的接触”中，更清晰地叙述了丝路的情况。其中专门有一节论述“运丝的大路 Silk Route”，称“这条商路渐成为著名的向西方运丝的大路。使中国得以和印度及近东发生商业和文化的接触。汉武帝最重要的胜利便是开辟这条‘运丝的大路’”。书中还以“沿着运丝的大路”“中国的丝”“一个有价值的秘密”等几个小标题，分述了历来丝路的贸易发展状况。在此下一节“中华帝国”中，又有“武帝与运丝大路”的论述。[1] 此书在40年代曾印行了多版，影响甚大。又，该书后还有大孚出版公司的另一种译本，为美国海思（Canrlton J.H. Hayes）等著，刘启戈译的《世界通史》，在第四卷第十二章“中国与印度及近东之接触”中，有“丝道”的专门介绍及“汉武帝与丝道”的论述。[2]

甚至在一般性的环游论著中，也不乏这方面的例子。这些都表明，在这些译著中，“丝路”“丝道”已成为常用的称谓。

如果说，以上所说还仅见于译著的话，那么，在这一时期中国学者的论述中，“丝路”“丝道”等也成为一种相当常见的词汇。一些专业性的史学论文，如1940年张芝联在《古代的中西交通》中论述说：“因为西方不知道产丝的方法。历史家甚至名汉代中西交通的路线为‘丝路’（Silk Route）。”[3] 杜光简撰《唐宋两代产丝地域考》指出，“当时中国之丝绢，经新疆运至中亚，又辗转而至罗马。此种贸易孔道，外人称之为‘Silk Route’（运丝之路）。迨至唐代，海上贸易发达，中国之丝绢，乃分由水陆两道运至中亚及欧洲，而宋代海上丝绸贸易，尤为繁盛”[4]。马元材撰《自张骞至班超之丝路经营》，更直接以“丝路经营”作为论文的标题。[5]

1942年龚骏撰写的《两汉与罗马的丝贸易考》，则多引据赫尔曼的考证，具

1 〔美〕卡尔登·汉士（Carlton J.H. Hayes）等合著，邱祖谋译：《世界史》（上册），正行出版社1941年版，第159—161、163页。

2 〔美〕海思（Canrlton J.H. Hayes）等著，刘启戈译：《世界通史》（上），大孚出版公司1948年版，第225—227、232页。

3 上海《文哲》1940年第2卷第2期。

4 《责善半月刊》1941年第2卷第5期。

5 马元材：《自张骞至班超之丝路经营》，《舆论》半月刊1941年第2卷第11期。该文未见，此据《马非百自传》后附《马非百主要著作目录》，见晋阳学刊编辑部编：《中国现代社会科学家传略》（第三辑），1983年版，第49页。

论汉代西域交通南北中三条干线。文中分析说："所谓'丝路'创自李查丰（氏著 *China* 一书，一八七七年柏林出版）……赫尔曼则认为此路应由中亚申引而西至叙利亚（*Die Alten Seidenstrassery* 一〇页）。塞克斯更把这两条路即中国和西亚及中国和印度的丝路连贯起来，成为古代中国对外丝绢的交通网（氏著上引书译本三六页一图）。"指出"但吾人则以赫尔曼的考证为最详尽而正确"，并引用其结论，指出由此我们"对于两汉时代的丝路及其种种演变的过程，已不难窥其梗概"。[1] 此后在《甘英出使大秦考》中，他又进一步论述安息沟通中国和罗马间古代丝路的三条路线。[2] 可以说，龚骏是引据赫尔曼之说最多的一位学者，由此反映出赫尔曼之说在中国学界的重要影响。

在论述中国西北地区尤其是甘肃、新疆的书籍中，使用"丝路""丝道"名词更是司空见惯。如 1941 年地理学家胡焕庸著有《地理与国防》讲演集，在《陕甘在国防上的地位》即阐述了其重要性："这里自从汉朝以来，就是中原通达西域的唯一要道，也是中国的丝运到罗马去，平常所称的'丝道'。"[3] 陈正祥在所著《河西走廊》《塔里木盆地》两书中，论述河西走廊地处冲要，塔里木盆地自古为东西陆路交通要道，"因两道皆在南疆，故称为'南路'，历史上著名之丝道，亦即指此而言"。指出"丝道乃当时国际贸易之动脉"，长城及烽火墩的遗迹迄今犹历历可考。[4] 邓静中《河西南疆间之交通路线》指出，此道自楼兰西行，出葱岭以达叙利亚及罗马，"商贾络绎不绝于途，中国之丝成为罗马贵族最重要之衣饰，欧人称之为运丝大道（Silk Road），前之南北二道相形减色。因此路兼具经济与军事之价值"[5]。李烛尘的《西北历程》写道：中国在通海以前，"欧亚交通实循西域经中亚细亚、波斯，出地中海而至罗马，所谓汉以前之'丝路'也。东西文化之沟通已负莫大之任务"[6]。

1　《文史杂志》1942 年第 2 卷第 5、6 期。

2　《东方杂志》1944 年第 40 卷第 8 期。

3　胡焕庸：《地理与国防》，正中书局 1941 年版，第 46 页。

4　陈正祥：《河西走廊》，国立中央大学研究院理科研究所地理学部丛刊，1943 年版，第 20、21 页；《塔里木盆地》，1944 年版，第 27、28 页。

5　邓静中：《河西南疆间之交通路线》，中华书局 1944 年版，第 11 页。

6　李烛尘：《西北历程》，文化印书馆 1945 年版，第 186 页。

即在一般论撰与报刊中，采用此名词概念的也屡见不鲜。如1942年张熙写的《委座访印》说：中印的交通路线，“一由印度北部沿印度河上源出阿富汗，接欧亚交通大路之‘丝路’以达西安”云云。此下还加注说明：“汉时，中国丝由长安出葱岭经大夏、安息以达大秦，因名这路为丝路。”[1] 1942年9月，《大公报》记者高集采写的《河西四郡　西北纪行之七》中称：河西走廊在中国的历史上曾几度有过灿烂的光芒，“汉唐的声光远播到中亚、欧洲，也是这条走廊的作用。有名的‘丝路’便是由河西经天山南路至中亚细亚的大道”[2]。1944年11月《新疆日报》载《印度驻华专员梅农乘牛马遵丝路来迪》，报道其“乃同支总领事循丝路东来”，称“是路为过去中印文化交流动脉”，[3] 等等。

值得注意的是，1941年出版的《西北问题论丛》第1辑上，还专门刊登了“丝路”的条目来解释这一名词：

> 丝路起于汉武帝派张骞通西域之时（纪元前一二二年），东方特产之丝因之畅销达于地中海希腊、罗马等地方。其路凡三：中路自敦煌西行过苏勒河，经三龙沙、居庐苍及白龙堆，以至楼兰而趋营盘，以达波斯、印度、叙利亚、罗马等地。北路由古玉门关折而西北至吐鲁番，经焉耆，西南行与楼兰之道合，经库车、阿克苏而至疏勒。南道由敦煌西南行，经婼羌、和阗，而至疏勒。三路之中，以中路道程较近，贸易亦最盛。[4]

此条目文字不长，比较简明扼要地解释了丝路的历史及道路状况。由上可知，在20世纪40年代之后，无论是在译著还是在史学论文、专著等方面，抑或是在一般的论撰中，有关“丝路”“丝道”等名称和概念已经相当普及，成为人们耳熟能详的惯用名词。

就名称的厘定来说，当时报刊大多称之为“丝路”“丝道”或“运丝之路”“运

1 《中等教育》1942年第4辑。
2 《大公报》（重庆版）1942年9月15日。
3 《新疆日报》1944年11月21日。
4 《西北问题论丛》1941年第1辑。

丝之道”等，而极少有称之为“丝绸之路”的。笔者唯一所见的一例，是 1943 年 2 月《申报》上选民撰写的《马来亚纵横谈》，其中有关“列强侵略史要”，叙述了 16 世纪葡萄牙人占领印度和马六甲，在当地设立商馆，“当时还没有橡胶，也无石油与锡，欧洲人所追求的是南洋特产的香料，所以，当时北循陆路越天山以至中国以取丝的道路，叫作‘丝绸之路’，而南越马六甲出南海以取南洋香料的路就称为‘香料之路’”[1]。此处以“丝绸之路”与“香料之路”对举，一指陆上，一指海上，可以说是在报刊媒体上最早使用“丝绸之路”一词的先例。不过，在整个 1940 年代，该词只是偶然一见，并未流传，事实上，当时通行习用的还是“丝路”“丝道”。需要指出的是，这一时期在众多的译著、论著中，无论是“丝路”还是“丝道”，均是丝绸之路的正式译名和名称，不少还特意注出其外文（如 Seidenstrassen，Silk Road，Silk Route，Silk way）。由此可见，“丝路”“丝道”并非“丝绸之路”的简称，而是其正式的名称。从今天来说，“丝绸之路”显然是一个更为流行的名词和概念，而这一名称的真正流行则要在中华人民共和国成立以后，至 1950 年代后才表现出其强大的生命力。因此，如果回到历史的语境，我们显然不能因为“丝绸之路”这一概念在今天的重要性，而反过来认为“丝路”“丝道”即是“丝绸之路”的简称。

1945 年抗战胜利之后，上述态势在译著中仍在继续。有关这方面论著甚多，兹不赘举。在国人的论著尤其是有关中国西北的书籍中，采用“丝路”“丝道”名称与概念的更是比比皆是。如 1946 年何敏求等编著《中国地理概论》，说我国历史久远，不愧“丝国”之称，“汉唐开通西域，丝织经天山南路以入中亚，称为‘古丝路’。海禁既开，丝茶同为出口大宗，民初且曾列出口首位”云云。[2] 叶祖灏编《宁夏纪要》，是他在宁夏进行考察的纪要，书中指出：“汉代通罗马的唯一要道，所称之‘丝路’（Silk Road）亦即在此，斯文·赫定（Sven Hedin）且有专著《丝路》（*The Silk Road*）一书，以申论其事。于此益足证明弱水流域一带地方，实为我国古代文化之一摇篮地。”[3] 其他如吕敢《新新疆之建设》、倪超《新疆之水利》、

1　《申报》1943 年 2 月 24 日。

2　何敏求等编著：《中国地理概论》，正中书局 1946 年版，第 114 页。

3　叶祖灏编：《宁夏纪要》，正论出版社 1947 年版，第 108、109 页。

陈澄之《伊犁烟云录》等，均多处论及“丝路”“丝道”及其在中外交流中的重要作用。如倪著记其1945年考察新疆水利情况，指出阳关北、南两道“为古代通西域最主要路线，吾国之丝织品由此输运西方，故外人名为‘丝道’”[1]。陈史坚《中国的地形》讲述西北地带时，称“这条路是通达古罗马帝国的运丝大路，欧洲人叫它作丝路”[2]。

尤为值得指出的是，不少论著不仅回顾历史，还展望丝路的未来，论述其经济、文化上的重要战略意义。这方面的论述也应引起我们的重视。如吕敢著《新新疆之建设》，在“绪论：新疆的重要性”中指出：从交通地理观点上看，新疆为海洋时代以前欧亚两洲交通的要道，“倘能恢复古代的丝路，延长陇海铁道经甘肃而入新疆，再由阿富汗、伊朗、小亚细亚而直驱欧洲，可为东西交通的唯一捷径”[3]。陈澄之所撰《伊犁烟云录》，更以“‘丝路’现代化”作为标题，指出整个欧亚腹地分剖为两个腹地，东半个亚洲腹地正以我国的伊犁为中心，我国西北确当亚洲腹地的枢纽。书中从地缘政治角度出发，论述中国的复兴与振兴西北问题：“根据政治地理的‘堪舆’，中国今后复兴，宜先以全力兴西北。西北兴，先要恢复西北古代的繁荣；至少先要重见当年‘丝路’现代化的实现。中国要成了能左右全球的一个新兴国家，一定要利用地理上所赋予我们的优越位势，以全力形成伊犁为中国西北上的中心，至少先要重整十八、十九世纪伊犁曾表现过的重要性。如此，我们才算开始对中国的西北尽了部分的责任。”书中还记叙他道经塔什干时，曾和中亚一位史家讨论中国民族文化中心的发源，并且说：“中国历史上历朝历代，都竭力沟通‘丝路’，其最大目的是惟恐文化泉源的断绝。”[4]以上这些论述，不仅较为深入地阐明了“丝路”重大的战略意义，揭示其在经济、政治、文化上的巨大价值和深远内涵，即使对于我们今天在新形势下开发丝绸之路，这些认识还具有十分重要的现实启迪意义。

这一时期最具标志性的是“丝路”“丝道”的名称及具体介绍还直接写入了中

1 倪超编:《新疆之水利》，商务印书馆1948年版，第24页。

2 陈史坚:《中国的地形》，生活·读书·新知三联书店1949年版，第30页。

3 吕敢:《新新疆之建设》，时代出版社1947年版，第5页。

4 陈澄之:《伊犁烟云录》，中华建国出版社1948年版，第51、67页。

学的史地教科书中，成为一种官方定型化的标准话语。当时一批国定教科书陆续出版发行，如 1946 年，由教育部教科用书编辑委员会编纂的《初级中学地理》，在第三册第三编“北部地区”第 75 课“甘肃省”中叙述说：

旧式大车和骡马在本省交通上仍很重要，从西安、兰州经河西到新疆的道路，是古代中西交通的要道。那时，中西交通以敦煌为总汇，西向循新疆南部，可以通到印度和亚洲西部诸国，当时从中国运往西方的货物，以丝绸为主，所以这条大路也叫做“丝道”。

作为“教育部审定”的部颁标准教材，本书每课后均附学生作业。很有意思的是，在该课后面“作业”中还附有两个复习题，其中之一为：“甚么是‘丝道’？‘丝道’在古代中西交通上有甚么重要性？”[1] 由此可见，丝路已成为教材中的一个重要概念，是考核学生必须掌握的基本知识点。

又如，由任美锷编辑的《初级中学地理》第四册第 110 课“新疆省”叙述说：

【交通】古代我国与西方的陆路交通，都取道天山南路，从甘肃的敦煌西行，有两条路线，南道循昆仑山北麓，经且末、和阗，北道循天山南麓，经库车、阿克苏，两者西端都终于疏勒，从疏勒越帕米尔高原可到中亚和西亚、东南欧，汉唐时候我国输出的丝绸，都循这条路线运往欧洲，所以这条欧亚大路也叫做“丝道”。从疏勒西南行，越过喀喇昆仑山，可通印度，唐代玄奘到印度求经，即是经由此道。唐代以后，从敦煌到疏勒这条大道，逐渐荒废。[2]

文中清晰扼要地描绘了丝道的走向、取名由来及其至近代的沿革变迁等。1947

1 任美锷编：《初级中学地理》（第三册），国定中小学教科书七家联合供应处 1946 年版，第 65—67 页。最早为 1945 年 10 月上海白报纸本第 1 版，至 1946 年 9 月上海白报纸本已第 115 次印刷。该书后又多次重印。

2 任美锷编：《初级中学地理》（第四册），第 72、73 页。

年邓启东编著的高中《本国地理》，在第二编“蒙新地方”第26课“塔里木盆地”中同样有大段关于“丝道”的论述。[1]这种地理教科书的发行量很大，1947年9月初版，至1948年10月已20次印刷，可见其销行量之大。

此外，一些非官方地方性的教材，如1948年田世英编著的《开明新编初级本国地理》第五册，在第二编第二节“新疆省”中，介绍“省内交通”南北两路的情况，指出南路由哈密至甘肃安西，但且末以东，沙漠迫近山麓，荒凉异常，行人极少，“但在古时却为通路，唐朝玄奘取经，元朝马可孛罗东来，都曾在这里经过。还有古时我国输出到欧洲的丝绸，也经过这条大道，所以有‘丝道’之称”[2]。

初中、高中地理教科书是中等教育的重要教材，尤其是作为教育部审定的部颁教材，具有意识形态层面的指导意义。至此，经历了由译著而论著及报刊传媒一系列的演化过程，“丝路”“丝道”由名词进而成为基本的概念，进入到中学的教材体系，成为中学史地教科书的重要术语。说明它已赢得了教科书编者的青睐，并获得官方的认可与肯定，成为一种官方定型化的标准话语。可以这么说，基于官方的态度，教科书中“丝路”“丝道”的概念和内涵也得以在这一时期基本定型。作为标准化的课本，教科书的发行量巨大，其读者受众和影响面更为广泛深远。总之，这一时期“丝路”“丝道”的概念业已进入大众视野，深入人心，传播普及到了广大的学生和一般民众层面。虽说此后由于国共内战，国家的形势发生了根本的变化，但“丝路”“丝道”作为教科书的基本概念，仍保留并传承下来。在1949年10月中华人民共和国成立，1950年代之后的一段时期中，事实上仍然沿袭了原先的名称与概念。它既说明语言包括名词、概念等的连续性与继承性，也显示出其演变嬗递一般的历史进程。

至1940年代末，在专业性的历史学领域，其反响也颇可一谈。一些著名的考古学家、历史学家，以“丝路”“丝道”等名词入自己论著的不在少数。如考古学家黄文弼此时结集出版了《罗布淖尔考古记》一书。其中论证说：罗布泊为东西交通必经之地，此地所遗留的丝织残件等，“无疑的皆为古时东西各国所遗留之文明

1 邓启东编著：《本国地理》（下册），正中书局1947年版，第149、150页。

2 田世英编著：《开明新编初级本国地理》（第五册），开明书店1948年版，第14页。

结晶品也。现欧洲人称古时罗马人常贩丝于中，经行中国通西域古道，因称此道为罗马贩丝之道”[1]。裴文中在《史前时期之西北》中认为，张骞通西域之前，“即所谓丝路（Silk Road）未开之前，东西洋交通之主要路线，非甘肃之河西走廊，实为此青海至南疆之路（即现青新公路）。惟此说，尚待将来考古学家之证明”[2]。季羡林在《近十年来德国学者研究汉学的成绩》中也谈到，赫尔曼（Hermann）“很多年以前他写过一本关于横亘中亚的丝路的书，论到中西交通的问题”[3]。在一些史地书中，运用此名称的也所在都有。由此清楚地表明，“丝路”“丝道”等名词在学术论著中的使用已很普及。

通过以上学术史的梳理，可以比较清晰地勾勒出“丝绸之路”名称和概念在20世纪上半叶的译介、传播进程，展示出其发展的主要线索和基本样貌。19世纪末、20世纪初，通过译著的介绍，在汉文文献中已谈到丝绸之路。之后中国人逐渐知晓、接触到李希霍芬、赫尔曼的重要著作《中国》与《中国与叙利亚间之古代丝路》。20世纪20年代起，在中文相关译作中已采用了“古丝商之路”“蚕丝贸易通路”“运丝通路”等不同的称呼；至迟于1920年代末，已开始使用“丝路”“丝道”等译名。从1930年代初起，由于斯坦因、斯文·赫定等在西北新疆等地探险活动的直接推动，以及中西交通史学科的形成和发展，又与这一时期“开发西北”的呼声与思潮相联系，缘此诸因，经学人的译介引进和报刊传媒的作用，“丝路”“丝道”的名称和概念逐渐在中国传播开来，并为国内学界所接纳和采用。最初称谓尚不统一，呈现出命名多样化的状态，之后渐而趋向集中于“丝路”“丝道”的名称。一些学人陆续采用了这一外来的新概念和新名称，尤其是1935年之后，运用这一名称的明显增多，并成为学术表述的一种概念工具。1940年代之后，有关“丝路”“丝道”的记载已经屡见不鲜，并得到了相当普遍的运用，流行于学术界和一般的报刊传媒中。最具标志性的是“丝路”“丝道”的名称及具体介绍还直接写入了中学的史地教科书中，成为一种官方定型化的标准话语，其概念和内涵也

1　黄文弼：《罗布淖尔考古记》，中国西北科学考察团丛刊之一，国立北京大学出版部1948年版，第109、110页。

2　裴文中：《史前时期之西北》，西北通讯社1948年版，第15页。

3　《大公报》1947年5月28日。

得以基本定型。不少论著并进而展望丝路的未来，论述其在经济、文化方面重要的战略意义。概而言之，这一时期已经约定俗成地称为“丝路”或“丝道”，其概念业已进入大众视野，传播普及到了广大的学生和普通民众层面。虽说此后政局发生重大变化，但其名称和基本概念仍保留并传承了下来。

《三国遗事》扶余叙事之史源与史实考证

李　磊*

【摘要】《三国遗事》扶余叙事展现的是12、13世纪高丽王朝的族源认同。5世纪前，汉魏晋宋的文献均对扶余始祖传说有明晰而一致的记载。5世纪时，扶余始祖传说开始变异，并在6世纪被与汉魏晋南朝传统不同的北朝官修史书采信，进而形成北朝隋唐的扶余叙事传统。这一叙事传统成为高丽王朝历史认同的基础。扶余始祖传说在5世纪出现变异的重要原因是当时东扶余、农安扶余的亡国。由于扶余始祖传说在中国东北及朝鲜半岛具有构建统治合法性、动员民众的作用，其他族群便以此为政治历史资源嫁接进自身的始祖传说，从而使扶余始祖传说在扶余亡国后得以以变异的形式存在。当高丽王朝在重建历史叙述时，扶余始祖传说再次作为重要历史资源整合入朝鲜半岛历史中，经由《三国遗事》的记载不断传承，塑造了现代韩国人的历史观念。

【关键词】扶余；国家建构；《三国遗事》

编撰于高丽王朝时期的《三国史记》与《三国遗事》成为塑造现代韩国国族意识的最重要历史著作。《三国遗事》构建了以朝鲜半岛北部为中心的“檀君朝鲜—箕子朝鲜—卫满朝鲜—汉四郡—二府—乐浪、带方”的历史谱系，半岛东南部的五伽倻、“辰韩—新罗”的历史谱系，以及从北到南贯通中国东北中南部至朝鲜半岛

*　李磊，华东师范大学历史学系教授。本文发表于《韩国研究论丛》2016年第32辑。

西南部的“北扶余—东扶余”的历史谱系。按《三国史记》的叙述，百济的始祖来自扶余，也当纳入扶余一系。然而在随后长达500年的朝鲜王朝时代，除17世纪时许穆将扶余纳入檀君朝鲜之下叙事外，其他朝鲜古史谱系皆忽视或淡化扶余系统。[1] 高丽王朝、朝鲜王朝、现代韩国之间历史叙事的断裂，成为当前韩国国族建构中出现历史问题的根源所在。正因扶余一系在韩国的国族记忆中所居的特殊位置，本文拟从历史主义的原则出发，重新审视扶余历史之被朝鲜半岛政权的重新叙述，再被《三国遗事》纳入朝鲜半岛历史的过程。

一、《三国遗事》扶余叙事的史源学辨正

关于扶余的起源，《三国遗事》卷1《纪异》“北扶余”条引《古记》云：

> 前汉书宣帝神爵三年壬戌四月八日，天帝降于讫升骨城（在大辽医州界），乘五龙车，立都称王，国号北扶余，自称名解慕漱。生子名扶娄，以解为氏焉。王后因上帝之命，移都于东扶余。东明帝继北扶余而兴，立都于卒本州，为卒本扶余。[2]

《古记》成书于10世纪初叶，撰述者为新罗末、高丽初的僧人无亟。[3]《古记》所云“前汉书”为班固《汉书》，但《汉书》中并无上述记载。在上引叙事中，核心人物是立都建国、以解为氏的天帝解慕漱。这个故事中最关键的细节在于东明帝“继北扶余而兴，立都于卒本州”，成为卒本扶余的建国者。笔者颇疑《古记》中有关北扶余的记述其实经过了4—5世纪扶余及其后继政权灭亡以后的改造。

《三国遗事》卷1《纪异》又载：

1 杨军：《略论朝鲜古史谱系的演变》，《黑龙江社会科学》2011年第2期，第98—107页。

2 一然撰，孙文范校勘：《三国遗事（校勘本）》，吉林文史出版社2003年版，第36页。

3 杨军：《朝鲜王朝前期的古史编纂》，社会科学文献出版社2013年版，第19—20页。

始祖东明圣帝，姓高氏，讳朱蒙。先是，北扶余王解夫娄，既避地于东扶余。及夫娄薨，金蛙嗣位。于时得一女子于太白山南优渤水。问之，云，我是河伯之女，与诸弟出游。时有一男子，自言天帝子解慕漱，诱我于神熊山下鸭绿边室中私之，往而不返。父母责我无媒而从人，遂谪居于此。[1]

上述引文一然自述引自“国史”，所谓“国史”当指12世纪金富轼所撰《三国史记》，《三国遗事》此条为《三国史记》卷十三的删节，措词稍有不同。这一记载揭示了两个关键的信息。第一，东明圣帝（《三国史记》作“东明圣王”）被认为是朱蒙。实际上，这个问题仍需商榷，我们将在下一个部分展开讨论。第二，东明帝的母亲是河伯之女，而其父亲是天帝子解慕漱。《三国史记》中并无解夫娄与解慕漱关系的说明。但《三国遗事》采信《古记》之说，以解夫娄为解慕漱之子，则东明与解夫娄为兄弟关系。[2] 扶余王金蛙与解夫娄、东明均无血缘关系。《三国遗事》同篇“东扶余”条记载：

夫娄老无子。一日，祭山川求嗣，所乘马至鲲渊，见大石，相对泪流。王怪之，使人转其石，有小儿，金色蛙形。王喜曰：此乃天赉我令胤乎？乃收而养之，名曰金蛙。及其长，为太子，夫娄薨，金蛙嗣位为王。[3]

上引关键之处在于“夫娄老无子”，这既成为解夫娄养子金蛙继位的合法性来源，也展现了金蛙继承权的不完整性。因此，金蛙与东明传说事实上在讲述扶余王权的合法性问题。东明出身虽为私生子，但却有“天帝子”的身份。东明的王室血统使其比金蛙更有王位继承资格。

金蛙异之（河伯女），幽闭于室中。为日光所照，引身避之，日影又逐而照之，因而有孕。生一卵，大五升许。王弃之与犬猪，皆不食；又弃之路，牛

1　一然撰，孙文范校勘：《三国遗事（校勘本）》，吉林文史出版社2003年版，第36—37页。

2　“解慕漱”可能为扶余人对“天子”的称呼。

3　一然撰，孙文范校勘：《三国遗事（校勘本）》卷1《纪异》，吉林文史出版社2003年版，第36页。

马避之。弃之野，鸟兽覆之。王欲剖之而不能破，乃还其母。母以物裹之置于暖处，有一儿破壳而出，骨表英奇。年甫七岁，岐嶷异常，自作弓矢，百发百中，国俗谓善射为朱蒙，故以名焉。[1]

这一传说强调了东明帝非凡的出身，因此导致了金蛙的猜忌。东明帝被金蛙遗弃时，鸟兽都来保护他。后来东明帝被金蛙长子带素及其他诸子与诸臣的迫害，于是逃出了东扶余，重新建国。

王之诸子与诸臣，将谋害之。蒙母知之，告曰：国人将害汝。以汝才略，何往不可？宜速图之。于是蒙与乌伊等三人为友，行至淹水，告水曰，我是天帝子，河伯孙，今日逃遁，追者垂及，奈何？于是鱼鳖成桥，得渡而桥解，追骑不得渡，至卒本州。未遑作宫室，但结庐于沸流水上居之。[2]

由上述可以看出，东扶余内部因王位继承的合法性问题产生了矛盾，在故事中，东明帝是东扶余王位的合法继承人，但他却被迫出逃。事实上，东明帝的出身并不为人所知，天帝子为父、河伯女为母的传说乃是后人所造。

此故事的原型见于唐代道世《法苑珠林》第21卷《归信篇第十一·述意部第一》：

又宁禀离王侍婢有娠，相者占之，贵而当王。王曰："非我之胤。便欲杀之。"□婢曰："气从天来故我有娠。"及子之产，王谓不祥。捐圈则猪嘘，弃栏则马乳，而得不死，卒为夫余之王。故知业缘命运定于冥兆，终然不改弗可与夺也。[3]

《三国遗事》所引与《法苑珠林》原文基本相同。与前引《三国遗事》传说相

---

1 2　一然撰，孙文范校勘：《三国遗事（校勘本）》卷1《纪异》，吉林文史出版社2003年版，第37页。

3　同上书，第38页。

比，有三点差别：此故事发生于宁禀离国，主角为扶余始祖；扶余王母为宁禀离王侍婢，非河伯之女；宁禀离王拥有王位的合法性。故事更早的原型见于成书于公元1世纪王充《论衡》卷2《吉验篇》：

> 北夷橐离国王侍婢有娠，王欲杀之。婢对曰："有气大如鸡子，从天而下，我故有娠"。后产子，捐于猪溷中，猪以口气嘘之，不死；复徙置马栏中，欲使马借杀之，马复以口气嘘之，不死。王疑以为天子，令其母收取，奴畜之，名东明，令牧牛马。东明善射，王恐夺其国也，欲杀之。东明走，南至掩淲水，以弓击水，鱼鳖浮为桥，东明得渡，鱼鳖解散，追兵不得渡，因都王夫余。故北夷有夫余国焉。东明之母初妊时，见气从天下，及生，弃之，猪马以气吁之而生之。长大，王欲杀之，以弓击水，鱼鳖为桥。天命不当死，故有猪马之救；命当都王夫余，故有鱼鳖为桥之助也。

《三国史记》《三国遗事》所述神异出生、猪马庇护、善射、逃离、鱼鳖为桥、建国等情节均见于《论衡》中。《论衡》明确叙述"东明"为人名，身份为扶余始祖。《论衡》一书大约作于汉章帝元和三年（86），此时距汉武帝于辽东设汉四郡已有近两百年，扶余等东北政权已然登上历史舞台，并与汉朝发生密切的关系。王充虽生长于江南地区的会稽郡，但是也共享了此时汉朝关于东北地区的知识。且《论衡》此段行文有重复，当是王充综合两处记载而来。所记为扶余国渊源无误。此后，成书于公元3世纪的《魏略》引"旧志"述东明故事，除了国名、水名与《论衡》所述不同（为"高离国""施掩水"），其他文字与《论衡》相同。[1] 这表明《论衡》自有其"旧志"的文献学基础，并非王充道听途说而来。成书于5世纪的《后汉书》卷85《东夷传》亦均载此故事（国名为"索离国"）。[2] 从公元1世纪到5世纪，近四百年的记载中，神异出生、猪马庇护、善射、逃离、鱼鳖为桥、建国等故事的主人公都称"东明"。《魏略》《三国志》和《后汉书》的编纂皆是基于官

1　《三国志》卷30《乌丸鲜卑东夷传》裴注引《魏略》，中华书局1975年标点本，第842页。

2　《后汉书》卷85《东夷传》，中华书局1965年标点本，第2810—2811页。

方档案，特别是所编纂《东夷传》皆是基于当日中国朝廷第一手情报资料，如《三国志·倭人传》被国际学界公认为研究倭国早期历史的最重要信史史料。《三国志》和《后汉书》有扶余的专门传记，因此，这些史籍将东明传说作为扶余始祖传说记载，当是有相当的情报基础与资料来源。编纂于唐代的《法苑珠林》所述“夫余王”生世，从史源学上看，即使不是采信于《论衡》《魏略》《后汉书》，也当是基于相同的史料来源，只是《法苑珠林》的叙述仅取神异出生、猪马庇护的部分情节而已。

一然在《三国遗事》中引《法苑珠林》以言明其史料来源，但是《法苑珠林》故事为“扶余之王”。在自注中一然将此“扶余”断言为“卒本扶余”。

> 即东明帝为卒本扶余王之谓也。此卒本扶余，亦是北扶余之别都，故云扶余王也。宁禀离乃夫娄王之异称也。[1]

如此一来，整个扶余族的始祖传说便被改造为扶余诸政权之一卒本扶余的始祖传说。众所周知，5 世纪的《好太王碑》记载了邹牟王事迹，其言云：“惟昔始祖邹牟王之创基也，出自北夫余天帝之子，母河伯女郎，剖卵降世。”[2]同作于 5 世纪的《牟头娄墓志》：“河伯之孙，日月之子，邹牟圣王，元出北夫余，天下四方知此国郡最圣。河伯之孙，日月之子，所生之地，来自北夫余。”可见 5 世纪传说中邹牟王为“天帝之子”“日月之子”“河伯之孙”。这与扶余始祖东明出身完全不同。但《好太王碑》随后所述邹牟王“连葭浮龟”的情节与东明“鱼鳖为桥”几乎相同。显然，《三国遗事》中所载东明帝故事是将至晚出现于公元 1 世纪的扶余王东明传说与 5 世纪的邹牟王传说相嫁接而成。

扶余王东明传说与邹牟王传说的嫁接并非由一然完成，在《三国遗事》成书之前，李奎报（1168—1241）《东明王篇》已经有了比《三国遗事》更为丰富细致的情节。[3]这种嫁接甚至并非始自 12 世纪，编撰于 6 世纪《魏书》卷一百的记载

1　一然撰，孙文范校勘：《三国遗事（校勘本）》卷 1《纪异》，吉林文史出版社 2003 年版，第 36 页。

2　王健群：《好太王碑研究》，吉林人民出版社 1984 年版，第 202 页。

3　李奎报：《东国李相国集》（一），景仁文化社 1999 年版，第 124—140 页。

已与《三国遗事》基本相同。从《三国遗事》卷1《纪异》“古朝鲜”条曾引《魏书》来看，一然定然读过《魏书》，并将其中的记载吸收进了《三国遗事》中。《魏书》作者魏收曾长期担任魏、齐两朝史官，他还曾经做过出使南朝的副使，熟稔外交事务，并且历任中书侍郎、中书舍人、中书令，参预机要，能够接触朝廷秘阁资料。[1]其所编纂的《魏书》主要依据官方档案。高琏向北魏遣使朝贡是在太武帝太延元年（435）。[2]随后，太武帝遣员外散骑侍郎李敖至其所居平壤城，访其方事。《魏书》卷一百记载了李敖此次访问后向朝廷的汇报，涉及疆域、风俗、官制等相关情况。自北魏孝文帝太和十五年（491）后至东魏孝静帝武定末年（549），“其贡使无岁不至”。可知，魏、齐朝廷的情报掌握，除了李敖亲访之外，主要来自对方使臣的汇报。

例如，在《魏书》卷一百的记载中，莫来“乃征夫余，夫余大败，遂统属焉”。《三国史记》则作大武神王四年（21）攻杀扶余王带素。[3]查《三国志·乌丸鲜卑东夷传》《后汉书·东夷列传》，皆不载此次军事行动。如果我们考虑一下《魏书》和《后汉书》的编纂时间，后者则比前者的成书时间早了一百多年。这也就是说，关于五百多年前的历史，晚出的《魏书》反而较之早出的《后汉书》有更多的记载，这只能说《魏书》有其他的史料来源，这一来源即是使臣的说辞。《魏书》卷一百开篇即言“出于夫余，自言先祖”云云。“自言”即来自单方面的陈述，在书法上表明编撰者不确定的态度。

值得注意的是，与《好太王碑》编纂时间大致相同的《后汉书·东夷列传》既将东明传说系于“扶余国”条目下，又未记载邹牟王事迹。事实上，刘宋虽然立国江左，但是对东北情形十分熟悉。“太祖世，每岁遣使献方物”[4]。元嘉十五年（438）围绕着北燕冯弘南投刘宋问题，刘宋派遣军队七千余人浮海至辽东，发起军事行动。[5]范晔在编纂《后汉书·东夷列传》时，自当熟悉东北族群史事与传

1　《魏书》卷104《自序》，中华书局1974年标点本，第2324—2325页。

2　《魏书》卷4《世祖纪》，中华书局1974年标点本，第85页。

3　金富轼撰，孙文范校勘：《三国史记（校勘本）》卷14《大武神王本纪》，吉林文史出版社2003年版，第183—184页。

4 5　《宋书》卷97《夷蛮传》，中华书局1974年标点本，第2393页。

说，况且扶余于346年被慕容鲜卑所灭，[1]此时距离扶余灭亡已近百年，范晔完全无须将叙事立场偏于扶余。可知，5世纪时虽有将东明传说与邹牟王事迹嫁接的情况，但是并不具备说服力，因此为熟知东北史实的《后汉书》所不取。且《后汉书》载："东夷相传以为夫余别种。"[2]"相传"一词既表明《后汉书》不信的官方态度，也表明5世纪时东夷内部的舆论，"夫余别种"之说的出现与流传正是邹牟王事迹嫁接东明传说的另一种表现。

但是，在5世纪时中国官方史书《后汉书》所不取的东明传说之变异，却被一百年后6世纪时的官方史书《魏书》所取，且"夫余别种"说由《后汉书》不信之"东夷相传"变为《魏书》中的史实。这与扶余亡国后东北政局的变化有关。

二、索离与扶余的地望

虽然中国正史在记载扶余历史时并未有"北扶余""东扶余"的区分，但是无论是《好太王碑》，还是《三国遗事》却均屡次出现这两个称谓。[3]关于东扶余和北扶余的关系，一然记载：

> 北夫余王解夫娄之相阿兰弗，梦天帝降而谓曰："将使吾子孙立国于此，汝其避之，东海之滨，有地名迦叶原，土壤膏腴，宜立王都。"阿兰弗劝王移都于彼，国号东扶余。[4]

---

1 《晋书》卷109《慕容皝载记》，中华书局1974年标点本，第2826页。

2 《后汉书》卷85《东夷传》，中华书局1965年标点本，第2813页。

3 关于北扶余、东扶余问题，学界长期聚讼。概括而言，一种观点认为在中国历朝正史所言扶余之外，还存在着不同时代、不同地域的扶余。如张博泉：《北夫余与东夫余史地考略》，《史学集刊》1999年第4期，第61—68页。孙正甲：《夫余源流辨析》，《学习与探索》1984年第6期，第136—143页。一种观点认为在中国正史之外并无其他扶余政权，北扶余、东扶余只是扶余内部地域问题。林沄：《夫余史地再讨论》，《北方文物》1999年第4期，第52—64页。李健才：《三论北夫余、东夫余即夫余的问题》，《社会科学战线》2000年第6期，第177—182页。

4 一然撰，孙文范校勘：《三国遗事（校勘本）》卷1《纪异》，吉林文史出版社2003年版，第36页。

在《三国遗事》的叙述中，扶余原本只有一个，只是因为扶余由北方迁移到东方，故而有“北扶余”与“东扶余”的称呼。迁移之前的是北扶余，迁移之后的是东扶余。同东明帝的传说一样，这段话有一个内在的矛盾。北扶余迁移的原因是天帝下凡迫使其东迁，以保证其子孙后代在北扶余旧地立国，但这却是一个难有理据的要求。前引《三国遗事》已明，扶余王解夫娄为天帝解慕漱之子，天帝没有理由让他的儿子迁徙而将土地让给另一支后裔用以立国。很明显，这原本是两个传说，一个原属于扶余解夫娄建国神话，另一个则来自东明传说。一然将两者杂糅在了一起，并以北扶余为源头，将东扶余与卒本扶余视作空间上有异、时间上并存的政权。

按上引《三国遗事》所述，北扶余由北方迁徙到东方东海之滨的迦叶原，并改号东扶余。当卒本扶余兴起以后，占据了北扶余旧地，这样就意味着东扶余在东方。一然又言“卒本州在辽东界”[1]。如果按此记载，北扶余旧地亦在辽东界。《三国志·乌丸鲜卑东夷传》《后汉书·东夷列传》并无“北扶余”“东扶余”之分，所载扶余去玄菟郡千里，“东与挹娄，西与鲜卑接，北有弱水，方可二千里”[2]。考古学研究显示，扶余势力范围南抵浑河、辉发河，东至张广才岭，西至通辽河、辽河，北至拉林河。[3]

另外，橐离（《论衡》所载）、高离（《魏略》所载）、索离（《后汉书》所载）、宁禀离（《法苑珠林》所载），当指一国。“橐”“高”“索”“宁禀”竖写，字形相近，在写本时代传抄有误。《三国遗事》自注云：“宁禀离乃夫娄王之异称也。”[4]一然认为宁禀离为解夫娄的名字而不是一个国名，这毫无疑问是个错误，所有的汉文史籍都将索离认作一国之名，而且现在考古学家也明确了其位置所在。索离国国都位于巴彦县王八脖子山遗址，[5]或宾县庆华堡寨，[6]在今天黑龙江省南部。索离国国

1　一然撰，孙文范校勘：《三国遗事（校勘本）》卷1《纪异》，吉林文史出版社2003年版，第37页。

2　《三国志》卷30《乌丸鲜卑东夷传》，第841页。《后汉书》卷85《东夷列传》，第2810页。

3　有学者认为西团山文化的族属是秽貊、扶余。见李健才：《关于西团山文化族属问题的探讨》，《社会科学战线》1985年第2期，第160—165、192页。关于西团山文化的研究，参见董学增：《吉林西团山文化六十年研究成果概述》，《博物馆研究》2009年第1期，第28—37页。

4　一然撰，孙文范校勘：《三国遗事（校勘本）》卷1《纪异》，吉林文史出版社2003年版，第38页。

5　王禹浪：《“索离”国及其扶余的初期王城》，《黑龙江民族丛刊》2013年第1期，第69—74页。

6　张泰湘、邹越华：《从考古学材料看历史上的扶余、沃沮人》，《黑龙江民族丛刊》2002年第4期，第60—63页。

都正在扶余势力范围之北，索离是孕育扶余的母体，东明帝的传说反映了两国间的孕育关系。扶余的南界在浑河和辉发河，浑河是卒本河的今称，故而卒本扶余初起之时的地望在扶余南界。

基于上述分析，北扶余并未迁徙而使卒本扶余在其地立国，但是北扶余和东扶余的概念在历史上的确存在，《三国遗事》所犯的错误在于：第一，这些名称不是在公元前 1 世纪出现的，而是在公元 5 世纪出现；第二，扶余没有向东迁徙，而是向西迁徙了。

三、扶余国的灭亡与“北扶余”“东扶余”称谓的出现

公元 346 年，慕容鲜卑击败扶余，扶余王及其五万臣民成为俘虏。[1]《资治通鉴》卷 97《晋纪十九》“显宗成皇帝下永和二年”条对这一历史事件有更详尽的叙述：

> 初，夫余居于鹿山，为百济所侵，部落衰散，西徙近燕，而不设备。燕王皝遣世子俊帅慕容军、慕容恪、慕舆根三将军、万七千骑袭夫余。俊居中指授，军事皆以任恪。遂拔夫余，虏其王玄及部落五万余口而还。皝以玄为镇军将军，妻以女。

扶余虽然亡国，但是在前燕政治体制中仍然是一个相对独立的政治军事集团。据《晋书》卷 111《慕容暐载记》，在前燕灭亡前夕，在散骑常侍徐蔚等的率领下，扶余等质子五百余人响应前秦军队。[2] 据《资治通鉴》卷 102《晋纪二十四》“海西公下太和五年”条胡三省注云：“余蔚，扶余王子。”从扶余“质子”的身份看，扶余在前燕内部是具有一定独立性的政治实体。前燕灭亡后，扶余又依附于前秦。又

1 《晋书》卷 109《慕容皝载记》，中华书局 1974 年标点本，第 2826 页。

2 《晋书》卷 111《慕容暐载记》，中华书局 1974 年标点本，第 2858 页。

据《资治通鉴》卷105《晋纪二十七》“烈宗孝武皇帝上之下太元九年”条记载，淝水之战后，384年，慕容垂起兵复国，时扶余王余蔚为前秦荥阳太守。待慕容垂建立后燕，册封余蔚为征东将军、统府左司马，封扶余王。扶余王王号在后燕政权内的出现，表明扶余具有不容忽视的政治军事力量，而且深入参与到河北地区前燕—前秦—后燕的政权更迭中。

在346年扶余王被俘之后，部分扶余部落向西逃亡，于农安建都，这个新国家仍然自称“扶余”。相应地，扶余故地在其东面，留居于扶余故地、在前燕体制内保持半独立性的群落被其他族群称作“东扶余”。[1]“北扶余”和“东扶余”实际上是不同时期对同一地、同一族群的不同叫法。“北扶余”即《三国志》《后汉书》为之立传的扶余，因其地处卒本扶余之北，故在《好太王碑》中被称为“北扶余”。“东扶余”因其位置在西迁“扶余”之东而得名。

据《好太王碑》记载：

> 廿年庚戌，东夫余旧是邹牟王属民，中叛不贡。王躬率往讨，军到余城，而余举国骇服。献出□□□□□□。王恩普覆，于是旋还。又其慕化随官来者，味仇娄鸭卢、揣社娄鸭卢、肃斯舍鸭卢、□□□鸭卢。凡所攻破城六十四、村一千四百。[2]

文中“廿年”即公元410年。如碑文所述，则东扶余于此年覆灭，其内部政权架构瓦解，扶余诸多官僚（鸭卢）“慕化随官”。又据《魏书》记载，文成帝太安三年（457）十二月，“于阗、扶余等五十余国各遣使朝献”。[3]显然，已于四十七年前丧失独立性的东扶余已经无法向北魏朝献，这一向北魏朝献的扶余是西迁后的扶余。北魏彼时是一个新兴的强力王朝，此前太武帝已于436年攻灭北燕，北魏势力深入辽水流域。就在太安三年冬十月，文成帝“将东巡，诏太宰常英起行宫于辽

1　李健才：《再论北夫余、东夫余即夫余的问题》，《东北史地考略（续集）》，吉林文史出版社1995年版，第12—13页。

2　引文文中“□”为原碑刻中无法识别的文字。王健群：《好太王碑研究》，吉林人民出版社1984年版，第222页。

3　《魏书》卷5《高宗纪》，中华书局1974年标点本，第116页。

西黄山”[1]。文成帝东巡的对象正是中国东北地区，两个月后扶余的朝献便是在文成帝东巡的背景下发生的。毫无疑问，扶余的目的在于寻求北魏的保护。太安四年（458）正月乙卯，文成帝“行幸广宁温泉宫，遂东巡平州。庚午，至于辽西黄山宫，游宴数日，亲对高年，劳问疾苦”[2]。

据《三国史记》记载，公元494年春正月，扶余王及妻孥出奔，扶余国灭亡[3]。又据《魏书》卷一百：“正始中，世祖于东堂引见其使芮悉弗，悉弗进曰：‘……今夫余为勿吉所逐，涉罗为百济所并……’”正始（504—508）为北魏宣武帝年号，“正始中”当指505—507年之间。“夫余为勿吉所逐”正指494年扶余国灭亡事件。而此前一年，即493年，正是北魏孝文帝太和十八年，朝廷由平城迁都洛阳。孝文帝迁都固然对北魏国家性质的转变具有极其重要的作用，但是也意味着北疆地域社会的重构，北疆各族均利用这一时机扩张势力。勿吉攻占扶余便是这一秩序变动中之一环。扶余距离北魏新的都城过于遥远，再度失去了朝廷保护是其走向灭亡的重要原因。

自此以后，扶余作为一个国家或族群名称不再见于历史文献。值得关注的是，扶余国完全消失在历史舞台上的时间是在5世纪早期（东扶余）与5世纪晚期（新扶余），如上文所述，邹牟王史迹嫁接东明传说的时间也是从5世纪初叶开始，与东扶余的灭亡时间相一致。而北朝官方及史书采信这一改造过的东明传说是在6世纪中叶，与494年扶余的灭亡有对应性。由此可见，扶余始祖传说发生变异实是以扶余亡国为其缘起，是扶余历史书写权丧失的结果。

结论

《三国遗事》中的扶余叙事展现了12世纪高丽王朝时代的族源认同。从史源学的角度考察，成书于公元1世纪的《论衡》、3世纪的《魏略》《三国志》、5世纪的

1 2 《魏书》卷5《高宗纪》，中华书局1974年标点本，第116页。

3 金富轼撰、孙文范校勘：《三国史记（校勘本）》卷19《文咨明王本纪》，吉林文史出版社2003年版，第232页。

《后汉书》，均将东明传说作为扶余始祖传说加以记载。《三国遗事》所本之《法苑珠林》与上述诸书史源相同。《三国遗事》的扶余叙事实由东明传说与邹牟王事迹嫁接而成。这一嫁接始自 5 世纪初叶，但不为熟稔东北史事的《后汉书・东夷传》编纂者所取。成书于 6 世纪中叶的《魏书》居于北朝传统中，与汉魏晋南朝传统不同。[1] 其撰述所本多依据北魏以来使臣陈述，故而将嫁接后的东明传说作为信史记载，从而形成《周书》《隋书》等北朝一系的叙述传统。这一叙述传统经由盛唐所传播，反过来成为 12 世纪以后高丽王朝历史认同的基础。《三国遗事》中的扶余叙事正是处于这一历史叙述传统中。是 12、13 世纪高丽王朝历史认识的典型表现。

《三国遗事》中关于北扶余、东扶余地望的记载有诸多不确之处。目前考古学研究已经能清楚地确定索离国都、扶余初期王城、前期王城、后期王城之所在。扶余势力范围南抵浑河、辉发河，东至张广才岭，西至通辽河、辽河，北至拉林河。卒本扶余仅在扶余南界。

《三国遗事》所提“北扶余”“东扶余”称谓不见于中国正史，但却是 346 年扶余国灭亡以后、存在于东北地区族群中的称谓。慕容鲜卑征服扶余后，留居故地的扶余人在前燕体制内作为一个相对独立的政治军事势力存在，扶余这一势力在前燕灭亡、前秦统治河北、后燕复国等重大历史事件中都扮演着重要角色，“扶余王”甚至成为后燕官爵之一种。因 346 年后有一支扶余在故地西边立国，故而留居原地的这一支扶余被称作东扶余。“北扶余”和“东扶余”是同一地域、同一族群在不同历史时期的不同叫法。随着 407 年后燕在与北魏战争中的覆灭，东北政局再次陷入混乱中，依附于后燕的东扶余也于 410 年亡国。

新立都于农安的扶余于北魏文成帝太安三年（457）十二月朝献，其背景是太安四年正月文成帝东巡平州、辽西，积极经略东北。虽然关于 5 世纪时扶余史料极度缺乏，但我们推测扶余采取依附北魏的生存策略是大致无误的。太和十八年（493），孝文帝迁都洛阳。次年（494）春正月，扶余为勿吉所侵，扶余王及妻孥出奔，扶余国灭亡。扶余的再度亡国正是北魏迁都后北疆社会秩序变动的结果。

扶余始祖传说变异出现在 5 世纪初叶，其被中国北朝官方认可并采信入正史中

1 〔日〕川本芳昭:「漢唐間における「新」中華意識の形成一古代日本・朝鮮と中国との関連をめぐって一」、『九州大學東洋史論集』第 30 号、2002 年 4 月、第 1—26 页。

是在6世纪。这两个时间点正是东扶余与新扶余覆亡之时。故而，扶余始祖传说的变异，实是扶余人历史书写权丧失的结果。但是，扶余始祖传说之所以还继续存在，乃是由历史与现实两方面原因造成的。从历史上看，扶余自汉代便登上中国历史的舞台，它不仅是见诸记载又遗迹可靠的东北地区最早的政权，同时还是诸多政权的母体，朝鲜半岛强盛一时的百济便自述出自扶余。[1]扶余在东北地区拥有着至高的统治权威。从现实看，扶余虽然亡国，但是扶余民众仍然是东北地区主体族群之一。因而，扶余始祖传说在扶余亡国后继续存在，正因其具有构建统治合法性、动员民众的作用。只是中国东北、朝鲜半岛诸族群在继续讲述东明传说时，将之作为自己的始祖传说，并嫁接进自身族群原本的始祖传说。比如百济，以东明为始祖，其神异出生、遇难不死、逃至淹水、鱼鳖为桥、建国等情节与《论衡》《魏略》所载几无二致。编纂于初唐的《隋书·百济传》将之作为信史郑重记录，并言“前史载之详矣”[2]。可见扶余始祖传说之于东北族群国家建构的重要意义。正因如此，当12、13世纪高丽王朝在重建历史叙述时，扶余始祖传说再一次被作为重要历史资源整合入朝鲜半岛历史中，经由《三国遗事》的记载不断传承，并塑造了现代韩国人的历史观念。

1 金富轼撰，孙文范校勘：《三国史记（校勘本）》卷25《盖卤王本纪》，吉林文史出版社2003年版，第303页。

2 《隋书》卷81《东夷传》，中华书局1973年标点本，第1817—1818页。